西部大开发 20 年

20 Years' Development of China's Western Regions

秦玉才 编著

浙江大学出版社
ZHEJIANG UNIVERSITY PRESS
·杭州·

图书在版编目(CIP)数据

西部大开发 20 年 / 秦玉才编著. —杭州：浙江大学出版社，2023.6
ISBN 978-7-308-23057-5

Ⅰ.①西… Ⅱ.①秦… Ⅲ.①西部经济－区域经济发展－研究－中国 Ⅳ.①F127

中国版本图书馆 CIP 数据核字(2022)第 170984 号

西部大开发 20 年

秦玉才　编著

策划编辑	包灵灵
责任编辑	董　唯
责任校对	田　慧
封面设计	杭州青翊图文设计有限公司
出版发行	浙江大学出版社
	（杭州市天目山路 148 号　邮政编码 310007）
	（网址：http://www.zjupress.com）
排　　版	浙江大千时代文化传媒有限公司
印　　刷	杭州钱江彩色印务有限公司
开　　本	710mm×1000mm　1/16
印　　张	14.25
字　　数	248 千
版 印 次	2023 年 6 月第 1 版　2023 年 6 月第 1 次印刷
书　　号	ISBN 978-7-308-23057-5
定　　价	68.00 元

前　言

西部大开发战略的实施已经满 20 年了。回望这些年的西部大开发,特别是党的十八大以来,西部地区整体发展水平已经得到了巨大提升,西部地区发生了巨大变化。西部大开发战略实施以来,西部地区发挥区位优势加快发展,经济实力大幅提升,基础设施建设取得了突破进展,青藏铁路、西气东输、西电东送等重点工程相继建成;生态环境建设取得了显著成效,山变绿了,水变清了,天变蓝了;特色优势产业发展势头良好,涌现出一批有竞争能力、发展前景好、带动能力强的主导产业;社会事业快速发展,城乡面貌发生了巨大变化,人民生活水平不断提高;以成渝经济区、关中-天水经济区、北部湾经济区为核心的区域经济格局轮廓初步显现;东西互动、区域经济技术合作与交流明显加强,对外开放水平逐步提高,经济发展迈上了新的台阶。西部地区已经站在一个新的历史起点上,正在进入一个新的发展阶段。

回首这 20 年,光荣属于中国西部,荣誉归功于西部人民。总体上看,西部地区后发优势明显,蕴藏着巨大的市场潜力。西部拥有广袤的土地,生物资源多种多样,自然景观绚丽多姿;能源矿产资源丰富,生态屏障护佑祖国大地。这里是中华文明的重要发祥地,具有悠久厚重的历史、丰富多彩的文化、浓郁的地域风情、遍布各地的文化遗存,旅游产品多种多样,名山大川不可胜数。

当今世界正经历百年未有之大变局,是新旧动能转换的关键时期,国内经济结构正在发生深刻变革,西部地区投资环境和发展条件不断改善,为实现跨越式发展奠定了基础。我国综合国力较过去有了显著增强,有条件、有能力继续加大对西部地区的支持力度,西部地区将面临新一轮发展机遇。

展望西部大开发下一个 10 年,将是一个充满挑战的 10 年。西部地区在发展中仍存在一些突出矛盾和主要问题,"西部地区发展不平衡不充分问题依然突出,巩固脱贫攻坚任务依然艰巨,与东部地区发展差距依然较大,维护民族团结、社会稳定、国家安全任务依然繁重,仍然是全面建成小康社会、实现社会主义现代化的短板和薄弱环节。新时代继续做好西部大开发工作,对于增强防范化解各类风险能力,促进区域协调发展,决胜全面建成小康社会,开启全面建设社会主义现代化国家新征程,具有重要现实意义和深远历史意义"①。

西部开发,任重道远,放眼未来,大势可瞻。我们相信,在党中央、国务院的正确领导下,西部地区各族人民,抓住机遇,再接再厉,锐意进取,扎实工作,我们一定能够建成经济繁荣、社会进步、生活安定、民族团结、山川秀美、人民富裕的新西部。

秦玉才

2023 年 3 月

---

① 中共中央　国务院关于新时代推进西部大开发形成新格局的指导意见. (2020-05-17)[2022-05-01]. http://www.gov.cn/zhengce/2020-05/17/content_5512456.htm.

目　录

第一章　历史抉择:中央决策部署

沧海桑田,西部巨变。由于工作关系,我是西部大开发前 20 年的亲历者与见证者。这 20 年正好经历了"十五""十一五""十二五""十三五"4 个五年规划。中央始终将西部大开发摆在中央工作议事日程上,进行了总体谋划和全面部署。正好是 21 世纪到来之前,我国实现了现代化建设"三步走"战略的第二步战略目标,并准备向第三步战略目标迈进,党中央、国务院做出了实施西部大开发战略的重大决策。这一具有历史意义的决策不仅震撼了西部,也使全世界为之瞩目,并关系全国发展的大局。20 年波澜壮阔硕果累累,轰轰烈烈振奋人心。

推动区域经济协调发展,优化经济发展空间格局,是实施统筹区域发展战略的重大任务,也是我们党领导中国特色社会主义建设的一条重要方针。早在 1956 年,毛泽东在《论十大关系》中就强调,要处理好沿海工业和内地工业的关系。1988 年,改革开放 10 周年之际,邓小平提出了"两个大局"的战略构想。一个大局,就是东部沿海地区加快对外开放,使之较快地先发展起来,中西部地区要顾全这个大局。另一个大局,就是当发展到一定时期,比如 20 世纪末全国达到小康水平时,就要拿出更多力量来帮助中西部地区加快发展,东部沿海地区也要服从这个大局。邓小平还强调,先进地区帮助落后地区是一个义务,而且这是个大政策。1992 年邓小平在南方谈话中提出:在 20 世纪末全国达到小康水平的时候,就要突出地提出和解决这个沿海同内地的贫富差距问题。到 20 世纪 90 年代末,我国基本实现了"第一个大局",然而东部与中西部地区发展的差距逐步拉大了。当时,在占国土面积 71.4%、占全国总人口近三分之一的西部,人均 GDP 只有东部的 40%,农民人均纯收入只有东部的一半。我国贫困人口大部分在西部地区,特别是民族地区。西部地区的发展已远远落后于东部,迫切需要加快改革开放和现代化建设步伐。20 世纪 90

年代初起,江泽民对区域协调发展问题进行了新的思考,系统阐述了正确处理社会主义现代化建设中的若干重大关系,从理论上深刻阐发了邓小平"两个大局"战略构想,酝酿加快西部开发,为西部大开发战略的提出和实施奠定了重要的理论基础。1999 年 3 月,江泽民提出要研究实施西部大开发战略,加快中西部地区的发展,并在全国两会期间正式提出西部大开发战略思想。同时,我国已经实现现代化建设第二步战略目标,正向第三步战略目标迈进,开始从总体上考虑党的区域经济发展战略重点从"第一个大局"向"第二个大局"的转变问题,不失时机地做出了西部大开发战略决策及一系列缩小地区差距的方针政策,并提出了区域战略重点转移到"第二个大局"的东西部联动与合作的新思路。1999 年 6 月,江泽民提出加快中西部地区发展步伐的时机已经成熟。他在西北五省区国有企业改革和发展座谈会及中央扶贫开发工作会议上提出,"实施西部地区大开发,是全国发展的一个大战略、大思路","从现在起,这要作为党和国家一项重大的战略任务,摆到更加突出的位置"。① 1999 年 9 月 22 日,党的十五届四中全会通过的决定明确提出"国家要实施西部大开发战略"。1999 年 11 月 15 日至 17 日召开的中央经济工作会议也着重指出,要不失时机地实施西部大开发战略。国家发展计划委员会(简称"国家计委")党组立即在委内成立了一个专门小组进行调研,对西部大开发的目标、任务、方式、政策进行了探讨。经过几个月的研究讨论,国家计委形成了关于实施西部大开发战略初步设想的汇报。2000 年 1 月 13 日,中共中央、国务院印发了《关于转发国家发展计划委员会〈关于实施西部大开发战略初步设想的汇报〉的通知》(中发〔2000〕2 号)。这一文件阐明了西部大开发的重大意义、指导思想、重点任务、政策措施,是指导西部大开发的纲领性文件。

为实施西部大开发战略,加快中西部地区发展,中共中央决定成立国务院西部地区开发领导小组。2000 年 1 月 16 日,国务院印发了《关于成立国务院西部地区开发领导小组的决定》(国发〔2000〕3 号)文件。国务院西部地区开发领导小组的主要任务是:组织贯彻落实中共中央、国务院关于西部地区开发的方针、政策和指示;审议西部地区的开发战略、发展规划、重大问题和有关法规;研究审议西部地区开发的重大政策建议,协调西部地区经济开发和科教文化事业的全面发展,推进两个文明建设。小组由国务院总理朱镕基担任组长,

---

① 西部开发大事记. (2013-01-14)[2020-04-13]. http://www.reformdata.org/2013/0114/9946.shtml.

国务院副总理温家宝担任副组长，领导小组成员包括党中央、国务院19个部门的主要负责人：国家计委主任曾培炎、国家经济贸易委员会主任盛华仁、教育部部长陈至立、科技部部长朱丽兰、国防科学技术工业委员会主任刘积斌、国家民族事务委员会主任李德洙、财政部部长项怀诚、国土资源部党组书记田凤山、铁道部部长傅志寰、交通部部长黄镇东、信息产业部部长吴基传、水利部部长汪恕诚、农业部部长陈耀邦、文化部部长孙家正、中国人民银行行长戴相龙、中央宣传部常务副部长刘云山、国家广播电影电视总局局长田聪明、国家林业局局长王志宝、国家外国专家局局长万学远。同年7月，增加人事部部长宋德福、建设部部长俞正声、对外经济贸易合作部部长石广生、国家环境保护总局局长解振华为国务院西部地区开发领导小组成员，人事部和国家外国专家局作为一个单位参加领导小组。国务院西部地区开发领导小组下设办公室（简称"西部开发办"），在国家计委单设机构，具体承担该领导小组的日常工作。

西部开发办于2000年3月正式成立并开始工作。国家计委主任曾培炎任办公室主任，国家计委副主任王春正、中央财经领导小组办公室副主任段应碧等人兼任办公室副主任。2000年4月，深圳市市长李子彬担任国家计委副主任兼任办公室副主任，负责西部开发办的具体工作，国家林业局局长王志宝任办公室副主任。西部开发办的主要职责：一是研究提出有关西部地区开发战略、发展规划、重大问题和有关政策、法律法规的建议，推进西部地区经济持续快速健康发展；二是研究提出有关西部地区农村经济发展、重点基础设施建设、生态环境保护和建设、结构调整、资源开发以及重大项目布局的建议，组织和协调退耕还林（草）规划的实施和落实；三是研究提出有关西部地区深化改革、扩大开放和引进国内外资金、技术、人才的政策建议，协调经济开发和科教文化事业的全面发展；四是承办领导小组交办的其他事项。国务院西部地区开发领导小组成员单位及国务院有关部门设置了西部开发工作联络员。西部12个省区市（重庆市、四川省、贵州省、云南省、西藏自治区、陕西省、甘肃省、青海省、宁夏回族自治区、新疆维吾尔自治区、广西壮族自治区、内蒙古自治区），以及新疆生产建设兵团、湖南省湘西土家族苗族自治州、湖北省恩施土家族苗族自治州、吉林省延边朝鲜族自治州成立了西部地区开发领导小组及其办公室或西部开发办，上述三个自治州在实际工作中比照西部开发的有关政策措施予以照顾。中部和东部各省市也加强了对参与和支持西部开发工作的组织领导,一些地方指定了专门机构负责此项工作。

西部开发办下设 4 个组,即综合规划组、农林生态组、经济社会组、人才法规组。2000 年 7 月,西部开发办通知组建人才开发协调组;8 月,人才开发协调组正式成立,从中央组织部、国家计委、财政部、人事部、科技部、教育部、计划生育委员会抽调有关同志着手编制西部地区人才开发 10 年规划,之后该协调组改为人才法规组。综合规划组由宁吉喆负责,农林生态组由我负责,经济社会组由李洪勋负责。人才法规组先是由中央组织部组织局副局长徐祖发负责,而后由戴桂英负责。

2003 年 3 月,十届全国人大一次会议选举产生国家领导人。5 月,国务院对西部地区开发领导小组组成人员进行了调整。调整后的组成人员如下:国务院总理温家宝任组长,副总理曾培炎任副组长;成员有中央宣传部副部长胡振民、国家发展和改革委员会(简称“国家发展改革委”)主任马凯、教育部部长周济、科技部部长徐冠华、国防科学技术工业委员会主任张云川、国家民族事务委员会主任李德洙、财政部部长金人庆、人事部部长张柏林、劳动保障部部长郑斯林、国土资源部部长田凤山、建设部部长汪光焘、铁道部部长刘志军、交通部部长张春贤、信息产业部部长王旭东、水利部部长汪恕诚、农业部部长杜青林、商务部部长吕福源、文化部部长孙家正、卫生部常务副部长高强、人口计划生育委员会主任张维庆、中国人民银行行长周小川、国家税务总局局长谢旭人、国家环境保护总局局长解振华、国家广播电影电视总局局长徐光春、国家林业局局长周生贤、国家外国专家局局长万学远。马凯兼任办公室主任,王春正、李子彬、段应碧、王志宝任办公室副主任,李子彬负责日常工作。后来,中央任命王金祥、曹玉书担任副主任。

2008 年 3 月政府换届后,国务院办公厅下发《国务院办公厅关于调整国务院西部地区开发领导小组组成人员的通知》(国办发〔2008〕47 号),国务院决定继续保留西部地区开发领导小组,国务院总理温家宝任组长,国务院副总理李克强任副组长。领导小组成员包括:中央组织部副部长沈跃跃、中央宣传部副部长翟卫华、国家发展改革委主任张平、教育部部长周济、科技部部长万钢、工业和信息化部部长李毅中、国家民族事务委员会主任杨晶、公安部副部长刘德、民政部部长李学举、财政部部长谢旭人、人力资源社会保障部部长尹蔚民、国土资源部部长徐绍史、环境保护部部长周生贤、住房城乡建设部部长姜伟新、交通运输部部长李盛霖、铁道部部长刘志军、水利部部长陈雷、农业部部长孙政才、商务部部长陈德铭、文化部部长蔡武、卫生部部长陈竺、人口和计划生育委员会主任李斌、中国人民银行行长周小川、海关总署署长盛光祖、国家税务总局局长肖捷、国家广播电影电视总局局长王太华、国家林业局局长贾治邦、国家旅游局局长邵琪伟、中国银行业监督管理委员会主席刘明康、国家发展改革委副主任兼能源局局长张国宝、人力资源社会保障部副部长兼国家外国专家局局长季允石、扶贫开发领导小组办公室主任范小建、国家开发银行行长陈元。撤销国务院西部开发办，国务院西部地区开发领导小组具体工作由国家发展改革委承担。国家发展改革委成立西部司，任命我为司长。

2013年7月，根据国务院机构设置、人员变动情况和工作需要，国务院办公厅发文《国务院办公厅关于调整国务院西部地区开发领导小组组成人员的通知》（国办发〔2013〕69号），国务院决定对国务院西部地区开发领导小组组成单位和人员进行调整。国务院总理李克强担任组长，国务院副总理张高丽担任副组长。领导小组成员包括：中央组织部副部长陈希、中央宣传部副部长雒树刚、外交部部长王毅、国家发展改革委主任徐绍史、教育部部长袁贵仁、科技部部长万钢、工业和信息化部部长苗圩、国家民族事务委员会主任王正伟、公安部副部长杨焕宁、民政部部长李立国、财政部部长楼继伟、人力资源社会保障部部长尹蔚民、国土资源部部长姜大明、环境保护部部长周生贤、住房城乡建设部部长姜伟新、交通运输部部长杨传堂、水利部部长陈雷、农业部部长韩长赋、商务部部长高虎城、文化部部长蔡武、卫生和计划生育委员会主任李斌、中国人民银行副行长刘士余、海关总署署长于广洲、国家税务总局局长王军、国家新闻出版广电总局局长蔡赴朝、国家统计局局长马建堂、国家林业局局长赵树丛、国家旅游局局长邵琪伟、中国银行业监督管理委员会主席尚福林、国家发展改革委副主任兼能源局局长吴新雄、人力资源社会保障部副部长兼国家外国专家局局长张建国、交通运输部副部长兼铁路局局长陆东福、交通运输部副部长兼民航局局长李家祥、扶贫开发领导小组办公室主任范小建、国家开发银行董事长胡怀邦。

2018年7月，根据新一届政府机构设置、人员变动情况和工作需要，国务院办公厅发文《国务院办公厅关于调整国务院西部地区开发领导小组组成人员的通知》（国办发〔2018〕68 号），国务院决定对国务院西部地区开发领导小组组成单位和人员进行调整。国务院总理李克强担任组长，国务院副总理韩正担任副组长。党中央、国务院有关部门的主要负责人为领导小组成员：国家发展改革委主任何立峰、中央组织部副部长姜信治、中央宣传部副部长蒋建国、外交部副部长乐玉成、教育部部长陈宝生、科技部部长王志刚、工业和信息化部部长苗圩、国家民族事务委员会副主任石玉钢、公安部副部长王小洪、民政部部长黄树贤、财政部部长刘昆、人力资源社会保障部部长张纪南、自然资源部部长陆昊、生态环境部部长李干杰、住房城乡建设部部长王蒙徽、交通运输部部长李小鹏、水利部部长鄂竟平、农业农村部部长韩长赋、商务部部长钟山、文化和旅游部部长雒树刚、国家卫生健康委员会主任马晓伟、中国人民银行行长易纲、海关总署署长倪岳峰、国家税务总局局长王军、国家广播电视总局局长聂辰席、国家发展改革委副主任兼国家统计局局长宁吉喆、中国银行保险监督管理委员会主席郭树清、国家发展改革委副主任兼国家能源局局长努尔·白克力、国家林草局局长张建龙、交通运输部副部长兼国家铁路局局长杨宇栋、交通运输部副部长兼民航局局长冯正霖、扶贫开发领导小组办公室主任刘永富、国家开发银行董事长胡怀邦、国家发展改革委副主任林念修。国务院西部地区开发领导小组工作仍由国家发展改革委负责，具体工作由国家发展改革委地区司承担。

2000 年 1 月 19 日至 22 日，国务院西部地区开发领导小组在北京铁道大厦召开西部地区开发会议，进一步明确了西部大开发的重大意义、目标要求，研究加快西部地区发展的基本思路和战略任务。会议明确阐述了实施西部大开发战略，加快中西部地区发展，是党中央根据邓小平关于我国现代化建设"两个大局"的战略思想，高瞻远瞩、统揽全局、面向新世纪做出的重大决策。这是进行经济结构战略性调整，促进地区经济协调发展的重大部署；是扩大国内需求，促进国民经济持续快速健康发展的重大举措；是增进民族团结，保持社会稳定和巩固边防的根本保证；是逐步缩小地区差距，最终实现共同富裕的必然要求。实施西部大开发战略决策，不仅对于振兴中西部地区经济，而且对于促进全国经济更大发展、实现我国现代化长远发展的宏伟目标，都将起到极大的推动作用。会议指出，加快中西部地区发展的条件已经基本具备，时机已经成熟；新中国成立 50 年，特别是改革开放 20 年来，我国综合国力显著增强，人民生活接近小康水平，国家有能力加大对中西部地区的支持力度；特别是正在实施扩大内需的积极财政政策，可以用更多的财力直接支持西部开发；我国已基本解决全国人民的吃饭问题，粮食出现了阶段性的供过于求，这是在生态脆弱地区，有计划、分步骤退耕还林（草），改善生态环境的大好时机；随着我国加入世界贸易组织进程的加快，对外开放进入了一个新的阶段，中西部地区也将像东部沿海地区一样更加开放；我们必须充分认识和抓住当前的有利时机，增强历史责任感，坚定不移地贯彻落实党中央的重大战略决策。会议提出了实施西部大开发战略的初步设想，加快基础设施建设是西部大开发的基础，加强生态环境保护和建设是西部大开发的切入点，调整产业结构是西部大开发的关键，发展科技教育是西部大开发的重要条件，会议同时确定了当时和今后一个时期要抓好的几件大事。

第一，加快基础设施建设。必须从战略眼光出发，下更大的决心，以更大的投入，先行建设，适当超前。要以公路建设为重点，加强铁路、机场、天然气管道干线的建设；加强电网、通信、广播电视以及大中城市基础设施建设；尤其要把水资源的合理开发和节水工作放在突出位置，加强水利基础设施建设。要在做好充分论证的基础上，着力抓好一批重大骨干工程，争取早日开工建设。

第二，切实加强生态环境保护和建设。这是推进西部开发重要而紧迫的任务。要大力开展植树种草，治理水土流失，防治荒漠化；加大长江上游、黄河上中游天然林保护工程的实施力度；陡坡耕地要有计划、有步骤地退耕还林（草）。要抓住粮食等农产品相对充裕的有利时机，采取"退耕还林（草）、封山绿化、以粮代赈、个体承包"的综合性措施，以粮换林换草。这项工作要加强规划和政策引导，尊重农民意愿，搞好试点，逐步推行。坚持"全面规划、分步实施、突出重点、先易后难、先行试点、稳步推进"，因地制宜，分类指导，做到生态效益和经济效益相统一。坚持先搞好实施规划和试点示范。试点的规模要适当，不宜铺得太大，防止一哄而起。要加强政策引导，尊重群众意愿，不能搞强迫命令。要坚决制止新的毁林毁草开荒。

第三，积极调整产业结构。实施西部大开发战略，起点要高，不能搞重复建设。要抓住我国产业结构进行战略性调整的时机，根据国内外市场的变化，从各地资源特点和自身优势出发，依靠科技进步，发展有市场前景的特色经济和优势产业,培育和形成新的经济增长点。要根据当地的地理、气候和资源等条件,着力发展有自己特色的优势产业,有条件的地方要发展高新技术产业。要加强农业基础,调整和优化农业结构,增加农民收入;合理开发和保护资源,促进资源优势转化为经济优势;加快工业调整、改组和改造步伐;大力发展旅游业等第三产业。

第四,发展科技和教育,加快人才培养。要充分发挥老工业基地、军工企业、科研机构和高等院校现有科技力量的作用,加快科技成果的转化和推广应用,积极引进国内外先进技术。积极培养各级各类人才,全面提高劳动者素质。要确保教育优先发展,在办好高等教育的同时,特别要加快民族地区和贫困地区教育的发展,提高劳动者素质。要千方百计使用好现有人才,采取积极措施从国内外引进人才,大力培养各类人才。

第五,加大改革开放力度。实施西部大开发,不能沿用传统的发展模式,必须研究适应新形势的新思路、新方法、新机制,特别是要采取一些重大政策措施,加快西部地区改革开放的步伐,转变观念,面向市场,大力改善投资环境,采取多种形式更多地吸引国内外资金、技术、管理经验。要深化国有企业改革,大力发展城乡集体、个体、私营等多种所有制经济,积极发展城乡商品市场,逐步把企业培育成为西部开发的主体。①

会议强调,实施西部大开发,不仅是西部地区的大事,也是东部地区和全国的大事。东部地区要把支持西部大开发作为责无旁贷的任务,改善和加强对西部地区的对口支援和各种形式的协作,促进共同发展。西部大开发最根本的是靠西部地区广大干部群众自力更生,艰苦奋斗。要坚持物质文明和精神文明共同进步,经济和社会协调发展。要充分发挥我们的政治优势,动员全社会力量支持西部开发建设。国家要适当集中财力,增加对西部地区的财政转移支付力度,扩大西部地区的公共投资规模,支持西部地区加快发展。要深化投融资体制改革,积极扩大直接融资,拓宽开发建设筹资渠道。中央各部门要采取多种方式帮助和支持西部地区。会议要求,要切实加强领导。必须在深入调查研究的基础上,制定切实可行的总体规划和专项规划,并将其纳入国民经济和社会发展“十五”计划。所有的重要建设项目都要纳入规划,进行充分论证。推进西部大开发,既要有紧迫感,又要有长期奋斗的思想准备,不能

---

① 以上五点根据该会议的会议纪要整理。

急于求成。要坚持从实际出发,按客观规律办事,积极进取,量力而行,注重实效。既要解放思想,勇于探索,又要认真执行国家法律和政策,不能乱集资、乱收费,增加企业和农民负担。要加强民族团结,巩固和发展安定团结的社会政治局面,保证西部开发扎扎实实地健康发展。要求各部门、各地区站在我国现代化建设全局和战略的高度,把思想和行动统一到党中央的重大决策上来,不失时机地推进西部地区大开发。

会议期间,国家计委主任曾培炎做了"加快基础设施建设,搞好总体规划,为西部地区开发打下坚实基础"的发言。国家林业局局长王志宝做了"关于开展退耕还林还草试点示范工作"的发言,提出了基础设施建设和退耕还林(草)试点工作的意见。

这次会议对于各地区各部门统一思想发挥了重要作用。会后,中西部地区各省区市和各部门立即行动起来,成立开发工作领导小组,研究和策划落实西部大开发战略的政策方案,组织调研、论证,召开国内、国际等各类开发研讨会、情况介绍会、招商会等等。全国各地也纷纷响应党中央的号召,开展各种形式的活动,支援西部大开发战略。2000年5月,国家计委在中外记者招待会上公布了西部大开发新开工十大工程,即宁西铁路建设工程、渝怀铁路建设工程、西部公路建设工程、西部机场建设工程、重庆轻轨建设工程、涩北—西宁—兰州输气管线建设工程、青海30万吨钾肥工程、西部退耕还林还草工程、西部高校基础设施建设工程、四川紫坪铺水利枢纽建设工程等。与此同时,还有一批配套项目也开工建设,正式拉开了西部大开发的序幕。

此后,党的十七大明确提出,要继续实施区域发展总体战略,深入推进西部大开发。这在全国区域发展总体战略布局中占有十分突出的重要位置。之后党的十八大报告更加明确提出优先推进西部大开发,再到党的十九大报告提出强化举措推进西部大开发形成新格局,是党中央、国务院从全局出发,顺应中国特色社会主义进入新时代、区域协调发展进入新阶段的新要求,统筹国内国际两个大局做出的重大决策部署,彰显了党中央实施西部大开发战略的决心和信心,为西部地区加快发展提供了历史机遇。

第二章　地缘价值:西部战略地位

　　"西部地区"的概念,在1986年国家制定"七五"计划中首次提出,经过多次调整,通常是指中国西南四省区(四川、贵州、云南、西藏),后来增加了重庆和西北五省区(陕西、甘肃、宁夏、青海、新疆)。考虑到内蒙古和广西两个民族自治区,以及全国30个少数民族自治州中的27个州在西部地区,其余3个州(湘西、恩施、延边)的地理位置或经济发展水平与西部地区接近,最后综合考虑经济发展水平、地理位置和民族地区发展因素,西部大开发的范围包括重庆、四川、贵州、云南、西藏、陕西、甘肃、青海、宁夏、新疆、内蒙古和广西等12个省、自治区、直辖市,以及新疆生产建设兵团,面积约685万平方公里,占全国总面积的71.4%。此外,对于湖南省湘西土家族苗族自治州、湖北省恩施土家族苗族自治州、吉林省延边朝鲜族自治州,在实际工作中比照有关政策措施予以照顾。

　　西部地区在国家战略中具有重要地位。西部地区是亚欧大陆的制高点,该地区横贯亚欧大陆腹地,毗邻中亚,俯视南亚,沟通欧洲。西部地区与俄罗斯、蒙古国、哈萨克斯坦、塔吉克斯坦、吉尔吉斯斯坦、巴基斯坦、阿富汗、不丹、尼泊尔、印度、缅甸、老挝、越南等13个国家接壤,对维护国家安全有着极为重要的战略意义。西部地区地域辽阔,蕴藏着丰富的能源资源,水资源占全国的一半以上,是祖国版图上一块神奇而耀眼的土地!西部是华夏文明的摇篮,有秀美的自然风光和文物古迹,例如青藏高原、九寨沟、莫高窟、兵马俑,在中华民族的政治、经济和文化发展史上占有十分重要的地位。在世界历史上,西部地区是促进东西方友好往来、沟通文化的巨大桥梁!随着中国特色社会主义进入新时代,西部地区已成为我国经济发展的能源基地、可持续发展的重要依托、"一带一路"建设和向西开放的前沿支点、维护国家安全的战略要地,在国家发展全局中占有越来越重要的地位。

一、能源资源优势

西部地区横跨我国地势的第一、二级阶梯,纵跨热带、亚热带、暖温带、温带和高寒地区,横穿湿润、半湿润、半干旱和干旱地区。亿万年来地球复杂的地壳运动,形成了世界上最丰富的地质地貌。西部地区既有绵延起伏的高山峻岭,又有荒无人烟的大漠戈壁;既有美丽富饶的平原盆地,又有辽阔无垠的草原森林;既有星罗棋布的内陆湖泊,又有纵横交错的黄土沟壑。这里拥有"世界屋脊"——青藏高原,高原上耸立着许多 6000—8000 米的山峰,包括西起克什米尔海拔 8125 米的南迦帕尔巴特峰、东至雅鲁藏布江大拐弯处海拔7782 米的南迦巴瓦峰。这里有世界最高峰珠穆朗玛峰,海拔 8848.86 米,有"地球之巅"之称。青藏高原的雪山、冰川,使其成为众多大江大河的发源地,不仅孕育了黄河、长江、雅鲁藏布江、金沙江、澜沧江、怒江等一条条生命之河,也孕育出 5000 年中华文明。同时,西部地区也成为全国资源尤为富集的区域,特别是矿产资源、能源资源、土地资源、生物资源以及水资源,在全国占有显著的优势。

丰富的矿产资源。西部地区矿产资源丰富,是我国的矿产资源接替区,是国内最富有的"两源兼富"地区,并且富集程度高,组合条件好,开发潜力大。西部地区矿产资源蕴藏量丰富,品种齐全。天然气、煤炭、油气、钾盐、铬、锰、铅、锌、稀土、磷、镍等资源的保有储量占全国的比重在 50% 以上,特别是镍、汞、锑、锡、铂等储量占全国总储量的 70% 以上,一些稀有金属的储量名列全国乃至世界前茅。四川的钛矿、钒矿、硫铁矿、天然气、钡、钛、锗、锂、钯、铷,云南的锡、锌、铅、镉、铟,西藏的铜、铬、盐湖锂矿,贵州的汞、砂岩等均居全国储量的首位。我国重要的大型、超大型矿床大部分集中在西部地区,比如新疆塔北油田、陕西和内蒙古的神府东胜煤矿、四川攀枝花钒钛磁铁矿、贵州瓮福磷矿、贵州开阳磷矿、云南兰坪铅锌矿、西藏玉龙铜矿、青海察尔汗盐湖钾镁盐矿等。而且西部地区在有色金属、稀土、钾盐、磷矿石、铁矿石等资源开采及加工方面均有一定的基础,比如云南的铜,广西和贵州的铝,陕西的钼,甘肃的镍,宁夏的钽、铌、铍,内蒙古的稀土,青海的钾等都具有相当大的优势。

西部大开发战略实施以来,经过大规模的投入和经营,西部地区矿产资源的开发利用已有相当程度的规模,初步形成了一批从原矿开采、选矿、冶炼到加工的联合企业,实现了上下游一体化、规模化运营,并通过推广使用先进适用技术,提高资源综合利用率,极大地扩大了市场份额。其中四川攀枝花、广西防城港、贵州六盘水的钢铁生产,新疆塔里木和准噶尔、内蒙古鄂尔多斯的石油生产,新疆准东、内蒙古包头的电解铝生产,青海格尔木的钾盐化工,黔西和滇东地区的磷化工与炼铝工业,广西平果铝和内蒙古稀土开采等均已在全国同行业中拥有重要地位,相关地区都建设了重要的生产基地。

齐全的能源资源。西部地区各种自然资源中尤以能源和油气资源最为突出,西部地区的水能、煤炭、石油、天然气、太阳能、风能、地热能等都比较丰富,均有非常大的开发潜力。西部地区重点建设了鄂尔多斯盆地、蒙东、西南、新疆等国家重点综合能源基地,构建了安全、稳定、经济、清洁的现代能源产业体系,提升了能源保障水平。西部地区建成了陕北、黄陇、蒙东、神东、宁东和新疆煤炭基地,优化发展了云贵煤炭基地,重点建设了一批现代化露天煤矿和千万吨安全高效矿井;加强了石油天然气资源勘探,实施精细开发,重点推进了塔里木、准噶尔、鄂尔多斯、四川盆地等重要的油气资源战略接续区建设。据测算,西部地区水能资源占全国的 80% 以上,可开发水电总装机容量 3 亿多千瓦,每年可发电超过 1.5 万亿千瓦时。西部地区水电资源比较集中,优良坝址多,建库条件好,地理位置适中,各项目的技术经济指标也相对优越,便于进行集中开发和集中管理,便于梯级与区域的补偿调节与优化调度,可形成规模优势。西部大开发积极推进西南地区和黄河上游重点流域大型水电站建设,建成了金沙江上游、雅砻江、大渡河、澜沧江中下游、黄河上游和雅鲁藏布江中游河流水电基地。西电东送、西气东输、西煤东运等工程为东部地区的快速发展提供了重要的资源保障。此外,内蒙古、甘肃、青海、新疆、西藏等省区的太阳能、风能、地热能等新能源也十分丰富,风能资源占全国的 50% 以上,拥有丰富的太阳能资源,太阳能的年总辐射约为 140—200 千卡/厘米^2,还蕴藏着丰富的地热资源。西藏羊八井、云南腾冲的高温地热田是很好的发电资源,可供开发和利用。西部大开发战略实施以来,西部地区已建成蒙西、蒙东、甘肃河西走廊、新疆哈密等千万千瓦级风电基地。

辽阔的土地资源。西部地区土地资源丰富,类型多样,后备资源潜力较大。西部 12 个省区市土地面积占全国的三分之二以上,耕地面积约占全国耕地总面积的 28.4%,草地面积约占全国草原面积的 84.4%,水资源约占全国的一半以上,未利用土地约占全国的 79.9%,可供开发利用的后备资源潜力较大。西部地区光照资源和生物资源丰富,气候条件独特,属温带大陆性干旱气候,良好的光照和较大的昼夜温差为优质农产品的生产提供了条件。其中,西北地区全年日照时数 2500—3500 小时,年平均日照率 50%—80%,有利于农作物光合产物的积累;农牧业优势明显,是我国棉花、烤烟、水果、花卉等农产品的主要生产基地,棉花、甜菜、果品、瓜菜、药材、啤酒原料、林特产品、畜产品等农副产品具有独特的品质。西南地区的多数地区年活动积温在 4500 摄氏度左右,雨水充沛,水热资源组合条件好,且地形多样,具有发展多熟种植和立体农业的潜力和优势,比如广西、云南的甘蔗,云南、贵州的烟叶,云南的花卉、橡胶,整个西南地区的热带、亚热带水果等。西部地区还是我国最大的天然牧草分布区,囊括了全国牧草总面积的 97.9%,畜牧业发展具有得天独厚的条件,青海、西藏、甘肃、新疆、内蒙古等地已成为我国牛羊肉和奶制品的主产区。

奇异的生物资源。西部地区地域辽阔,南北跨越了热带、亚热带、暖温带、温带等不同的气候带,最南端为热带雨林气候,最北端为温带荒漠气候和温带高山气候,南北差异极为显著。西部地区复杂多样的气候,以及别具特色的光热水土资源,孕育了丰富的生物资源。西南地区地貌千姿百态,森林资源丰富,林草繁茂,其森林覆盖率在 25% 以上,生物物种丰富,被誉为"世界植物的基因库"。西南地区山清水秀,风光秀丽;西北地区则既有巍峨群山,也有大漠戈壁。

西部地区自然环境复杂,气候条件多样,为种类繁多的动植物提供了繁衍生息的独特条件,包括珍稀植物太白梅花草、独叶草、冬虫夏草、藏红花、天山雪莲等,同时还有上百种珍稀动物,如大熊猫、金丝猴、羚羊、野牦牛、野骆驼、白唇鹿、棕熊等。西部地区鸟类种类约占全国的 60% 以上,陆生脊椎动物约占全国的 50% 以上,我国大型有蹄类动物几乎全部集中在西部地区。西部地区丰富的生物资源蕴藏着巨大的经济价值、科学研究价值和生态效益。

浩瀚的水资源。我国淡水资源总量约为 2.83 万亿立方米,但人均水资源

量为世界人均水资源量的四分之一。① 其中,西部地区的水资源总量达 1.67
万多亿立方米,其中西南地区水资源总量占西部地区水资源总量的 83.6%,
但时空分布和需求不相适应,区域和季节性缺水严重。西北地区单位面积水
资源量小,气候干旱,缺水严重。西部地区拥有被称为世界"第三极"的青藏高
原,它西起帕米尔高原,东至横断山脉,北起昆仑山、祁连山,南至喜马拉雅山
脉,面积约 250 万平方公里,平均海拔 4000 多米。我国有 46000 多条冰川,主
要分布在青藏高原,比如喜马拉雅冰川、念青唐古拉山冰川、昆仑山冰川、喀喇
昆仑山冰川、横断山冰川、唐古拉山冰川、冈底斯山冰川、羌塘高原冰川和祁连
山冰川,喜马拉雅-青藏高原地区亦有"亚洲水塔"之称,是长江、黄河、澜沧江
等多条大江大河的发源地,长江总水量的 25%、黄河总水量的 49% 和澜沧江
总水量的 15% 均来自这一地区。长江、黄河是中华民族的母亲河,孕育了璀
璨的华夏文明,也是不可多得的战略要地;澜沧江是重要的国际河流,一江通
六国,是国家和民族友谊的纽带。还有恒河、印度河、布拉马普特拉河、湄公
河、萨尔温江和伊洛瓦底江,它们的源头都是青藏高原。青藏高原湖泊面积占
我国湖泊面积的 50% 左右。位于喜马拉雅山脉中段的珠穆朗玛峰附近集中
分布有 38 座海拔超过 7000 米的山峰,4 座在 8000 米以上,形成了一个巨大的
冰川作用中心。北坡面积最大的冰川为绒布冰川,它是由东、中、西绒布冰川
汇合而成的树枝状山谷冰川,千姿百态,晶莹夺目,奇特壮观。南坡面积最大
的冰川是卓奥友峰南侧的格重巴冰川,群山耸立错落,雪山连绵。巍峨的雪山
插入一望无际的天空中,雄伟壮观,云蒸霞蔚,霞光辉映。

二、交通区位优势

西部路网显著改善。"天下商埠之兴衰,视水陆舟车为转移。"综观人类历
史,交通运输作为区位影响因素始终与区域经济空间结构紧密相连,成为区域
经济发展和空间拓展的主要力量之一。实施西部大开发战略以来,西部地区
交通基础设施快速发展,以公路建设为重点,加强了铁路、机场、内河航运建
设,扩大了西部与东部、西南与西北的运输通道,打通了西南出海通道,实现了

---

① 我国资源的基本状况.(2005-12-29)[2020-04-13]. http://www.gov.cn/ztzl/2005-12/29/content_
141069.htm.

通江达海,促进了与周边国家的经济联系与交流。"五纵七横"国道主干线西部路段全线贯通,西部8条省际干线公路、国家高速公路网西部路段全部建成,打通了西部内陆与东部沿海地区的交通通道,保证了东部与西部,特别是与新疆的联系畅通,形成了横贯东西、纵贯南北的运输大通道。西部地区的交通基础设施发生了质的飞跃,人均公路里程已经超过了东部地区和中部地区。

国际通道基本形成。西部建成了西北和西南出境铁路,打通了通往东南亚、南亚、中亚国家和蒙古国、俄罗斯等周边国家的国际运输要道。公路方面,与周边国家连接的重要公路运输通道基本实现了高等级化,显著提升了口岸公路和国防边防公路的通行能力及服务水平。铁路方面,新建巴彦淖尔市甘其毛都至策克、巴彦乌拉至珠恩嘎达布其铁路、玉溪至磨憨铁路、南宁至凭祥铁路。民航港口方面,重庆、成都、西安、昆明、乌鲁木齐等一批国际门户枢纽机场和澜沧江等国际河流的航运条件得到了改造提升。西部8省区共建的陆海新通道与中欧班列以及长江黄金水道实现联通,实现了良好开局。随着西部大开发和"一带一路"建设的深入推进,西部地区加强了与周边国家的互联互通,基础设施建设进入快车道,积极推进国际运输通道建设,全面提升路网质量和装备技术水平,有力助推"一带一路"高质量发展和西部大开发形成新格局。

交通承载明显提升。当今,西部地区基本形成了以大城市为中心、中小城市为支点的路网骨架。部分中心城市形成了综合立体交通网和1小时城市圈。现代交通物流体系不断完善,交通运输跨界跨业融合深度发展,交通运输开放合作水平有了显著提高。西部地区强化城市群、重要节点城市间、中心城市与周边地区间的交通运输联系,推进运输服务同城化、一体化、城乡运输均等化。通过完善快速公路网络,部分省区市实现了县县通高速,提升了重要节点城市间、中心城市间、城市与郊区新城间以及重点县域间的通达水平。西部地区加强了客货流枢纽和以中心城市为核心的综合运输枢纽的建设,注重提高地区的交通运行效率和管理水平,充分发挥自身优势,进一步加大对基础设施建设的支持力度,补齐基础设施建设领域短板,为塑造"双循环"发展格局提供更高水平的服务。

三、特色产业优势

特色产业基本形成。西部地区特色优势资源比较丰富,劳动力资源比较充裕,劳动力素质有所提高。西部大开发战略实施以来,西部地区交通、能源、水利、通信等基础设施明显加强,生态环境有了初步改善,特色优势产业发展的支撑能力得到增强,东部产业转移步伐逐步加快,东西互动呈现良好势头。一些重要产业的发展和技术水平的提高具有了一定的基础,已经初步形成一批具有较强竞争力的优势企业和特色产品,为进一步促进资源优势转化为产业优势、经济优势提供了良好条件。西部地区依托能源、矿产、旅游、农业等资源丰富的比较优势,相继建成了西气东输、西电东送,内蒙古、陕西、宁夏、贵州等亿吨级煤炭基地,长江上游、金沙江、澜沧江、红水河、黄河上游等百万千瓦级水电基地等重大能源建设项目;建成了青海、新疆等百万吨级钾肥,新疆独山子和乌鲁木齐、云南昆明千万吨级炼油和百万吨级乙烯,宁夏百万吨级煤制油等优势资源深加工重点项目;提升改造了酒钢、包钢、攀钢、水钢钢铁基地,建成了广西防城港钢铁基地;形成了青海、新疆、西藏大型钾肥生产基地和内蒙古包头稀土深加工基地。现在,西部地区的能源及化学工业、优势矿产资源开采及加工业等特色优势产业在全国市场上已占有重要位置。

工业产业体系完备。西部地区除了具有开发潜力巨大的能源矿产资源外,还拥有相当实力的经济技术基础和优势。西部地区在"一五""二五"和"三线"建设时期,就形成了门类齐全的装备制造业,具有相当规模和水平的产业体系,形成了我国发电设备、输变电设备、锅炉、汽轮机、重型机械、通用机械、国防军工装备制造基地,但产业水平总体上比较低。西部大开发战略实施以来,西部地区对装备制造企业进行了技术改造,在新产品开发、产品技术创新、市场开拓能力、企业经营管理等方面都迈上了一个大台阶,不少领域的技术水平处于国际"并跑"和"领跑"阶段。例如,重庆、四川、新疆、银川的发电、输变电成套设备生产,四川、甘肃、陕西、新疆的石化成套设备生产,重庆、四川、陕西、广西、新疆的汽车及汽车零部件生产,重庆、陕西、宁夏、四川、甘肃、云南的数控机床生产,陕西、四川、贵州的航天航空产业,重庆、四川、广西、陕西的新能源汽车生产,重庆、四川、甘肃、陕西、贵州、云南、广西的生物医药产业,都达到了一个新的水平,确立了西部地区在全国工业布局中的重要地位,使西部地区的国际竞争力不断提升。西部地区的一些中心城市有很好的制造业基础,具备一些规模较大的骨干企业,在西安、重庆、成都、兰州、昆明和乌鲁木齐等地,已经形成了制造业的产业中心。西部地区特色优势产业已成为西部经济加速发展的引擎,也日益成为西部经济强有力的支撑。

特色农业基础良好。我国西部地区地域辽阔,光、热、水、土资源丰富,物种资源多样,具有发展特色农业的优势和潜力。经过多年的发展,西部地区特色农业已有一定的基础。实施西部大开发战略和农业结构战略性调整,为发展西部地区特色农业提供了有利的机遇和广阔的空间。西部地区农牧业发展步伐明显加快,已经成为我国重要的棉花、糖料、烤烟、水果、花卉、天然橡胶等农产品生产基地。例如,新疆的光热水土资源不仅使新疆瓜果闻名天下,而且适宜棉花生长,已经形成了全国商品棉基地;宁夏种植葡萄的自然条件与法国著名的葡萄酒产区波尔多类似,纬度相当,生产的葡萄特别适宜酿造葡萄酒,已初步形成贺兰山葡萄产业带;陕西、甘肃、新疆的苹果业,云南、贵州、广西、甘肃、西藏的中药材加工业,云南、贵州的烟草种植及加工业,云南、四川、贵州、广西的茶产业等,已经具有一定的知名度,发展规模不断扩大,市场占有率稳步提高,产品竞争力逐渐增强。西部地区还有辽阔的草原,是我国传统的优质牛羊肉、羊毛、羊绒等重要的畜牧业产品生产基地。肥美的草原,孕育出丰富多样的畜产品资源,如著名的内蒙古三河马、三河牛、绵羊、鄂尔多斯山羊绒,西藏藏牦牛、藏羊、藏马,青海牦牛,新疆细毛羊、羔皮羊、和田羊、伊犁马,宁夏盐池滩羊等。优势特色基地加快发展,畜牧业规模化水平、商品生产能力不断提升,基础保障能力持续增强,奠定了现代畜牧业发展的良好基础。

四、文化旅游优势

西部地区历史悠久,自然风光独特,民族风情浓郁,蕴藏着十分丰富的文化旅游资源,东西方文化在西部交汇融合,从而有了丝绸之路的驼铃声声、佛院深寺的暮鼓晨钟,为世界文化的发展做出了较大的贡献。

西部地区在我国 5000 年文明史中占有重要地位,是华夏文明的发源地。西部各族人民世代生息繁衍于此,共同创造了地区的繁荣昌盛。大地湾遗址、半坡遗址、三星堆遗址、马家窑文化、马厂文化、齐家文化等则是人类原始生活留下的浓重的历史痕迹。西部文物古迹、名胜景点灿若星辰，秦始皇陵兵马俑被列为"世界八大奇迹"之一，敦煌莫高窟被誉为"东方佛教艺术宝库"，布达拉宫是藏传佛教圣地，龟兹石窟是古代东西方文化交流的结晶，大理三塔、丽江古城等在海内外均享有较高的知名度，楼兰古国、三星堆等历史文化遗产，同样为世界所瞩目，成为中华文化重要的象征。

深厚的文化沉淀使得西部人文景观与自然景观交相辉映，特别是重庆的大足石刻，四川峨眉山、乐山大佛，陕北桥山的"人文始祖"黄帝陵、轩辕柏，大理苍山的蝴蝶泉，高原水城丽江古城，天水麦积山的摩崖石刻，贺兰山的西夏王陵等，几千年的历史风云激荡造就了西部生生不息的文化源脉，使这片广袤的大地上遍布辉煌灿烂的文化遗存。

西部地区聚集了我国 50 余个民族，是少数民族及其文化的集萃地，多姿多彩的民族歌舞、民族服饰及民风民俗(图腾崇拜、宗教信仰、饮食习惯、节日庆典等)，孕育和传承了各具特色、异彩纷呈的民族文化和古朴神秘的民俗风情，如年节礼仪、婚丧嫁娶、生活习俗、社火戏曲都独具特色。仅以民族节日来看，就有回族开斋节、壮族的三月三、藏族的望果节和雪顿节、蒙古族的那达慕大会、傣族的泼水节、彝族的火把节、苗族的芦笙节、白族的三月节(又称"三月街")、景颇族的目瑙节等，具有浓厚的民族特点、地方特色。少数民族文化遗产是辉煌灿烂的中华民族文化遗产的重要组成部分，也是我国各族同胞共同拥有的文化财富和宝贵资源。如藏族的《格萨尔王传》、蒙古族的《江格尔》和柯尔克孜族的《玛纳斯》三大史诗，其宏大篇幅可以与古希腊的《伊利亚特》和《奥德赛》相媲美，而维吾尔族的《十二木卡姆》集歌、舞、乐为一体，是举世闻名的音乐经典。

西部地区自然旅游资源具有多样性、独特性和典型性，有雄奇险峻的高山大川、辽阔的草原、深邃的森林、浩瀚的大漠戈壁，雄伟粗犷，景色壮丽，还有珍稀宝贵的生物。"世界屋脊"青藏高原、雅鲁藏布江大峡谷、长江三峡、九寨沟、西双版纳、大理苍山洱海、昆明石林、黄果树瀑布、桂林山水、西北大漠风情、烟波万顷的青海湖、吐鲁番、喀纳斯、内蒙古的大草原等等，都是享誉世界的风景名胜。西部地区文化旅游资源的丰富优势，呈现出巨大的开发潜力，为文化旅游业发展奠定了坚实基础。

西部地区是全国红色文化资源最丰富的地区之一,涵盖了中国革命的各个时期的资源,数量多,分布广,影响大。以革命圣地延安为中心,西部地区集聚了极具革命性和先进性的丰富红色文化资源,孕育了光照千秋的延安精神、百色精神、长征精神、西路军精神、南梁精神、红岩精神等,还有"两弹一星"精神、新疆生产建设兵团精神等等,是中国共产党以及中华民族的宝贵精神财富,也是中国革命和建设的重要精神动力,对中国历史发展进程产生着巨大和深远的影响。西部地区拥有著名的枣园革命旧址、杨家岭革命旧址、王家坪革命旧址、遵义会议纪念馆、娄山关、南梁陕甘边区苏维埃政府旧址、会宁县红军会师旧址、天险腊子口、中国红军城、"一二·一"运动纪念馆、大青山抗日根据地、绥蒙抗日救国会旧址纪念馆等一大批革命景区,蕴含着深厚的革命情感和厚重的历史文化内涵。这些独特的红色地标,是一代又一代中国共产党人为民族复兴、人民幸福矢志不渝奋斗的历史见证,是我们坚定中国特色社会主义道路自信、理论自信、制度自信、文化自信的坚实根基,是我们奋力前行、走好新时代长征路的不竭动力。西部红色文化资源,无论在时间跨度还是空间维度上,无论在数量还是质量上,无论在内容还是形式上,都具有独特优势,在全国红色资源宝库中占有不可替代的重要地位,是我们弥足珍贵的巨大精神财富。在西部大地上,中国共产党人书写了可歌可泣的红色篇章,留下了感天动地的红色故事,播撒了薪火相传的红色火种,烙下了不可磨灭的红色印记。我们要抓住发展机遇,开发利用,与文化旅游产业有机结合,与民俗文化深度融合,将红色资源利用好,将红色传统发扬好,将红色基因传承好,变资源优势为经济优势,使之成为推动新时代西部经济社会发展的有力支撑,让革命的火种在西部大地上生根发芽,开花结果,在新时代焕发出更加绚烂夺目的光芒。

五、市场潜力优势

我国是一个市场容量和潜力巨大的发展中国家,尤其是在广大的西部地区,潜在的市场需求正等待人们去开拓。截至 2018 年年底,西部地区面积占全国的 71.4%,人口占全国的近三分之一,但人均固定资产投资仅为全国平均水平的 82.2%,城镇化率只有 41.6%,仅相当全国平均水平的 80% 多,社会消费品零售总额仅占全国各地总额的 18.4%,是全国未来扩大内需潜力最大的地区。① 西部地区能源资源富集,水能资源蕴藏储量占全国的 86%,煤炭保有储量占全国的 60%以上,天然气可采储量占全国的 66%,石油储量占全国陆上储量的 31%,铜、铅、锌等主要矿产资源及稀土、钾盐等资源大部分分布在西部地区,该地区是全国最重要的矿产资源和能源资源接续地。由于区位条件、经济基础、产业发展等众多因素共同影响,东部地区与西部地区之间的人均生产总值的发展差距仍然明显。西部地区资源富集,比较优势明显,正处在工业化、城镇化的初中级阶段,社会投资和消费市场潜力巨大。这些方面都凸显了西部地区战略资源丰富和市场潜力巨大的优势。

西部大开发战略深入推进,将给西部地区带来历史机遇,国家扩大内需的积极财政政策与改善西部地区投资发展环境、推进城镇化进程、扩大消费需求结合起来,会进一步激发西部地区的发展潜能,扩大国内有效需求,也将进一步扩大我国经济发展的回旋空间,增强防范和抵御世界经济风险的能力。这表现在以下几个方面。一是中央继续加大对西部地区的投入力度,继续实行优惠政策倾斜,与西部地区自然资源丰富、科技力量雄厚、市场潜力巨大等相对优势有机结合起来,将进一步促进西部地区经济社会的快速发展。二是国家重大基础设施项目向西部转移,潜在的巨大投资品市场需求将转变为现实的消费市场,促进生产资料市场升级。三是西部地区将实现全面小康,消费逐步升级,很多省区市消费增速将加快。四是高质量推进西部大开发,加快西部产业结构调整,将推动特色优势产业、特色农牧业、旅游业等产业加快发展,促进西部资源优势转变为经济优势。五是 2020 年我国实现全面建成小康社会目标,下一步我国的扶贫开发将进入巩固脱贫成果、推进乡村振兴新的阶段,对西部大开发来说,这是必须完成的硬任务。国家将加强对相对贫困地区交通、能源、水利、通信和物流等基础设施的建设,改善生产与生活条件,开通乡镇和农村客运线,有效保证农民在城乡之间顺畅流动;还将促进"工业品下乡"和"农产品进城"的双向流通,充分利用当地要素资源禀赋优势,进行合理开发,拓展延长相关产业链,释放资源开发潜力和消费市场潜力。

---

① 数据根据国家统计局编《地区经济主要统计指标》分析计算得出。

六、人力资源优势

人力资源丰富。西部地区蕴藏着丰富的人力资源,潜在人力资源充足,人口整体属于成年型,劳动年龄人口规模较大,潜在人力资源比例较高。西部一些地区人力资本丰富程度位居全国前列,是西部大开发的有生力量。西部地区人力资源的特点主要表现为:一方面,大多数劳动力集中在第一产业;另一方面,西部大量青壮年劳动力并未在当地就业,而是去往东南沿海打工。但是,西部劳动力受教育水平相对较低,与全国平均水平差距较大,因此西部地区人力资源开发还有很大的潜力。西部大开发战略实施以来,国家加大教育投入,改善办学条件,扩大办学规模,支持高等教育和基础教育发展,劳动力素质得到了较大提高,为西部地区人力资源开发创造了良好的条件。这必将为东中部发展、西部大开发提供庞大的劳动力市场资源,成为社会主义现代化建设的一支重要力量。

科技力量较强。西部地区具有较强的科技优势,部分地区科技综合实力在全国名列前茅。2020 年 1 月 8 日,陕西省举办"五个扎实谱新篇,追赶超越再出发"主题系列新闻发布会,陕西省科技工委书记、科技厅厅长赵岩介绍说陕西科研院所众多,科技人才、师资力量雄厚,截至 2020 年 1 月,陕西有各类科研机构 1340 家,各类高校 116 所,高新技术企业近 2000 家,国家级园区平台 324 个,国际创新合作平台 71 个,在陕两院院士 69 名。另外,四川作为国家"一五"和"三线"建设时期布局的重要电子工业基地,依托雄厚的科技基础,集聚了长虹、迈普、菲尼克斯、汇源等具有较强科技研发和生产实力的企业,在数字家电产品、集成电路、软件、网络通信设备、军事电子设备等领域形成了一批科技含量和附加值高、市场占有率大的优势产品,成为国家重要的信息安全产业基地、国家软件产业化基地。在重庆,科技创新也成为高质量发展的强大动力,截至 2021 年 5 月,重庆拥有高校 45 所,博士后科研工作站 14 个,市级重点实验室 5 个,国家级经济开发区 5 个,市级开发区、全国双创示范区、国家大数据综合试验区等科技创新平台 41 个,已建成国家重要现代制造业基地、工业机器人高新技术产业化基地等。西部地区科技成果和高新技术产品输出和转化能力显著提升,创新引领、应用示范的作用日益凸显。贵州作为全国第一个国家级大数据综合试验区,推进大数据与实体经济深度融合,深化大数据"聚通用",吸引了英特尔、戴尔、IBM(国际商业机器公司)等大型跨国公司,苹果、央行、富士康等国际级、国家级行业数据中心,华为、腾讯、阿里巴巴、百度、京东等全国大数据、互联网领军企业,中国移动、中国联通、中国电信三大运营商,中国电子、中国电子科技、中国航天科工等央企扎根落户,呈现出后发赶超、跨越发展的强劲势头。

平台不断完善。西部大开发战略实施以来,国家技术转移西南、西北中心,成渝西部科技城、自主创新示范区,西安稀有金属材料国家技术创新中心等一批国家科技成果转移转化示范区相继建成,提升了西部发展创新能力;一批农业、生态保护技术的攻关和示范推广,青藏高原综合科学考察、黄河长江综合环境整治等项目的实施,为西部农业和可持续发展提供了智力支撑。西部地区积极融入"一带一路"建设,构建"一带一路"国际科技组织合作平台、成渝"一带一路"科技创新合作区、云南科技创新辐射中心、广西中国-东盟科技转移中心、内蒙古中蒙技术转移中心、新疆文化科教中心等,提升了西部开发的科技创新能力。西部地区正在加强科技创新,加大科技成果转化力度,培育科技创新高地,不断提升科技创新能力,为新时代西部大开发形成新格局提供科技支撑。

七、开放合作优势

在西部大开发战略中,扩大对外开放是其重要组成部分。西部在历史上就是丝绸之路交流的核心区域,在新时代,西部地区积极融入"一带一路"建设,打造内陆开发高地和开发开放枢纽,强化与周边国家的互联互通,推动开放国家大通道建设,积极推动北部湾港口发展,强化陆海新通道建设,构建陆海和空铁联运、中欧班列相结合的物流通道。

积极构建多层次开放平台,加快国际门户枢纽城市建设,加快内陆开放型经济试验区建设,打造重庆、成都、西安、昆明、南宁、贵阳等内陆开放型经济高地。宁夏已经成为我国面向阿拉伯国家交流合作的重要窗口。重庆、成都、昆明、南宁都已成为我国陆海内外联动、东西双向互济开放新格局版图的亮点。自贸区落户西部地区,中国西部国际博览会、中国-东盟博览会、中国-亚欧博览会等已成为对内对外开放和区域合作平台的重要载体。

开放型经济加快发展,推动了西部地区的对外开放由商品和要素流动型逐步向规则制度型转变,落实外商投资准入前国民待遇加负面清单管理制度,有序开放制造业,逐步放宽服务业准入,提高采矿业开放水平。例如,西南地区重点加大与东南亚地区的贸易往来,将广西、云南作为西南对外贸易窗口;西北地区直接面对中亚国家,沿亚欧大陆桥与西亚、欧洲加强对外经济贸易合作,成为重要对外贸易基地。2020 年,西部沿边地区公路口岸的数量占全国的 84.5%,铁路口岸占全国的 60%,公路口岸和铁路口岸在与周边国家经济贸易往来中发挥着重要作用。

新的历史时期,西部沿边地区在构建对外开放新格局和"一带一路"建设中的空间地位日益凸显。沿边地区以国际大通道为依托,以开发开放试验区为重点,以沿边重要口岸城镇为支撑,以各级各类开放园区为载体,以沿边中心城市为腹地,形成了沿边地区开发开放新的空间布局。特别是不断完善保税区、沿边开发开放试验、边境经济合作区、跨境经济合作区建设,强化了与周边国家之间的次区域合作,如大湄公河次区域经济合作、孟中印缅地区国际经济合作、泛北部湾经济合作、南宁-新加坡经济走廊、澜沧江-湄公河合作等,在扩大对外开放程度、促进西部区域经济融入国际经济方面均打下了良好的基础。

八、地缘区位优势

西部地区位于亚欧大陆腹地中心,是中国进入东南亚、南亚、中亚和印度洋的前沿地区,地缘区位十分重要,在国家安全中具有重要的战略地位。12 个省区市中,就有 6 个省区与周边国家接壤,是我国国家安全的战备后方和经济安全的重要保障。西南地区毗邻东南亚、南亚,西北地区与中亚、阿富汗、巴基斯坦、蒙古国、俄罗斯接壤。其中,内蒙古地处我国正北方,与蒙古国、俄罗斯为邻,是我国北方对外开放的前沿;利用毗邻 8 省区和与俄罗斯、蒙古国接壤的区位优势,有利于内蒙古加快形成"北上南下、东进西出、内外联动、八面来风"的全方位开放格局。甘肃北与蒙古国戈壁阿尔泰省接壤。新疆地处我国西北边陲,与俄罗斯、蒙古国、哈萨克斯坦、塔吉克斯坦、吉尔吉斯斯坦、阿富汗、巴基斯坦、印度接壤,扼守中国西大门,是中国同中亚交往的重点地区,也是维护国家西北地区稳定不可忽视的重要地区。西藏地处我国西南边陲,南面与印度、尼泊尔、不丹、缅甸接壤,有着独特的区位优势和地缘优势,历史上就是中国与南亚各国交往的重要门户。"一带一路"建设开展以来,西藏面向南亚开放的区位优势日益凸显。云南南与越南、老挝接壤,西与缅甸毗邻,地处中国、东南亚、南亚的接合部,具有"建瓴之势""倒擎天下之势",连接中国、东南亚和南亚三大经济圈,北上连接"丝绸之路经济带",南下连接"21 世纪海上丝绸之路"的枢纽,具有沟通太平洋、印度洋的特殊地缘区位优势。广西地处中国-东盟自贸区的中心,位于华南、西南、东南亚三大经济圈接合部,面向太平洋,濒临北部湾,海上与东南亚诸国相望,是西部地区的出海大通道,是中国与东盟国家间重要的沟通合作平台、交通物流枢纽和经贸往来桥梁,具有特殊的地位和作用。西部地区在构成中国外部地缘战略关系和内部地理区位关系中,对整个国家的长远发展和安全举足轻重。

西部地区是一些国家战略争夺的焦点之一,是国际敌对势力渗透、颠覆、破坏的重点地区,始终面临矛盾纵横交织、内忧外患并存的复杂局面。

西部地区还是国内国际"三股势力"勾连聚合、活动频繁的敏感地域,是反分裂、反恐怖斗争的热点地区。受国际敌对势力"西化""分化"战略和极端民族主义思潮的影响,以及周边国家长期动荡的刺激和境外民族分裂组织的支持,区内民族分裂势力的分裂破坏活动曾在一定时期内加剧,非法宗教活动猖獗,尤其以新疆最为突出。自西藏"3·14"事件、新疆"7·5"严重暴力犯罪事件发生以来,反分裂、反恐怖斗争的形势仍然十分严峻,"疆独""藏独"等民族分裂势力活动在一定范围内还有深刻的影响。

综上,西部大开发战略实施以来,西部生态环境和基础设施实现了突破性进展,奠定了良好的发展基础。进入新时代,西部大开发进入了一个新的发展阶段,西部地区经济社会发展进入了重要窗口期、西部内需与投资规模的扩大期、供给侧结构性改革效应溢出期、创新取得突破期、信息化融入赋能期等众多利好时期。

第三章 兴衰沉浮:西部历史回顾

辽阔的西部大地,是演绎中国历史的重要舞台。翻开历史画卷,中国汉、唐、元、清等历朝政府均对西部地区,尤其是现在的新疆、西藏进行过大规模的开发活动。探讨古代西部开发的策略,将给我们今天的西部开发带来一些启示。

西部是华夏文明的发源地,"羲皇故里,河岳根源",令世人自豪的周秦汉唐都是在西部关中平原上建立的王朝。历史上的"西部"这一概念,是随着我国疆域的不断开拓和民族融合的历史发展而不断延展的。从历史上看,在中华民族广袤的疆域范围内,从古至今都有东部和西部的区分。

先秦时期,人们多把潼关以西称作关西或西部,即今天的陕甘一带。周王朝建立,创造了灿烂的文明;西汉时期定都长安,此时的西部主要是指"西域",尤其指新疆,即当时玉门关与阳关以西的天山南北西域诸国和西亚部分地区。历史上的"张骞通西域"中的"西域"的地理范围即指此部分区域。秦汉时期,公元前221年秦始皇统一六国,《史记·秦始皇本纪》记载,其时疆域,"东至海暨朝鲜,西至临洮、羌中,南至北响户(北回归线以南),北据河为塞,并阴山至辽东"。秦汉政权在西部疆域开拓了回中道、褒斜道、子午道、夜郎道、永昌道等,并开通了南北丝绸之路等,商旅、使者穿行其中,到处响起驼铃声,繁荣兴盛,前古未有,有"商胡贩客,日款于塞下"(《后汉书·西域传》)之称,使之形成了一个以京师为中心、向四面八方辐射延伸的完备陆路交通网,沿线屯田众多,经济繁荣,促进了东西方的经贸往来和不同文明间的交流。随着秦开辟"五尺道"、西汉"开西南夷"置郡县和东汉置永昌郡,到魏晋、隋唐后,西南界扩大到今云南东南、广西西南和越南北部地,南至今越南河静省南部和广平省北部交界的横山一线,西部扩到四川阿坝和青海阿尼玛卿山一带,"于是自河首积石山而东,皆为中国地"(《新唐书·党项传》)。汉武帝时期疆域空前辽阔,北边疆界达阴山以北,河西分置金城、酒泉、张掖、敦煌、武威五郡;西至中亚,西域指甘肃敦煌古玉门关、阳关以西,葱岭(今帕米尔)以东的今新疆地区;西南界到达了今四川邛崃山和云南高黎贡山和哀牢山一带,包括今广西、广东部分地区和越南北部,较秦时更为扩展;南至越南中部和南海;东抵日本海、黄海、东海暨朝鲜半岛中北部。汉武帝末年以后的百余年里,我国国势削弱,西部版图有所缩小。

隋唐是我国古代社会的鼎盛期,国势强盛,丝绸之路更为畅通,对外影响扩大。关陇地区成为全国的政治、经济、文化中心。隋唐极盛时期的疆域为:东至辽河下游,西至里海,南至大漠北,北至贝加尔湖。630 年唐灭东突厥,北面疆域推至阴山以北 600 里,将漠南收入版图。646 年唐又灭了汉北的薛延陀,将北至贝加尔湖的大漠南北全收入唐版图,是唐朝北方疆域的极盛时期。661 年唐朝的势力最远伸至波斯,这是唐朝西面疆域的最盛时期。679 年唐朝置安南都护府,治宋平(今越南河内),辖今滇东南、桂西南和越南北部部分地区。

安史之乱后,唐帝国势力削弱,西北经济受到严重摧残,疆土收缩。宋朝是绵延时间较长的朝代,但它的疆域和汉、唐、明、清相比却是最小的。尤其是南宋以来中国的经济、政治和文化中心开始向东南地区转移,西部地区的政治经济地位开始大大下降。加上西北地区生态环境恶化,过度垦殖和乱砍滥伐导致沙漠化严重,西北地区的经济衰落进一步加速。陆上丝绸之路一度受阻,南方海上丝绸之路日益繁荣,逐渐取代了陆上丝绸之路的地位。

元朝开始,长安先后改名为"安西""奉元"和"西安",意为"安定西北""敬奉元朝"和"西部安定"之义。此后,"西安"之名一直沿用至今。从长安到西安一系列名称的变化,是人们对我国西部地区地理位置与重要性变化认识的一个缩影,该时期西北地区的经济发展逐渐减弱。

明清以来,随着我国疆域和政治中心等的相对稳定,人们习惯于把全国划分为"东部""西部"两大地域,以内蒙古大青山至黄河东部南下,沿秦岭东部、武当山、武陵山、苗岭一线为界,界东为东部,界西为西部。明清时期政府对西部地区主要采取守护边疆、开荒屯田、兴修水利、发展农业经济等一些措施,在重要战略地域设立城堡,沿边关隘、山口设置卡伦;在交通要道建立驿站、军台,完善防御;在新疆,以设立军屯、民屯、犯屯等形式大规模开发荒地,发展农业。鸦片战争爆发之后,中国陷入半殖民地半封建社会的深渊,边疆危机日益加剧,致使大片领土被迫割让。

近代以后,我国西部边疆遭到沙皇俄国的野蛮侵略,50多万平方公里国土落入沙皇俄国之手,沙皇俄国还插手我国西部边疆问题。19世纪末期,左宗棠为强国求利,在西部创办了军火制造工业,并很快转向纺织、矿冶、制革、火柴等民用工业。甲午战争后,一些爱国人士和有识之士救国图存,积极推动西部矿业、纺织业和制革业发展。但是,在半殖民地半封建社会的中国,仅靠民间力量,相关产业举步维艰,发展极不顺利。

抗日战争全面爆发后,祖国半壁河山沦陷,国民政府提出以西南、西北为大后方,前后历经3年,把分布在沿海地区的工业企业迁往西部地区,并对西部十分落后的交通进行了建设,将其作为抵御日本侵略的重要支撑,支持了国民党的正面战场抗战。抗战结束后,西部工业又大量东迁,加上国民政府发动内战带来的经济政策的破坏,西部经济再次迅速衰落。

孙中山非常关注中国地区经济发展极不平衡的问题。他说:"吾国民族生聚于东南,而凋零于西北,致生聚之地人口有过之虞,凋零之区物产无丰阜之望,过与不及,两失其宜,甚非所以致富图强之道"[①],"察看情形,何处宜耕,何处宜牧,何处宜蚕,详明利益,尽仿西法,招民开垦,集商举办,此于国计民生大有裨益"[②]。孙中山特别强调开发内陆边疆地区,把发展西部地区经济纳入他的中国近代化方案之中,其目的也是协调地区经济的发展,促进民族团结和边疆稳定。孙中山在《建国方略》中提出,对西部地区首先必须改善交通,而最重要的莫过于铁路建设,以利于西部地区开发。孙中山认为"富国之策自扩充铁路始,交通为实业之母,铁路为交通之母,国家之贫富可以以铁路多寡而定之,地方之苦乐,可以以铁路之远近计之"[③],并且应发挥西部资源优势,合理布局,发展农牧矿产、移民实边、教育,设立国家特别金融机构等。虽然孙中山所勾画的蓝图和促进区域经济平衡发展的主张,在当时的历史条件下不可能实现,但对今天的西部大开发战略仍具有十分重要的参考价值。

举世闻名的二万五千里长征,纵横10余个省,许多位于西部地区。红军

---

① 孙中山. 孙中山全集(第8卷). 北京:中华书局,1982:302.

② 孙中山. 孙中山全集(第1卷). 北京:中华书局,1982:18.

③ 孙中山. 孙中山全集(第2卷). 北京:中华书局,1982:384.

血战湘江、四渡赤水、巧渡金沙江、强渡大渡河、飞夺泸定桥、爬雪山过草地、激战腊子口、翻越六盘山……最后到达陕北。他们一次次突破国民党军的围追堵截,战胜了无数艰难险阻,披荆斩棘,万死不辞,走向了光明和胜利,谱写了惊天地、泣鬼神的伟大革命篇章。在编写本书期间,还赶上了中国共产党建党100周年,回顾历史,心潮澎湃,感慨万千。虽然红军长征壮举已成为历史,但伟大的长征精神永放光芒,光照千秋,在新的历史时期,将永远激励西部地区广大干部群众不忘初心,开拓进取,勇往直前,努力将西部地区建成一个经济繁荣、社会进步、生活安定、民族团结、山川秀美、人民富裕的新的西部。

第四章 继往开来:中央心系西部

　　支持西部地区开发建设,实现东西部地区经济协调发展是我们党领导经济工作的一条重要方针。新中国成立后,党和国家历代领导集体都十分重视西部地区的发展。

一、一脉相承又与时俱进

　　20世纪50年代新中国成立初期,国内百废待举,外部全面封锁,中央提出以苏为鉴、探索一条适合中国国情的社会主义建设道路。当时,我国70%以上的工业集中在东南沿海地区,这种生产力布局极不平衡的状况,既不利于经济社会发展,也不利于民族团结和边疆稳固。为此,毛泽东在著名的《论十大关系》中,以苏联的经验为借鉴,总结了我国的经验,论述了社会主义革命和社会主义建设中的十大关系,提出了适合我国情况的多快好省地建设社会主义总路线的基本思想,并特别强调,"要处理好沿海工业和内地工业的关系","为了平衡工业发展的布局,内地工业必须大力发展","新的工业大部分应当摆在内地,使工业布局逐步平衡,并且利于备战,这是毫无疑义的"。[①] 之后中央采取了措施,加快我国内地经济的发展,实现生产力的平衡布局,以达到巩固国防和促进社会经济发展的目的。

　　20世纪80年代,在我国改革开放和现代化建设全面展开以后,邓小平提出了"两个大局"的战略思想,即沿海地区要对外开放,使这个拥有两亿人口的广大地带较快地先发展起来,从而带动内地更好地发展。这是一个事关大局的问题,内地要顾全这个大局。反过来,当沿海地区发展到一定阶段的时候,又要拿出更多力量来帮助内地发展,这也是个大局,那时沿海地区也要服从这

---

① 中共中央文献研究室. 毛泽东文集(第七卷). 北京:人民出版社,25-26.

个大局。邓小平特别指出:"到本世纪末全国达到小康水平时,国家要拿出更多力量帮助中西部发展,东部沿海地区要服从这个大局。"①1992 年,邓小平在南方谈话中还提出了区域经济发展从不均衡走向均衡的方法和时间表,他认为解决地区之间贫富差距的办法之一,"就是先富起来的地区多交点利税,支持贫困地区的发展。当然,太早这样办也不行,现在不能削弱发达地区的活力,也不能鼓励吃'大锅饭'。什么时候突出地提出和解决这个问题,在什么基础上提出和解决这个问题,要研究。可以设想,在本世纪末达到小康水平的时候,就要突出地提出和解决这个问题。到那个时候,发达地区要继续发展,并通过多交利税和技术转让等方式大力支持不发达地区。不发达地区又大都是拥有丰富资源的地区,发展潜力是很大的。总之,就全国范围来说,我们一定能够逐步顺利解决沿海同内地贫富差距的问题"②。

根据邓小平"两个大局"的思想,江泽民提出了西部大开发战略。1997 年8 月,他在姜春云的一个调研报告上批示:对"历史遗留下来的这种恶劣的生态环境,要靠我们发挥社会主义制度优越性,发扬艰苦创业精神,齐心协力地大抓植树造林,绿化荒漠,建设生态农业去加以根本的改观。经过一代一代人长期地、持续地奋斗,再造一个山川秀美的西北地区,应该是可以实现的"③。1999 年3 月,在全国"两会"党员负责同志会议上,江泽民谈到了西部地区大开发问题。他提到:实施西部大开发,是全国发展的一个大战略、大思路。1999 年6 月,在中央扶贫开发工作会议上,江泽民提出:加快中西部地区发展步伐的条件已经基本具备,时机已经成熟;我们如果看不到这些条件,不抓住这个时机,不把该做的事情努力做好,就会犯历史性错误;从现在起,这要作为党和国家一项重大战略任务,摆到更加突出的位置。④ 6 月 17 日,在西安举行的西北地区国有企业改革和发展座谈会上,江泽民更加系统地阐述了西部大开发的战略构想,他强调:必须不失时机地加快中西部地区发展,特别是要抓紧实施西部大开发。在党的十五届四中全会上,江泽民提出,实施西部大开发是关系我国经济和社会发展的重大战略问题,应该提上议事日程。2000 年 1

① 邓小平. 邓小平文选(第 3 卷). 北京:人民出版社,1993:277-278.
② 邓小平. 邓小平文选(第 3 卷). 北京:人民出版社,1993:374.
③ 姜春云. 姜春云调研文集——生态文明与人类发展卷. 北京:新华出版社:8-10.
④ 江泽民. 江泽民文选(第二卷). 北京:人民出版社,2006:436-437;曾培炎. 西部大开发决策回顾. 北京:中共党史出版社,2010:11.

月，中共中央、国务院印发了《关于转发国家发展计划委员会〈关于实施西部大开发战略初步设想的汇报〉的通知》（中发〔2000〕2 号），明确了实施西部大开发战略的指导思想、奋斗目标、主要任务及保障措施，西部大开发由此拉开了序幕。这一重大举措，反映了国内外形势变化的趋势，顺应了时代发展潮流，把握了经济社会发展的客观规律，掀开了西部大开发的历史篇章。

　　胡锦涛在党的十六届三中全会上提出了"五个统筹"思想，进一步强调要加强对区域发展的协调指导，支持中西部地区加快改革发展。他在党的十六届四中全会上提出，要重视实施西部大开发战略和振兴东北地区老工业基地战略，促进中部地区崛起。2005 年 2 月 3 日，胡锦涛在西部大开发五周年汇报上做出重要批示，继续实施好西部大开发战略对确保全面实现小康社会的目标十分紧要，要坚定不移地继续推进西部大开发。他在党的十六届五中全会上提出全国区域发展总体战略格局，并提出西部地区要加快改革开放的步伐，加强基础设施建设和生态环境保护，加快科技教育和人才开发，充分发挥资源优势，大力发展特色产业，增强自我发展的能力。党的十七大进一步指出，要继续实施全国区域发展总体战略，深入推进西部大开发，重大项目布局要充分考虑支持中西部地区发展，鼓励东部地区带动和帮助中西部地区发展。中央领导多次深入西部地区考察，研究解决西部大开发战略实施中的有关重大问题，并强调实施西部大开发的方针不会改变，步伐还要加快。要以更大的决心、更有力的措施、更扎实的工作，推动西部大开发持续有效和健康地向前发展。2010 年 7 月 5 日至 6 日，中共中央、国务院在北京召开西部大开发工作会议，胡锦涛强调：深入实施西部大开发战略是实现全面建设小康社会宏伟目标的重要任务，事关各族群众福祉，事关我国改革开放和社会主义现代化建设全局，事关国家长治久安，事关中华民族伟大复兴；之后 10 年是全面建设小康社会的关键时期，也是深入推进西部大开发承前启后的关键时期；全党全国一定要从大局出发，深刻认识深入实施西部大开发战略的重要性和紧迫性，奋力将西部大开发推向深入，努力建设经济繁荣、社会进步、生活安定、民族团结、山川秀美的西部地区，为实现全面建设小康社会奋斗目标、实现中华民族伟大复兴做出新的更大的贡献。

　　党的十八大以来，以习近平同志为核心的党中央高度重视西部大开发。习近平总书记多次到西部地区视察调研，深入基层边疆一线，发表系列重要讲话,为新时代西部大开发指明了方向,提供了基本遵循,注入了强大动力。

党的十八大从全面建成小康社会、实现现代化和新开放战略角度定位西部经济发展。2017 年 10 月 18 日,习近平总书记在党的十九大报告中提出,"强化举措推进西部大开发形成新格局"。习近平总书记在党的二十大报告中指出,"深入实施区域协调发展战略","推动西部大开发形成新格局"。2017 年 1 月,国务院批复了《西部大开发"十三五"规划》,这是国务院批复的第四个西部大开发五年规划,从宏观层面加强对西部大开发工作的引导,发挥了重要指导作用。2018 年,中共中央、国务院发布了《关于建立更加有效的区域协调发展新机制的意见》,从多个方面提出了促进区域协调发展的创新性机制,其中多数都是针对西部大开发的。"十四五"时期是推进西部大开发的关键时期。2019 年 3 月,中央全面深化改革委员会第七次会议审议通过了《关于新时代推进西部大开发形成新格局的指导意见》。会议指出,推进西部大开发形成新格局,要围绕抓重点、补短板、强弱项,更加注重抓好大保护,从中华民族长远利益考虑,把生态环境保护放到重要位置,坚持走生态优先、绿色发展的新路子。2020 年 5 月,中共中央、国务院印发了《关于新时代推进西部大开发形成新格局的指导意见》,从推动高质量发展、加大西部开发力度、加大美丽西部建设力度、深化重点领域改革、坚持以人民为中心、加强政策支持和组织保障等 6 大方面提出了形成新时代西部大开发新格局有针对性的 36 条举措,西部大开发进入新的发展阶段。

党的十八大以来,西部地区经济社会发展取得了重大历史性成就,走过了不平凡的光辉历程,取得了举世瞩目的历史性成就,实现了前所未有的历史性变革。西部地区与全国一道全面建成小康社会,新时代西部大开发正在加快形成新格局。一是西部地区经济持续快速发展。20 年来西部地区生产总值年均增长 10.2%。截至 2020 年年底,西部地区生产总值增加到 21.3 万亿元,占全国的比重达到 21%,居四大板块之首,经济总量和人均水平都实现了大跨越,部分省份经济增速多年位居全国前列。二是生态环境建设成效显著。西部地区积极践行"绿水青山就是金山银山"的发展理念,把生态环境保护放到突出重要位置,重点生态地区生态修复治理加快实施,深入实施退耕还林、退牧还草、天然林保护、三北防护林等重点生态工程。截至 2020 年年底,西部地区累计实施退耕还林还草超过 1.37 亿亩,森林覆盖率超过 19.3%。青海三江源"中华水塔"得到了有效保护,三江源草地退化趋势得到了遏制,长江干流首次全线达到Ⅱ类水质,黄河干流水质逐步转好。草原、湿地等重要生态系统得到了有效保护和恢复,地区生态环境有了明显改善,国家生态安全屏障得到了巩固。三是基础设施保障能力增强。截至 2020 年年底,西部地区铁路营业里程已接近 6 万公里,占全国的 40%左右;兰新铁路第二双线、兰渝铁路、西成高铁等一批重要交通干线相继投入运营。在建高速公路、国省干线公路规模超过东、中部地区总和,具备条件的乡镇、建制村通硬化路全面完成。截至 2020 年年底,建成民用机场 124 个,占全国的 51.5%。西气东输、西电东送等重大能源工程相继竣工。金沙江梯级水电站以及广西百色、四川紫坪铺等一批大型水利枢纽建成并发挥效益。新一代信息基础设施建设顺利推进,移动互联网覆盖面不断扩大。四是特色优势产业发展壮大。西部地区产业体系和市场体系建设取得明显成效,一批特色产业基地逐步成形,特别是建成了一批国家重要的能源基地、资源深加工基地、装备制造业基地和战略性新兴产业基地,已成为国民经济的重要支撑。五是大数据、健康养生、旅游文创等新产业新业态蓬勃发展,互联网、大数据、人工智能和实体经济深度融合发展。六是人民生活水平持续提高。2020 年,西部地区居民人均可支配收入为 2.5 万元。西部地区 5086 万贫困人口全面脱贫,568 个贫困县全部摘帽,圆满交出脱贫攻坚"西部答卷",与全国人民一道迈进小康。"两基"攻坚计划如期完成,"两基"人口覆盖率达 100%。农村三级卫生机构建设稳步推进,新型农村合作医疗制度参合率明显提高。覆盖城乡的社会保障体系初步建立,社会保障覆盖面不断扩大。七是开放型经济水平不断提高。西部地区经济开发区、自贸试验区、综合保税区等开放平台持续发力。重庆、成都、西安、贵州、宁夏等一批内陆开放型经济试验区和广西东兴、凭祥,云南瑞丽、磨憨,内蒙古满洲里、二连浩特等一批重点开发开放试验区建设稳步推进。西部陆海新通道加快建设。据商务部统计,2020 年西部地区进出口总额达 2.95 万亿元,是 1999年的 26 倍。西部地区实施高水平对外开放,推动了西部地区开放开发向更大范围、更高水平、更深层次、更多领域发展,更加有利于形成陆海内外联动、东西双向互济的开放格局。

二、足迹遍布西部各省区市

从黄土高坡到云贵高原,从西北边陲到茫茫草原,到处都留下了习近平总书记的足迹,集中体现了总书记对西部人民的关心和重视。

2013 年 2 月 3 日,腊月二十三,农历小年,习近平总书记来到有"瘠苦甲天下"之称的甘肃省定西市,考察引洮供水工程工地,深入偏远山村困难户家,看望慰问乡亲们,给他们送上蛇年新春祝福。这是党的十八大后新的一年习近平总书记第一次赴基层调研,也是他到西部地区考察工作的第一站。他在考察期间,明确要求加快建设经济发展、山川秀美、民族团结、社会和谐的幸福美好新甘肃,并做出"八个着力"重要指示:"着力转变经济发展方式,推进经济结构战略性调整;着力推进科技进步和创新,增强经济整体素质和竞争力;着力发展现代农业,增强农产品供给保障能力;着力推进扶贫开发,尽快改变贫困地区面貌;着力加强生态环境保护,提高生态文明水平;着力保障和改善民生,努力让人民过上更好的生活;着力加强社会管理,维护社会和谐稳定;着力改进干部作风,提高党和政府公信力。"①

2013 年 5 月 21 日至 23 日,习近平总书记冒着酷暑,到四川雅安芦山地震灾区,深入城镇、农村及受灾群众集中安置点、板房学校、临时建筑工地,看望慰问受灾群众,实地指导抗震救灾工作并提出明确要求。

2013 年 6 月,习近平总书记主持召开中央政治局常委会会议,研究部署维护新疆社会稳定、维护各族人民利益工作,提出新疆发展新定位,对新疆工作做出新部署。2014 年 4 月 27 日至 30 日,习近平总书记来到新疆实地考察,对做好新疆维护社会稳定、推进跨越式发展、保障和改善民生、促进民族团结、加强党的建设等工作提出了要求。

2014 年 1 月,农历马年春节即将到来之际,习近平总书记到内蒙古考察,他冒严寒、踏冰雪看望慰问各族干部群众,向全国各族人民致以诚挚的新春祝福。他特别强调要积极探索推进生态文明制度建设,为建设美丽草原、美丽中国做出新贡献。他要求各族干部群众守望相助,拧成一股绳,共同守卫祖国边

---

① 牢记嘱托 砥砺奋进——甘肃省践行习近平总书记"八个着力"重要指示精神纪实. (2017-10-12) [2020-04-13]. http://www.gsrdw.gov.cn/html/2017/zhxw_1012/15910.html.

疆,共同创造美好生活。

2015 年 1 月,习近平总书记考察云南并做出重要讲话,要求云南"主动服务和融入国家发展战略,闯出一条跨越式发展的路子来,努力成为我国民族团结进步示范区、生态文明建设排头兵、面向南亚东南亚辐射中心,谱写好中国梦的云南篇章"①。

2015 年 2 月 13 日,农历羊年春节前夕,习近平总书记来到陕西考察调研,向革命老区人民和全国各族人民致以新春祝福。习近平总书记提出追赶超越定位和"五个扎实"要求,即扎实推动经济持续健康发展,扎实推进特色现代农业建设,扎实加强文化建设,扎实做好保障和改善民生工作,扎实落实全面从严治党,为西部开发指明了根本路径。

2015 年 6 月,习近平总书记在贵州调研,强调协调推进"四个全面"战略布局,守住发展和生态"两条底线",培植后发优势,奋力后发赶超,走出一条有别于东部、不同于西部其他省份的发展新路。

2016 年 1 月,习近平总书记来到重庆两江新区果园港考察,强调要推动"一带一路"、长江经济带和西部陆海新通道建设,打造内陆开放门户。

2018 年 2 月,农历狗年春节来临之际,习近平总书记来到四川凉山彝族自治州、阿坝藏族羌族自治州、成都市等地考察,深入村镇、企业、社区,考察脱贫攻坚和经济社会发展工作,在汶川考察灾后恢复重建发展情况,并提出"五个着力",即着力抓好党的十九大精神贯彻落实,着力推动经济高质量发展,着力实施乡村振兴战略,着力保障和改善民生,着力加强党的政治建设,为做好新形势下西部开发工作提供了根本遵循和行动指南。

2019 年 4 月 15 日至 17 日,习近平总书记在重庆考察,并主持召开了解决"两不愁三保障"突出问题座谈会。习近平总书记强调,党中央通过了《关于新时代推进西部大开发形成新格局的指导意见》,这是党中央从全局出发做出的重大决策部署,对决胜全面建成小康社会、开启全面建设社会主义现代化国家新征程具有重大而深远的意义。习近平总书记强调,要抓好贯彻落实,在推进西部大开发形成新格局中展现新作为、实现新突破;要坚定不移推动高质量发展,扭住深化供给侧结构性改革这条主线,把制造业高质量发展放到更加突出

---

① 云南日报评论员:闯出一条跨越式发展的路子来——论认真学习贯彻习近平总书记考察云南重要讲话精神. (2015-01-26)[2020-04-13]. http://cpc. people. com. cn/n/2015/0126/c78779-26449575. html.

的位置,加快构建市场竞争力强、可持续的现代产业体系;要加大创新支持力度,坚定不移推进改革开放,努力在西部地区带头开放、带动开放;要加快推动城乡融合发展,建立健全城乡一体融合发展的体制机制和政策体系,推动区域协调发展;要深入抓好生态文明建设,坚持上中下游协同,加强生态保护与修复,筑牢长江上游重要生态屏障。这次会议为进一步推进西部大开发指明了方向。

2019 年 8 月,习近平总书记再次到甘肃考察,围绕生态环境保护、黄河生态环境综合保护治理和高质量发展强调,黄河、长江都是中华民族的母亲河,保护母亲河是事关中华民族伟大复兴和永续发展的千秋大计;要加强生态环境保护,正确处理开发和保护的关系,加快发展生态产业,构筑国家西部生态安全屏障;治理黄河,重在保护,要在治理;要坚持山水林田湖草综合治理、系统治理、源头治理,统筹推进各项工作,加强协同配合,共同抓好大保护,协同推进大治理,推动黄河流域高质量发展,让黄河成为造福人民的幸福河。从山水林田湖,到山水林田湖草,"绿色"是西部开发的重要一环,体现了习近平总书记深刻的大生态观。

2020 年 4 月,习近平总书记又到陕西考察,强调要加大交通、水利、能源等领域的投资力度,补齐农村基础设施和公共服务短板,着力解决发展不平衡不充分的问题;要牢固树立"绿水青山就是金山银山"的理念,统筹山水林田湖草系统治理,优化国土空间开发格局,调整区域产业布局,发展清洁生产,推进绿色发展,打好蓝天、碧水、净土保卫战;要坚持不懈开展退耕还林还草,推进荒漠化、水土流失综合治理,推动黄河流域从过度干预、过度利用向自然修复、休养生息转变,改善流域生态环境质量。

2020 年 6 月,习近平总书记在宁夏考察时强调,决胜全面建成小康社会,决战脱贫攻坚,继续建设经济繁荣、民族团结、环境优美、人民富裕的美丽新宁夏;要牢固树立"绿水青山就是金山银山"的理念,统筹山水林田湖草系统治理,优化国土空间开发格局,继续打好蓝天、碧水、净土保卫战,抓好生态环境保护;要把保障黄河长治久安作为重中之重,实施河道和滩区综合治理工程,统筹推进两岸堤防、河道控导、滩区治理,推进水资源节约集约利用,统筹推进生态保护修复和环境治理,努力建设黄河流域生态保护和高质量发展先行区。

2021 年 2 月,农历牛年春节即将到来之际,习近平总书记又到贵州考察,看望慰问各族干部群众。在这次考察中，习近平总书记再次谈到大家关心的共同富裕问题。他说，共同富裕本身就是社会主义现代化的一个重要目标，要坚持以人民为中心的发展思想，尽力而为、量力而行，主动解决地区差距、城乡差距、收入差距等问题，让群众看到变化、得到实惠；要求立足新发展阶段、贯彻新发展理念、构建新发展格局，坚持以高质量发展统揽全局，守好发展和生态"两条底线"，统筹发展和安全工作，在新时代西部大开发上闯新路；要积极参与西部陆海新通道建设，主动融入粤港澳大湾区发展，加快沿着"一带一路"走出去，以开放促改革、促发展。

2021年4月，习近平总书记在广西考察时强调要主动对接长江经济带发展、粤港澳大湾区建设等国家重大战略，融入共建"一带一路"，高水平共建西部陆海新通道，大力发展向海经济，促进中国和东盟开放合作，办好自贸试验区，把独特区位优势更好地转化为开放发展优势。

三、强化举措促区域协调

党的十八大以来，西部地区经济社会发展取得了重大历史性成就，但与东部地区的发展差距依然较大，发展不平衡不充分问题依然突出。习近平总书记站在新时代高度，以宽广的视野和应对百年未有之大变局的胸怀，就区域经济发展发表了一系列重要论述，是我们党统筹区域发展的最新科学认识。2017年，他在党的十九大报告中指出，要实施区域协调发展战略，加大力度支持革命老区、民族地区、边疆地区、贫困地区加快发展，强化举措推进西部大开发形成新格局，深化改革加快东北等老工业基地振兴，发挥优势推动中部地区崛起，创新引领率先实现东部地区优化发展，建立更加有效的区域协调发展新机制。2019年8月26日，在中央财经委员会第五次会议上，他强调，"新形势下促进区域协调发展，总的思路是：按照客观经济规律调整完善区域政策体系，发挥各地区比较优势，促进各类要素合理流动和高效集聚，增强创新发展动力，加快构建高质量发展的动力系统，增强中心城市和城市群等经济发展优势区域的经济和人口承载能力，增强其他地区在保障粮食安全、生态安全、边疆安全等方面的功能,形成优势互补、高质量发展的区域经济布局"①。因此,顺应新时代要求,继续做好西部大开发工作,充分发挥"一带一路"建设的引领带动作用,着力培育符合西部地区比较优势的特色产业和新兴产业,提升内生发展能力,加快建设内外通道和区域性枢纽,完善基础设施网络,稳步提高基本公共服务均等化水平,提高对外开放和外向型经济发展水平,推动西部地区高质量发展,强化举措推进西部大开发形成新格局,具有重要意义。

强化举措推进西部大开发形成新格局,是党中央、国务院从全局出发,顺应中国特色社会主义进入新时代、区域协调发展进入新阶段的新要求,统筹国内国际两个大局做出的重大决策部署。2020 年 5 月 17 日,《中共中央　国务院关于新时代推进西部大开发形成新格局的指导意见》发布,这是党中央、国务院站在新的历史起点,统筹国内国际两个大局,面向第三个十年的西部大开发战略做出的重大决策部署,顺应了中国特色社会主义进入新时代、区域协调发展进入新阶段的历史趋势,被誉为西部大开发的升级版和增强版,标志着西部大开发进入一个新的时代。

加快形成西部大开发新格局,必须更加突出新发展理念,自觉将新发展理念贯穿西部大开发的全过程。要让"创新"成为发展的第一动力,加强创新开放合作,打造西部创新高地;让"协调"成为发展的内在要求,加强协调开放,拓展区际互动合作;让"绿色"成为发展的鲜明底色,加强生态环境保护,着力建设美丽西部;让"开放"成为发展的必由之路,强化开放大通道建设,加大西部开放力度;让"共享"成为发展的根本目的,强化基本公共服务,持续增进人民福祉。

四、"一带一路"助西部再升级

2013 年 9 月,习近平主席在出访哈萨克斯坦时提出构建"丝绸之路经济带"的倡议,同年 10 月在访问印度尼西亚时提出共同建设"21 世纪海上丝绸之路"的倡议。习近平共建"丝绸之路经济带"的倡议,与毛泽东的《论十大关系》,邓小平"两个大局"战略构想,江泽民的加快中西部地区建设、缩小东西部地区发展差距、实现共同富裕的目标,以及胡锦涛的着眼于区域协调发展既一

---

① 习近平主持召开中央财经委员会第五次会议.（2019-08-26）［2020-04-13］. https://www.gov.cn/
xinwen/2019-08/26/content_5424679.htm.

脉相承又与时俱进。改革开放 40 多年来,我国对外开放取得了显著成效,但对外开放总体上呈现东快西慢、海强陆弱的格局。过去,中国经济发展最热的地区主要集中在东部沿海地区,东向发展是主流,重视向日本、韩国,以及东南亚与欧美等方向发展。相比东部沿海地区,西部地区被提到对外开放议事日程上则要晚一些。西部地区与东部沿海地区,客观上存在着地理区位、发展空间、国家发展政策、经济发展阶段的非均衡性。西部地区的城市无论是在经济实力、基础设施、城市管理还是在城市文化发展等方面均与东部沿海城市有着较大的差距。西部地区农村经济同东部沿海地区农村经济相比,差距更大。"一带一路"倡议将西北和西南地区纳入开放的前沿,有利于缩小东西部地区的差距,推动国内各地区的均衡发展和共同富裕。"一带一路"是解决我国东西部经济不均衡问题的"处方",将构筑我国新一轮对外开放的"一体两翼",在提升向东开放水平的同时,加快向西开放的步伐,助推内陆沿边地区由对外开放的边缘迈向前沿。让西部成为改革开放的最前沿,有利于西部打破过去的旧的体系捆绑,推动建立开放型的经济体系,有利于西部发挥自有优势,尤其是和毗邻国家的区位优势,实现自身的发展,这样不仅可以解决中国经济发展的东中西发展不平衡问题,也能解决社会、安全、政治等多方面问题。在"一带一路"建设的不断推进中,以区域合作新格局为着力点,中国经济发展的再平衡呈现出西部大开发的升级版、加强版,深入向西开发,形成中国式的"经济西进、梯度转移"。西部地区将逐渐走向南亚、中亚、东南亚的前沿地,成为铁路、公路、航空等综合立体交通运输体系建设的主战场,成为高新技术的聚集地。从区位上来看,西部地区向西、向南、向北都具有开放优势:一是向西通过亚欧大陆桥到中亚,进而到达欧洲;二是向南可以加强与巴基斯坦、印度等南亚国家以及东南亚的合作;三是向北则可以延伸至俄罗斯;四是可以通过西南出海大通道,走向印度洋、太平洋。随着"一带一路"建设的深入,西部地区将成为我国对外开放的前沿,货物将通过铁路、公路从西部直接运往东南亚、欧洲,通过扩大开放,扩大市场覆盖面,西部地区特色优势将转化为经济优势,有利于推进新时期的西部大开发。因此,习近平总书记关于"丝绸之路经济带"和"21世纪海上丝绸之路"的构想意义深远,不仅为中国新一轮对外开放注入了新的内容,同时也为内陆和沿海经济发展和对外开放指明了方向。从我国内部而言,"一带一路"是西部大开发的升级版。

第五章 探索实践:西部开发历程

新中国成立后,党中央、国务院着眼国家发展战略全局,先后在西部实施了三次大规模的开发建设。

一、"一五""二五"时期

新中国成立后的三年经济恢复时期,国家就开始把工业建设逐步向内地转移,并在内地修建了大批基础设施,开始有计划地改变原本的工业布局不合理的状况,加快内地经济的发展,实现生产力的平衡布局。

1953年至1957年,我国实施了"一五"计划。"一五"期间,大型项目投放和投资政策明显向内地倾斜。一系列大型项目的上马,成为西部工业经济初始扩张的第一推动力,也为西部地区发展现代经济提供了第一次历史性机遇。"一五"计划时期,沿海地区的投资占全国的比重为36.7%,中西部地区占46.8%。由苏联援建的156项工程,其中实际实施的150个项目中,西部地区有48项,占32%。西部地区初步形成了以西安、成都、兰州、包头、重庆等城市为依托的新兴工业基地,扩建了玉门油田,建设了包头钢铁公司、兰州白银有色金属公司、兰州石油化工厂等一批企业,为西部的进一步发展奠定了初步的基础。"一五"时期国家在对西部的开发中,还特别重视铁路、公路的建设。为改善西北地区的发展条件,国家还修建了青藏、川藏、新藏等公路和成渝、宝成等铁路。通过"一五"计划的实施,我国国民经济迅速增长,人民生活水平显著提高,全国呈现出一派生机勃勃的景象。随着西部工业体系的建立,一大批有志青年从祖国各地奔赴西部边疆地区,投入火热的西部开发建设中。尤其值得一提的是,1953年10万军人脱下军装,组建新疆生产建设兵团,开发边疆经济,屯垦戍边。他们在人迹罕至的戈壁荒滩,在野兽横行的雪山深谷,开荒造田,兴修水利,植树铺路,盖房建场。初入垦区,没有住房就住苇棚和地窝子,没有碾磨就吃煮麦粒,没有工具就自己造,没有耕畜就人拉犁,缺少种子就每人每天节约口粮 100 克。到 2019 年,新疆生产建设兵团人口达到 324.84万人,实现生产总值 2747.07 亿元,为新疆的发展建设和稳定做出了突出贡献。

党的第八次全国代表大会通过了周恩来所做的《关于发展国民经济的第二个五年计划的建议》的报告。报告提出,根据资源情况和合理分布生产力的原则,在内地继续建立和积极准备建立新的工业基地,使全国各地区经济逐步走向平衡发展。由于 1958 年"大跃进"的影响,"二五"计划没有付诸实施,但对西北地区的建设主要集中在电力、煤炭、钢铁、有色金属、石油、地质勘探等领域,国家还组织了大规模的农业开发,使得西北地区长期荒凉贫困的状况开始改观。

二、"三线"建设时期

20 世纪 60 年代初,全国划分为一线、二线、三线地区,即东部沿海地区为一线地区,中部地区为二线地区,西部内地纵深地带为三线地区。主要鉴于当时国际环境的变化和针对战争爆发的可能性和紧迫性,国家进行了一次国民经济大调整,做出了备战备荒、建设"三线"的决策,在云南、贵州、四川、陕西、甘肃、宁夏、青海等西部省区的三线后方地区,加强国防和经济建设,把东部沿海的一些工业转移到西部,改善沿海地区与内地工业布局不平衡的状况。这是中国历史上一次有组织、有计划、大规模的开发。

国家从 1964 年开始着手部署"三线"建设。1965 年,国家计委根据中共中央提出的关于把三线地区建设成为一个工业部门比较齐全、工农业协调发展的战略后方的目标,在三线地区着力加强国防工业、电子、核工业、能源、原材料等基础工业,拓展国防科技工业的纵深布局,并相应安排协作配套的机械工业和化学工业,同时突出交通等基础设施,新建、续建了一批大中型项目,建设了攀枝花、酒泉等钢铁基地,有力地改变了我国工业不平衡的状况,形成了三线地区以国防工业为基础,电力、钢铁、机械、电子、化学工业等领域在内的较为完整的工业体系。

"三线"建设是特定历史条件下的产物,是在计划经济时代运作的。"三线"企业有相当一部分分布于远离城市的偏僻地区,铁路、公路的建设通车,大批建设者的到来,矿产资源的开发,科研机构和大专院校的内迁,极大地带动了西部经济的发展,使昔日的蛮荒之地崛起了如攀枝花、六盘水、德阳、金昌、酒泉等一批新兴工业城市,极大地改变了西部地区的面貌,为西部地区的长远发展打下了重要的物质技术基础。"三线"建设对西部的开发具有深远的历史意义和长期的经济意义,对改革我国区域经济布局、推进西部地区现代化进程产生了重要影响。

"三线"建设中,国家十分重视公路、铁路等交通运输业的发展,先后建成了成昆、湘黔、川黔、贵昆、宝成(凤州至成都段)、青藏(西宁至格尔木段)、南疆(吐鲁番至库尔勒)、太焦等一些重要铁路干线,基本上打通了西部发展的脉络;初步形成了以铁路为骨干、以公路为网络、以内河为补充的交通运输格局,极大地改善了历史上西部地区交通闭塞的状况,加强了西部的区际联系及与其他地区的经济文化交流,扩大了西部地区资源开发和利用的领域,改善了西部地区的生产布局和社会生存环境,尤其是老少边穷地区的生存环境,带动了西部地区经济、社会、文化、教育的繁荣和进步。著名社会学家费孝通先生曾经评价,"三线"建设带动西南民族地区整整进步了 50 年。

"三线"建设是我国沿海地区工业生产能力向内陆腹地的一次大推移。"三线"建设的规模、投入、社会动员及职工积极性的程度都是空前的。在"好人好马上三线"的号召下,全国各地的建设者从四面八方奔赴艰苦的"三线"战场,数百万建设大军用青春、汗水甚至生命,谱写出无数动人的爱国主义篇章,孕育出了"艰苦创业、无私奉献、团结协作、勇于创新"的"三线精神",是我们永远值得珍惜的精神财富。上千家企业的兴建,一批批各具特色的城市的崛起,绵延数千公里的铁道、公路的畅通,等等,无不凝聚着千千万万建设者的聪明才智、辛勤劳动和无私奉献!他们长期扎根西部,"献了青春献终身,献了终身献子孙",他们用自己宝贵的年华浇灌出的奉献精神,至今仍是我们中华民族的脊梁。"三线"建设既为西部地区的现代化创造了物质技术条件,也为世纪之交启动的西部大开发奠定了坚实的基础。

三、改革开放时期(1979 年至 1999 年)

党的十一届三中全会以后,在区域非均衡发展战略的指导下,我国实施了东部沿海地区优先发展的政策。东部地区利用区位优势和国家政策倾斜，先行先试，成为引领中国经济增长的先导区域，使中国经济保持了较长时期的增长，并带动了中西部地区的开发，使我国宏观区域经济迈上了新台阶，各地大体上都实现了工农业总产值翻一番的战略目标，经济布局和资源配置的效率比新中国成立后的前 30 年有了较大幅度的提高。这一时期中西部地区的核心是改革开放，中央组织开展了东西部省区市的对口支援活动，设立扶贫专项资金，支持贫困地区发展，特别是加快"三西地区"（河西走廊地区、西海固地区、定西地区）脱贫。西部地区加速改革开放，注重培育自我增长机制，使经济社会发展进入了良好时期。20 世纪 90 年代以后，国家采取了一系列措施，继续增加西部地区的基本建设投资，加大扶贫力度，增设专项资金，实行财政转移支付制度。

但是，区域非均衡发展战略的实施，也加剧了区域经济发展不平衡的现实矛盾，从三大地带的增长格局看，1978 年以来，我国区域经济增长基本上呈东高西低的态势。1979—1999 年，西部地区生产总值年均增速比沿海地区低 1.4 个百分点；1999 年沿海地区的经济总量是 1979 年的 7.8 倍，翻了近三番，而西部地区只有 5.7 倍。这说明，在全国经济高速增长的宏观背景下，西部地区处于经济增长的低谷地带。例如 1999 年，西部地区人均生产总值、城镇居民人均可支配收入和农民人均纯收入只相当于东部地区的 48.5%、67.9% 和 54.3%，全国 60% 以上的贫困人口集中在西部地区。东西部地区差距越拉越大，如果东西部发展长期不平衡，就会影响全国的发展。经济问题扩大到政治和社会层面后，还会影响社会稳定、民族团结和国家安全。正是在这样的历史背景下，邓小平于 1988 年 9 月 12 日提出了"两个大局"的战略构想。到 20 世纪 90 年代末，我国基本实现了"第一个大局"，西部地区为东部沿海地区的发展提供了能源资源和人力资源的有力支持，做出了贡献，同时，国家业已具备一定的经济实力，能集中财力支持经济欠发达地区加快发展。

四、奠定基础阶段

进入 21 世纪的时候，党中央在区域经济协调发展战略的基础上，做出了实施西部大开发的战略决策，自此揭开了西部开发建设的新纪元。西部大开发第一个阶段主要以打基础为主,聚焦交通等基础设施建设和生态环境保护,西部地区经济社会出现了加快发展的好势头,取得了非凡的成就,西部地区经济社会全面进步,各项事业全面发展,城乡面貌发生了历史性巨大变化,主要有以下特点。

以交通基础设施为突破口。西部大开发战略实施以来,国家累计开工建设了青藏铁路、西气东输(一线、二线)、西电东送(北、中、南三个通道)等重点工程 143 项,投资总规模 2.9 万亿元。截至 2009 年,西部地区公路通车里程和铁路营业里程分别达到 156.8 万公里和 3.6 万公里,分别是 1999 年的 2.8 倍和 1.5 倍;民用机场达到 86 个,公路、铁路和机场分别增加了 103.5 万公里、1.5 万公里和 27 个。广西百色、四川紫坪铺等一批大型水利枢纽建成并发挥效益。国家还实施了油路到县、送电到乡、广播电视到村、沼气到户等一批改善农村生产生活条件的项目。

以生态环境保护为切入点。西部地区实施了退耕还林、退牧还草、京津风沙源治理、天然林保护等一批生态建设工程,截至 2009 年,累计营造林 4.6 亿亩,森林覆盖率从 1999 年的 10.4% 提高到 17.1%,黄土高原开始由黄变绿,三江源生态保护取得积极进展,西部地区生态环境总体恶化趋势初步得到遏制。

以改善民生为根本。西部地区"两基"攻坚计划如期完成,"两基"人口覆盖率达 100%,青壮年文盲率降到 5% 以下。农村三级卫生机构建设稳步推进,新型农村合作医疗制度参合率达 95%。基本实现了县县有文化馆、图书馆,乡镇有综合文化站。覆盖城乡的社会保障体系已初步建立。城镇居民人均可支配收入和农民人均纯收入分别从 2000 年的 5648 元、1661 元增加到 2009 年的 14213 元、3817 元。

以改革开放为动力。改革步伐逐步加快,投资发展环境明显改善。国务院批复设立重庆、成都统筹城乡综合配套改革试验区,积极推进西安统筹科技资源改革。西部地区与东中部地区交流合作日益密切,内陆开放、沿边开放加快发展,全方位对外开放新格局初步形成。2009 年西部地区进出口总额达 915 亿美元,是 1999 年的 6.7 倍。国务院出台了一系列支持重点经济区、民族地区发展的政策性文件和区域规划,成渝、关中-天水、广西北部湾等重点经济区已经成为引领西部地区经济发展的重要高地,民族地区经济社会发展水平显著提高。

西部地区生产总值从 2000 年的 16654.62 亿元提升到 2009 年的 66973.48 亿元，增长 3.02 倍，占全国的比重由 17.1％提高到 18.5％。地方财政收入、全社会固定资产投资、社会消费品零售总额和进出口贸易总额年均分别增长 20.3％、24.8％、15.7％、22.6％，增速均高于全国平均水平。西部地区与东部地区发展差距扩大的趋势得到初步遏制。西部地区第一、第二、第三产业之比由 1999 年的 23.8：41.0：35.2 调整为 2009 年的 13.8：47.6：38.6，工业化加快发展趋势明显。

五、加速发展阶段

党的十八大以来，党和国家从全面建成小康社会、实现现代化和新开放战略角度定位西部经济发展。2012 年，国家发展改革委印发了《西部大开发"十二五"规划》；2017 年 1 月，国家发展改革委印发了《西部大开发"十三五"规划》，总的目标是到 2020 年如期实现全面建成小康社会，西部地区综合经济实力、人民生活水平和质量、生态环境状况再上新的台阶。习近平总书记在党的十九大报告中强调要强化举措推进西部大开发形成新格局。2019 年 3 月，中央全面深化改革委员会第七次会议审议通过了《关于新时代推进西部大开发形成新格局的指导意见》，会议指出，推进西部大开发形成新格局，要围绕抓重点、补短板、强弱项，更加注重抓好大保护，从中华民族长远利益考虑，把生态环境保护放到重要位置，坚持走生态优先、绿色发展的新路子。2020 年 5 月，中共中央、国务院印发了《关于新时代推进西部大开发形成新格局的指导意见》，从推动高质量发展、加大西部开放力度、加大美丽西部建设力度、深化重点领域改革、坚持以人民为中心、加强政策支持和组织保障 6 大方面，提出了形成新时代西部大开发新格局有针对性的 36 条举措。总的来看，西部大开发第二个阶段重点强调积极融入"一带一路"建设，加大向西开放力度，以开放带开发，营造良好的营商环境，充分利用国内国际两个市场、两种资源；培育自我发展能力和内生动力，积极承接东部地区产业转移，发展特色优势产业。西部大开发第二个阶段取得了新的历史性成就，西部地区发生了历史性、根本性的变化，各项主要指标增速多年在四大板块中居领先地位，对全国发展起到了重要的支撑作用,为 2020 年全面建成小康社会打下了坚实的基础,主要表现出以下特点。

以"一带一路"建设为引领,加大西部开放力度。从我国内部而言,"一带一路"可以说是西部大开发战略的升级版。"一带一路"建设,在关注东部沿海地区继续扩大开放的同时,将西部地区直接纳入对外开放的最前沿。西部地区要主动服务和融入"一带一路"建设,着力提升对外开放水平,将其建成富有活力的沿边开放开发新经济带,打造"一体两翼"对外开放的新格局。大力推进"一带一路"建设,有利于充分挖掘西部本身的发展潜能,特别是发挥与周边国家接壤的区位优势。例如,新疆加快丝绸之路经济带核心区建设,形成西向交通枢纽和商贸物流、文化科教、医疗服务中心;重庆、四川、陕西发挥综合优势,打造内陆开放高地和开发开放枢纽;甘肃、陕西充分发掘历史文化优势,发挥"丝绸之路经济带"重要通道、节点作用;贵州、青海深化国内外生态合作,推动绿色丝绸之路建设;内蒙古深度参与中蒙俄经济走廊建设;云南建设我国面向南亚东南亚辐射中心,提升与澜沧江-湄公河区域开放合作水平。以上措施能有效解决我国经济发展东西不均衡的问题,也能够进一步推动经济结构调整步伐,转变发展方式,提高西部核心竞争力。

强化开放大通道建设,构筑多层次开放平台。突出抓国际大通道和经济大走廊建设,促进各种资源跨境高效配置和市场对接融合,通过与周边国家和沿线国家的政策沟通、设施联通、贸易畅通、资金融通、民心相通,带动西部地区经济社会繁荣发展,推进东亚和欧亚经济一体化。在支持与周边国家经济发展的同时,加快西部地区与周边国家的经济融合,形成新的经济增长动力。党的十八大以来,西部地区"五横四纵四出境"综合运输大通道建设得到了大力推动,中欧班列实现了常态化运转,西部主要城市口岸开通了到欧洲的货运列车,启动建设西部陆海新通道;加强了口岸基础设施升级改造,全面优化了口岸布局,加强了贸易通道建设;加快了临近西部地区的机场升级,建设了航空港物流园区以及联通内外的国际大通道。截至 2019 年年底,西部地区铁路营业里程达 5.6 万公里,其中高铁 9630 公里,高铁已连接西部大部分省会城市和 70% 以上的大城市;高速公路通车里程突破 5 万公里;民用运输机场数量达 114 个,占全国的近 50%。与此同时,西部地区加快了基础设施规划与周边国家和"一带一路"沿线国家及地区的技术标准、建设规划的对接,在实现

"硬联通"的同时加快"软联通",积极融入和推动"一带一路"建设。

加大美丽西部建设,筑牢国家生态安全屏障。党的十八大以来,我国环境保护和生态文明建设取得了长足进步。西部地区坚持将生态文明领域的合作作为共建"一带一路"的重点内容,注重绿色基建、绿色能源、绿色交通等领域,构建绿色价值链,加强绿色发展领域务实合作。坚持生态优先,注重绿色发展,妥善处理好经济发展和生态环保的关系,严守生态红线,对生态功能区域实行更加有效的保护。坚持新发展理念,构建西部经济新布局,中心城市、城市群等优势地区的发展更加注重与资源环境承载力的匹配,避免资源要素过度集聚和过度利用。在生态功能重要的地区,以保护生态、涵养水源、创造更多生态产品作为发展的重点,推进实施一批重大生态保护修复和建设工程,启动青海三江源国家公园体制试点,实施祁连山、秦岭生态环境保护行动。在区域生态治理中要坚持系统观、全局观,实施山水林田湖草沙冰综合治理、系统治理、源头治理,不同区域要加强环境保护、生态治理的协同配合,形成治理合力。森林覆盖率进一步提高,生态环境质量持续向好。草原、湿地等重要生态系统得到有效保护和恢复,生态环境持续改善,国家生态安全屏障得到巩固。人民享有更多的蓝天白云、青山绿水、鸟语花香。

深化重点领域改革,推动重大改革举措落实。西部地区坚持发挥市场在资源配置中的决定性作用,大力提高经济的市场化、社会化程度,非公有制经济发展迅速,私营经济活力迸发,社会创业创新热情持续高涨,构建了多主体协同、全要素保障、全方位推进的创新创业新格局。西部一些省区市聚焦市场主体需求和关切,持续加大"放管服"改革力度,加快打造市场化、法治化、国际化的营商环境。加快征信市场建设,强化政务诚信、商务诚信、社会诚信和司法公信等重点领域信用建设,特别是商事制度改革带来的崭新活力,呈现出良好势头;深化简政放权,更大力度向市场、社会、基层放权,释放出更大的活力和创造力;构建统一开放要素市场,增加政策供给,多措并举解决企业融资难、融资贵问题;优先发展教育,确保西部地区"两基"攻坚成果的巩固和提高;加强公共卫生体系建设,加快建立和完善新型农村合作医疗制度、贫困家庭医疗救助制度;初步建立生态补偿机制;健全资源开发和产业发展机制,健全矿产资源有偿占用制度和矿山环境恢复补偿机制;完善土地管理体制,规范发展土地市场;由国家投资或需要国家批准、核准的重点产业项目,同等条件下优先安排在西部地区;加强西部地区人才队伍建设,探索建立统一规范的人力资源市场;扩大西部地区与周边国家的经贸往来,探索边境地区开发和对外开放的新模式。

守好民生保障底线,提升人民获得感、幸福感。"小康不小康,关键看老乡。"党的十八大以来,西部地区坚持以人民为中心,将民生保障工作摆在重要位置,集中力量打赢脱贫攻坚战,加快推进基本公共服务均等化,国家也采取了一系列有效措施缩小民生领域的区域差距。西部地区是我国劳动力、资源、能源等生产要素的输出地,承担着繁重的生态安全保障功能、维护社会稳定功能和保证国家安全功能,但是这些地区的城乡居民所享受的公共服务水平与东部沿海地区还存在较大差距,西部地区的城市和乡村之间在居民基本公共服务上的差距也还不小。党的十八大以来,西部地区坚持把基本公共服务均等化作为重要抓手,统筹考虑经济社会发展水平、城乡居民收入增长等因素,逐步提升教育、健康、养老等基本公共服务保障水平。截至 2019 年年底,西部地区 90% 以上的贫困县实现了脱贫摘帽,人民生活水平持续提高。2019 年西部城镇和农村居民人均可支配收入分别达到了 3.5 万元和 1.3 万元,是 1999年的 6.5 倍和 7.8 倍。"两基"攻坚计划如期完成,覆盖城乡的社会保障体系初步建立。西部地区在融入"一带一路"建设中,发挥了该地区在资源、区位、政策以及产业等多个方面的优势,深化人文方面的交流,加强与周边国家在科技、教育、医疗卫生、文化等多个领域的合作,尤其注重发挥青年和民间组织在对外人才交流中的重要作用,积极鼓励该地区高校和沿线国家及地区的合作,利用国际展览会等优势平台,开展对外交流活动,开创了互利共赢的新局面。

第六章 夯实根基:基础设施升级

西部大开发战略实施以来,西部地区交通基础设施投资建设规模不断扩大,道路技术等级和综合运输能力不断提升,基本形成了以公路为主体,由铁路、航空、内河航道组成的综合交通运输网络。西部地区交通基础设施建设的快速发展,对保障西部地区经济社会的持续快速健康发展、改善人民生活条件以及促进国防现代化发挥了重要作用。

一、西部交通历史回顾

交通系统是统一国家维持生存的首要条件,决定了其领土规模、防御能力和行政效能。俗话说,要想富,先修路。在数千年的历史长河中,西部地区的交通经历了一个漫长的发展过程。

先秦时期便有了关于道路的记载,当时就已经有了可以行驶牛车和马车的古老道路。商朝重视道路交通,古代文献中已经有商人修筑护养道路的记载。商汤的祖先"服牛乘马",远距离经商,揭开了以畜力为交通运输动力的历史。经过夏商两朝长期的开拓,到公元前1046年至公元前771年的西周时期,可以说我国道路已经初具规模。西周建立后,以关中为中心的交通格局形成,开辟了通往各诸侯国的交通干线。《周礼》记载有"匠人营国,国中九经九纬,经涂九轨,环涂七轨,野涂五轨",意思是王城的经涂(南北向道路)宽九轨(九辆车的宽度),环涂(环城的道路)宽七轨,都城野外道路宽五轨。《诗经·大东》上说"周道如砥,其直如矢",意思是大路宽广平坦,笔直如箭。到了秦朝,秦国在不断修筑通往中原的道路的同时,还修筑了通往西南和西北的交通。秦惠王时,为了克服秦岭的阻隔,打通陕西到四川的道路,开始修筑褒斜栈道。秦穆公开地千里,独霸西戎,修筑了通往西北的通道。秦始皇统一中国,修筑长城,南开五岭,远古时期踏出的野径因"车同轨"而被统一,以关中为中心,修筑"驰道""直道""五尺道",并在广西开凿了灵渠,清除了秦与齐燕、吴楚、三晋故地间的交通阻碍,加强了关中与各地的联系。西汉时期,张骞两次出使西域,史家称之为"凿空"。为保证西部边境安全,西汉继续改善西南交通;开辟了举世闻名的丝绸之路,打通了从西汉横贯亚欧非大陆的交通,使得异域使者商贾、域外物种技术、多样文明汇集在长安城,成就了汉唐盛世;在西域各商道上修筑了许多城堡和连绵不断的烽燧亭驿,并部署军队戍守,兼管西域的交通,为祖国的统一、民族的团结和西部经济的发展奠定了坚实的基础。隋唐时期,国家疆域扩大,国力增强,形成了以长安为中心的四通八达的陆上交通网,开凿了广通渠和隋唐大运河,为经济文化繁荣发展奠定了基础。到了元朝,陆路交通线更加成熟,交通状况又得到改善。明清时期,古代交通渐趋衰落。19 世纪 40 年代,古老的中国被西方列强的坚船利炮打开了国门,中国的命运自此进入前所未有的悲惨境地。

民国初期,西部交通处于传统的驿运时代。20 世纪 20 年代,西北地区修建了西潼公路,开创了该地区有公路的历史。随着现代交通技术的传入,以公路为主的道路交通建设得到了大的发展。"七七事变"后,国民政府迁都重庆,为稳定后方,保障抗战需要,西部交通运输建设成为迫切任务,航空、公路、水运方面都有了较大发展,形成了西南西北公路网,如滇缅公路、川陕公路、川湘公路、滇黔公路、绥新公路、兰玉公路、甘新公路和京绥铁路、陇海铁路,以及陕西泾惠渠等,初步形成公路交织网,输送兵力物资。这些交通设施的建成对支持长期抗战和发展后方经济起到了重要作用,为抗战做出了卓越贡献。

新中国成立之初,毛泽东主席指示解放军部队,在解放西藏的同时,也要建桥修路。11 万筑路大军在平均海拔 4000 米的"世界屋脊",跨雅砻江、怒江、大渡河、金沙江激流,克服坍塌、滑坡、雪崩、泥石流等艰难险阻,挥动钢钎、铁锤、镐头,以让"高山低头、河水让路"的英雄气概,攀横断山脉,越巍峨昆仑,含辛茹苦,残风卧雪,齐心协力征服重重天险,挖填土石 3000 多万立方米,造桥 400 余座;五易寒暑,经历了常人难以想象的艰难困苦,修筑了青藏公路、川藏公路,在被称为"人类生命禁区"的"世界屋脊"创造了世界公路史上的奇迹。1952 年,成渝铁路竣工通车;1954 年,青藏公路、川藏公路正式通车,"高路入云端"成为现实,在中国筑路史上乃至世界筑路史上都是惊人之举。"三线"建设时期,成昆、襄渝、湘黔、川黔、贵昆、宝成、青藏、南疆等一批重要铁路干线先后建成,初步形成了以铁路、公路为主,内河航运为补充的交通运输格局。1978 年,党的十一届三中全会召开,揭开了中国改革开放的序幕,标志着中国从此进入了社会主义现代化建设的新时期。国家干线公路网划定工作启动,但交通建设布局开始大规模转移,交通建设重点从内地转向沿海,东部地区交通建设加强;以铁路和沿海港口为主,重点建设三西能源基地对外运输通道和东部繁忙干线改造,以及新的南北干线和西部干线,以缓解能源短缺压力,例如京九铁路、南昆铁路以及陇海铁路、兰新铁路、北疆铁路等;公路方面重点建设"五纵七横"的国道主干线,完善路网体系,并引导地方公路建设投资方向。经过 40 多年改革开放,西部地区经济社会迅猛发展,带来了人流,这又给交通运输带来了新的巨大压力。

西部大开发战略实施以来,特别是党的十八大以来,国家不断加大对西部地区交通、水利、能源、通信、市政等基础设施建设的支持力度,20 年累计新开工重点工程 295 项,投资总规模达 5.45 万亿元。其中,党的十八大以来,截至 2019 年年初已经累计新开工西部大开发重点工程 152 项,投资总规模 3.75 万亿元,这批项目建成后,西部地区的基础设施水平将进一步提升。青藏铁路、西气东输、西电东送、国道主干线西部路段和重大水利枢纽等一批重点工程相继建成,完成了送电到乡、油路到县等建设任务,西部地区的基础设施建设取得了突破性进展。在今天的西部,公路成网,铁路纵横,汽车如梭,火车飞驰,飞机翱翔,天堑变通途。

二、公路建设进展显著

西部大开发战略实施以来,国家加大了西部地区公路的建设力度,西部公路建设取得了巨大成效,综合运输能力迈上了一个大台阶,综合效益日益显现,为西部地区经济社会发展做出了重要贡献。2007 年年底,历经 15 年奋斗,承载着几代交通人梦想的"五纵七横"国道主干线西部路段 1.6 万公里全线贯通;2010 年,西部开发 8 条省际干线公路 1.8 万公里全面建成(甘肃兰州—云南磨憨口岸、内蒙古包头—广西北海、新疆阿勒泰—红其拉普口岸、宁夏银川—湖北武汉、陕西西安—安徽合肥、湖南长沙—重庆、青海西宁—新疆库尔勒、四川成都—西藏樟木口岸);2013 年 10 月 31 日,西藏墨脱公路正式通车,墨脱告别了"我国最后一个不通公路的县"的称号。西部地区与中部和东部地区通江达海、连接周边国家的公路运输大通道基本形成。"十三五"期间,"五横四纵四出境"综合交通运输体系启动建设,即西北至华北出海、拉萨至青岛、亚欧大陆桥、成都至上海、瑞丽至上海的"五横"通道,包头至广州、临河至防城港、兰州至昆明、库尔勒至成都的"四纵"通道,连接东北亚、中亚、南亚、东南亚的"四出境"国际通道。新建成察布查尔—都拉塔,中越、中老、中缅国际通道高速公路境内段,双西公路 G218 线霍尔果斯口岸段等口岸公路;霍尔果斯特大桥、中越北仑河公路二桥、樟木口岸友谊桥、吉隆口岸热索桥相继完工;峒中至越南横模桥、水口至驮隆二桥中方段、精河—阿拉山口高速公路等项目建成通车;口岸公路升级工程顺利推进。截至 2019 年年底,西部地区公路通车里程达 206.05 万公里,占全国总里程的 41.11%。其中,高速公路通车里程达 5.75 万公里,占全国总里程的 40.21%,建设规模明显提升。总体来看,西部地区高速公路的区域密度和人均密度的增速均高于全国平均增长速度,与全国平均值的差距也在缩小。但西部地区的交通优势度平均值明显低于全国整体水平,且区域内部差异较大,整体仍然滞后。

　　新疆稳步推进交通基础设施建设,取得显著成效。截至 2020 年年底,新疆公路里程已经达到 20 多万公里,其中高速公路 5500 公里,所有地州市已迈入高速公路时代;所有县市已实现二级公路连通,农村公路里程达到 14.5 万公里。在北疆,G30 连霍高速、奎屯至阿勒泰高速公路以及 G216 线富蕴至五彩湾公路已投入运营,G216 线北屯至富蕴公路建成通车,新疆环准噶尔盆地高速(一级)公路圈基本形成。南疆高速公路发展也步入了快车道,在吐鲁番经喀什至和田的高速公路基础上,洛浦—民丰—若羌方向的公路和尉犁—35团—若羌的公路的贯通,使得环塔里木盆地高速(一级)公路圈和南疆高速(一级)公路环线基本形成。新疆普通国道二级及以上的比例达 60%,所有县市二级公路实现连接,所有具备条件的乡镇和建制村实现 100%通硬化路、通客车。交通基础设施建设的大力推进为实现新疆经济社会稳定发展和长治久安的总目标、建设丝绸之路经济带核心区、实施旅游兴疆战略提供了交通保障。

　　截至 2020 年年底,陕西的公路总里程达 17.7 万公里,路网密度达 88 公里/百平方公里。黄陵至延安、汉中至坪坎、吴起至定边、柞水至山阳、绥德至延川、平利至镇坪等高速公路相继建成,高速公路通车总里程达 6500 公里,持续位居全国前列,实现县县通高速,100％乡镇、100％建制村通沥青(水泥)路。4 条高速通道穿越秦岭连通陕南,2 条高速通道连接陕北,14 条高速通道通江达海,构筑起与周边中心城市的"一日交通圈"。

截至 2020 年年底,甘肃公路总里程近 6.7 万公里,其中高速及一级公路 6000 公里,普通国省道 11287 公里,农村公路 51598 公里,全省骨干公路网基本建成,实现县县通高速、乡镇通国省道、村村通沥青(水泥)路,省际出口公路畅通。

截至 2020 年年底,宁夏公路通车里程达到 3.5 万公里,其中农村公路通车里程已达 2.6 万公里,占全区公路通车总里程的 75.1％。随着同海高速公路、石银高速、银百高速公路宁东至甜水堡段工程、京藏高速石嘴山(蒙宁界)至中宁段改扩建工程、S60 西吉至会宁(宁甘界)高速公路的建成通车,宁夏高速公路通车里程达约 2000 公里。

曾经"蜀道难,难于上青天"的四川,截至 2020 年年底,公路通车总里程达 39.4 万公里,居全国第一;高速公路总里程达 8000 公里,居全国第三。交通运输发生了巨变,"蜀道难"已成为历史。四川实现了乡乡通油路、村村通硬化路,具备条件的乡镇和建制村通客车。交通建设的突破性进展,为经济社会的高质量发展提供了支撑。2020 年度四川省农村公路建设国有投资为全国第一,达到 43.6 亿元,占全国农村公路国家总投资的 10.1％。凉山州布拖县乌依乡阿布洛哈村(村名在彝语中意为"高山中的深谷""人迹罕至的地方")通了公路。这个村三面环山,一面临崖,几乎与世隔绝。2020 年 6 月 30 日,一辆黄色客运小巴驶入该村,至此,四川的所有村子都通了公路,有了乡村客运班线。

截至 2020 年年底,广西公路总里程达 13.16 万公里,其中,高速公路里程 6803 公里,80％的县通高速,"外通内联、通村畅乡、客车到村、安全便捷"的交通运输网络基本建成。

为适应全面建成小康社会的要求,西部大开发更加重视农村公路的发展,显著加大了农村公路建设的投资力度,农村公路建设布局日益完善。贫困县出口路、通县油路、县际公路陆续建成通车。目前,西部地区农村公路建设里程整体呈现出增长态势。

贵州曾经是"地无三里平""路似羊肠绕",峰际连天,飞鸟不通。曾经流传着这样一句顺口溜:"年年五谷丰,就是路不通;有货卖不出,致富一场空。"因为农村路不通,优质绿色产品运不出去,好东西卖不出。"不是夜郎真自大,只因无路去中原。"要想脱贫致富,必须突破交通这一瓶颈。党的十八大以来,贵州以"修路"破题,创新投融资方式,使得交通建设在脱贫攻坚战中发挥了巨大作用。如今贵州已率先在西部实现县县通高速,截至 2020 年年底,公路通车里程增至 20.7 万公里,其中高速公路突破 7600 公里;铁路营业里程近 4000公里。贵州在率先实现"县县通高速"的基础上,接续实现"村村通沥青(水泥)路""组组通硬化路",基本建成了"覆盖全省、通达全国、内捷外畅、无缝衔接"的综合交通运输体系,从西南地理枢纽转变为西南陆路交通枢纽,经济社会驶向发展快车道。在建设中,贵州涌现出许多可歌可泣的事迹。例如,罗甸县沫阳镇麻怀村党支部书记邓迎香带领村民肩挑背驮、开山凿石,开出一条长 216米、高 4 米、宽 5 米的隧道,将两个多小时的崎岖山路缩短为 15 分钟的便捷通道。再比如从江县地处九万大山区之中,山高谷深,当地民谣有"隔洞能见面,相会要一天"之说。面对十分严峻的交通落后状况,从江干部群众在悬崖峭壁、高山深谷中奋战 10 余年,全县最后一个不通车的乡——从江县光辉乡实现了通车。2017 年年底,贵州实现了"村村通沥青(水泥)路";2019 年 6 月,贵州实现了 30 户以上村民组 100% 通硬化路。现在贵州已实现"市市通高铁""县县通高速""村村通沥青(水泥)路"。纵横交错的通村通组路,激活了乡村发展特色农业、生态观光旅游的动能,引领了农业产业蜕变,激发了农村发展新动力,大力发展新型高效山地绿色农业。2019 年贵州农业产值增长速度位列全国第一,2020 年贵州农村居民收入增速居全国第三位。道路通组,黔货出山,贵州农村活力涌动,农业产业实现了前所未有的突破。2019 年,全省茶叶、蓝莓、李子种植面积为全国第一,辣椒生产、加工、销售规模也为全国第一,食用菌产量迈入了全国第一梯队。通村通组路带动特色农业发展 500 余万亩,特色乡村、村寨旅游村突破 3000 个。随着乡村旅游的开发,游客逐年增多,为当地民宿产业发展创造了机会。同时,农村产业的大发展吸引了大量农民返乡创业,很多久已沉寂的村寨又恢复了往日生机。据统计,从 2012 年起,贵州常住人口开始回流,且呈现逐年加速增长的态势,2020 年达到 3856 万人,比 10 年前增加了近 400 万人,人口结构也更为优化。与此同时,贵州地区生产总值增速也连续 10 年位于全国前列。

"羊肠小道猴子路，云梯溜索独木桥。"这是以前西藏交通状况的真实写照。以前西藏的交通条件极其落后，各类物资全靠人背畜驮。西藏和平解放后，以人民解放军为主的筑路大军克服艰苦的自然环境和施工条件，修通川藏、青藏两条公路。西藏道路交通从无到有，从有到优。如今，西藏初步形成了由铁路、公路、民航、邮政组成的综合交通运输网络，公路通车里程超过10万公里；青藏铁路、拉日铁路全线贯通，川藏铁路项目稳步推进；2019年还新增10条国际、国内航线，启动了山南隆子机场等3个支线机场建设项目，金沙江、澜沧江、怒江"三江并流"的昌都也通了公路……极大地便利了广大百姓，为促进经济社会发展提供了强大的支持。到2020年年底，西藏公路总里程突破11.8万公里，一级及以上公路里程超过1200公里，所有县通油路，80%以上乡镇通油路，基本消除了公路的瓶颈制约；具备条件的建制村100%通公路，80%的乡镇和30%的建制村通沥青（水泥）路，乡镇、建制村通达率分别达100%、99.96%；县区通客车率达98.6%，建制村中2024个已通客车，通客车率为37%，有效盘活了地方资源，带动了特色种养业、客货运输、乡村旅游等产业发展；624个边境小康村建设基本完工并完成边境通道建设任务，所有边防站点通公路。"十三五"时期，西藏乡村旅游发展迅速，2020年家庭旅馆达到2377家，全区乡村旅游接待游客1061万人次，实现收入超过12亿元。公路越修越好，货运越来越忙，许多人跑起了运输，收入显著增加。

2020年，云南高速公路总里程超过9000公里，16个州（市）、110个县（市、区）实现高速公路通车，"七出省五出境"的高速公路主通道基本成型，排在全国前列。怒江美丽公路主线建成通车，新改建农村公路10万公里，交通基础设施实现由瓶颈制约到基本适应的根本性转变。伴随不断完善的交通和基础设施建设，云南面向南亚、东南亚的辐射中心建设进一步加快，正在实现更高水平的开放，成为国家新发展格局中的战略纽带和"大循环、双循环"的重要支撑。溜索曾是过怒江的主要工具，而现在只是旅游体验项目。要想富，先修路。路通了，老百姓也就逐步富裕了。2020年，云南城镇、农村常住居民人均年收入达到37500元、12842元，自2015年以来年均增长7.5%、9.5%。2020年年底，云南如期完成了新时代脱贫攻坚的目标任务，全省933万农村贫困人口全部脱贫，88个贫困县全部摘帽，8502个贫困村全部出列，11个"直过民族"和人口较少民族整体脱贫，兑现了"全面建成小康社会，一个民族都不能少"的庄严承诺。

　　以云南贡山独龙族怒族自治县独龙江乡为例,独龙族是我国人口较少的少数民族之一,主要聚居在独龙江乡。独龙江乡深处峡谷,交通条件非常恶劣,独龙公路是该地的人与外界联系沟通的唯一通道,但每年 11 月至次年 5 月半年大雪封山,与世隔离,那里经济社会发展十分滞后,一直是云南乃至全国最为贫穷落后的地区之一。为彻底解决半年大雪封山造成公路中断的问题,必须在"雪线"以下打通 6.68 公里的隧道穿越高黎贡山。当时,国家发展改革委由西部司负责协调怒江州重点项目建设问题,每年召开一次部际联席会共同商议解决。我到怒江调研时,有幸结识了怒江傈僳族自治州人大常委会副主任、贡山县老县长、获得"人民楷模"国家荣誉称号的高德荣。建设这条隧道,高德荣倾注了无数心血。他每年都冒着遭遇泥石流、雪崩等险情的风险,多次参与工程清雪、建设工作,与施工人员一起睡工棚、摸爬滚打。2014 年 4 月,高黎贡山独龙江公路隧道全线贯通,结束了独龙江乡千百年来大雪封路、交通受阻的历史。2014 年元旦前夕,贡山独龙族怒族自治县干部群众致信习近平总书记,汇报了当地经济社会发展和人民生活改善的情况,重点报告了多年期盼的高黎贡山独龙江公路隧道即将贯通的喜讯。收到来信后,习近平总书记立即做出重要批示:"获悉高黎贡山独龙江公路隧道即将贯通,十分高兴,谨向独龙族的乡亲们表示祝贺! 独龙族群众居住生活条件比较艰苦,我一直惦念着你们的生产生活情况。希望你们在地方党委和政府的领导下,在社会各界帮助下,以积极向上的心态迎战各种困难,顺应自然规律,科学组织和安排生产生活,加快脱贫致富步伐,早日实现与全国其他兄弟民族一道过上小康生活的美好梦想。"[①]习近平总书记对独龙族等人口较少民族地区的扶贫工作十分关心,使独龙族干部群众受到了极大鼓舞。公路通了,高德荣又带领乡亲们发展特色产业和旅游业。在他与当地乡村干部、驻村工作队的共同努力下,草果、重楼、羊肚菌、独龙牛等特色种植、养殖产业在独龙江乡落地生根。2018 年年底,独龙族宣告整族脱贫。在如今的独龙江乡,3A 级景区挂牌了,特色产业遍布 6 个村,群众生活蒸蒸日上。全乡 2020 年农村经济总收入4263.83 万元,人均收入 10166.5 元。从贫困落后到全面建成小康社会,从大

---

① 习近平就独龙江公路隧道即将贯通作出重要批示. (2014-01-03)[2020-04-13]. http://www.gov.cn/jrzg/2014-01/03/content_2559575.htm.

雪封山半年、与世隔绝到通过隧道、5G 信号联通世界,独龙族群众"一跨千年"。他们高唱"高黎贡山高哟,独龙江水长哟,共产党的恩情,比山高来比水长……"这首《太阳照到独龙江》,奔向美好的明天。

青海地处青藏高原北部,平均海拔 3000 米以上的高山占全省高山的74%,高山峡谷和多年冻土区密布,地质环境复杂。2001 年,全长 34.78 公里的平安至西宁的平西高速公路建成通车,从此青海有了第一条高速公路,是青海省公路交通发展史上的一个里程碑。平西高速公路不仅填补了青海省高速公路的空白,而且打通了西宁到兰州的大通道,有力地推动和促进了沿线经济的发展。近年来,西宁至马场垣高速公路、西宁至大通高速公路、西塔高速公路、平安至阿岱等高速公路陆续建成。到 2020 年年底,青海全省公路通车总里程达 8.38 万公里,其中高速公路(含一级)达 4040 公里,二级公路达 8756公里,三级及以下公路达 71004 公里,普通国道、省道中二级及以上比例分别达 72%、21%。同时,11 条出省高速公路全部打通,通往全省 4A 级以上旅游景区的连接公路基本达到二级公路水平。全省 8 个市州、67% 的县城通高速(一级)公路,100% 的县级行政区通二级公路,并建有二级或能力相适应的三级公路客运站。到 2020 年年底,云南省 129 个县市区有 125 个通二级公路,实现了所有具备条件的乡镇、建制村通硬化路、通客车,达到了"东部成网、西部便捷、青南通畅、省际连通",形成了"外通内连、通村畅乡、客车到村、安全便捷"的公路网络。青海实行交通建设与扶贫脱贫攻坚相结合,推进"交通＋特色产业""交通＋生态旅游""交通＋电商快递""交通＋民族团结创建"等扶贫新模式,将建设农村公路、便民桥梁与有效改善贫困地区交通运输条件结合起来,促进地区经济发展,方便当地群众出行,做好特优文章,大力发展生态畜牧业,做大做强牦牛、青稞产业,推进青绣、藏毯、唐卡、银铜器等民族手工业发展,因地制宜,发展特色种植业,对加快贫困地区群众的脱贫步伐提供有力的支撑。

总之,目前西部地区基本形成了以大城市为中心、中小城市为支点的路网骨架。一条条从西部地区延伸出来的公路、铁路、航空通道不断交织完善,在广袤的西部大地上,形成四通八达的立体交通网络,将西部与东中部紧密相连,交通运输网络不断拓展加密,空间可达性大幅提升。

三、铁路网络交错纵横

　　铁路作为一种经济的大运量的交通工具,在一个国家的经济社会中占有非常重要的地位。铁路发展水平如何,直接影响到国家工业化和现代化进程。西部大开发战略实施以来,西部地区铁路运输建设方面有了质的飞跃,为西部地区经济崛起做出了较大贡献。但西部地区铁路客运专线少、密度低,建设步伐仍然滞后。西部地区铁路的发展主要有以下几点。

　　西部铁路建设成就突出。西部大开发战略实施以来,铁路投资建设力度不减,捷报频传。2006 年 7 月 1 日,西部大开发标志性工程——全长 1118 多公里的青藏铁路格尔木至拉萨段通车,结束了西藏不通铁路的历史,填补了我国唯一不通铁路省区的空白,成为青藏高原千百年来永载史册的辉煌事件。截至 2019 年 8 月,进藏列车累计运送旅客 2.07 亿人次,运送货物 5.88 亿吨,取得了较好的社会效益和经济效益,为西藏的经济社会发展和国计民生做出了突出贡献。

专栏

青藏铁路

　　2001 年年初,国家计委向国务院报送《关于审批新建青藏铁路格尔木至拉萨段项目建议书的请示》。2001 年 2 月 8 日,国务院召开总理办公会审批青藏铁路项目建议书。2001 年 6 月 27 日,国务院下发《关于青藏铁路格尔木至拉萨段开工报告的批复》。2001 年 6 月 29 日,青藏铁路开工典礼在青海省格尔木市南山口火车站和西藏自治区拉萨河畔造耳峰隧道出口同时隆重举行,标志着这项举世瞩目的宏伟工程正式施工。青藏铁路格尔木至拉萨段全长 1118 公里,按照速度快(列车时速 140 公里)、区间大(每 50 公里一个车站)、维护人员少的原则,建设成一条安全、快捷、舒适、全天候的快速通道。工程总投资 330.9 亿元,全部投资由中央安排建设资金,其中 75％ 为国债资金,25％ 为铁路建设资金,实行优惠政策,给予运营适当补偿。

青藏铁路跨越"世界屋脊"，穿越 960 公里 4000 米以上高海拔地区，最高点 5072 米，大部分线路处于"生命禁区"和冻土区，是世界上海拔最高、线路最长的高原铁路。在青藏高原多年冻土区修建铁路是前无古人的探索性工程。工程开工建设以来，10 万多名建设者在地球之巅攻克"多年冻土、高寒缺氧、生态脆弱"三大世界性工程难题，将一个个奇迹定格在青藏高原。工程建设者们以务实创新的科学态度，积极探索解决青藏高原冻土难题的新思路：对于不良冻土现象发育地段，线路尽量绕避；对于高温极不稳定冻土区的高含冰量地质，采取"以桥代路"的办法；施工中采用了热棒、片石通风路基、片石通风护道、通风管路基、保温板等，提高冻土路基的稳定性。经过数万筑路大军历时 5 年的艰苦奋战，青藏铁路已于 2006 年 7 月 1 日正式通车，首发拉萨的城市有北京、成都、重庆、西宁、兰州，之后又陆续有上海、广州等大城市加入青藏铁路的运行，大批的旅游者正通过铁路前往西藏旅游并享受着与以前完全不同的青藏高原风光及旅游体验。从此，人类开启了客运火车穿梭"世界屋脊"的历史。

青藏铁路开通运营后，随着"四纵四横"全国铁路网提前建成运营，"八纵八横"高铁网建设加快推进，西部先后建成了渝怀铁路、宁西铁路、株六复线、宝兰复线、兰武复线、遂渝铁路、广大铁路、西康铁路、南疆铁路、宝成复线、精伊霍铁路等一批重大铁路项目。"十三五"期间西部又建成了西安—成都、成都—贵阳、昆明—南宁、银川—中卫、库尔勒—格尔木、敦煌—格尔木、呼和浩特—张家口等高速铁路；贯通了乌鲁木齐到上海的高速铁路通道、昆明到广州高速铁路通道、乌鲁木齐到连云港的高速铁路通道；开工建设郑州—万州、银川—西安、拉萨—林芝的高速铁路；继续建设呼和浩特—南宁、昆明—北京—包头、银川—海口、银川—青岛、银川—兰州、西宁—广州、兰州—北京、重庆—厦门高速铁路通道；续建重庆—昆明、贵阳—南宁、西宁—成都、和田—若羌、西安—延安、包头—银川、遂宁—达州等城际铁路项目。出境铁路建设方面，铁路线路已延伸至满洲里、二连浩特、珠恩嘎达布其、甘其毛都、策克和满都拉等多个口岸，中越铁路境内段已建成，中老铁路已全线通车运营。截至 2019 年年底，西部地区铁路营业里程 5.6 万公里，其中高铁 9630 公里，高铁已连接

西部大部分省会城市和 70％以上的大城市。例如新疆维吾尔自治区近年来铁路建设不断加速,天山南北,机器轰鸣,一派繁忙。在南疆,和田至若羌铁路项目的建成通车,形成了环塔克拉玛干沙漠铁路圈;在北疆,2017 年,北阿铁路正式开通,奎北铁路延伸到了阿勒泰,阿富准(阿勒泰—富蕴—准东)铁路于 2020 年全线贯通,加上现有兰新铁路北疆线,环准噶尔盆地铁路圈指日可待。随着克拉玛依至塔城铁路、博州支线铁路、格库铁路的建成通车,南北疆铁路交通网络运行将更加顺畅。截至 2020 年,新疆铁路营运里程达 7437 公里。截至 2020 年 5 月,中欧班列乌鲁木齐集结中心已覆盖 23 个国家和地区,每年经过新疆进出境的中欧班列数量突破万列;其中,经霍尔果斯口岸通行的中欧班列数量已达 23 条,开行数量 4722 列,霍尔果斯口岸进出口货运量 3441.62 万吨,进出口贸易额 2426.5 亿元,同比增长 24.57％,进出口货运量居新疆首位。目前,新疆正在加快推进南疆铁路库尔勒至喀什提速扩能改造等项目建设,加快推进伊宁至阿克苏铁路等项目的前期工作。新疆铁路已形成了从最初的一字形铁路到人字形铁路,再到如今的包括兰新线、南疆线、乌准线、精伊霍线、兰新高铁等在内的跨越三山两盆地的全新路网布局。随着奔驰在亚欧大陆间"钢铁驼队"的声声汽笛声响,一列列载有全国各地出口商品的货运列车,驶离中欧班列乌鲁木齐国际陆港区集结中心,驶向法国、荷兰、德国、比利时、卢森堡、意大利等国家,促进中欧贸易大通道进一步融通。

中欧班列硕果累累。中欧班列持续发展,捷报频传,相应的体制机制不断完善,市场认可度逐步上升。2011 年 3 月 19 日,首列中欧班列的开行,开启了中国与欧洲之间的货物运输新形式,其标志是重庆"渝新欧"集装箱货运直达班列的开通。2013 年,"一带一路"倡议提出后,中欧班列从地方项目上升为国家项目,发展步入快车道。中欧班列从 2011 年开行,经过约 10 年的发展,开行数量从 2011 年的 17 列已发展到 2020 年的 12406 列,已通达 21 个国家 92 个城市。截至 2021 年年底,中欧班列发展势头仍然强劲,累计开行 4.9 万列,发送货物 443.2 万标箱,中国境内已有 91 个城市开通了中欧班列,通达欧洲 23 个国家 180 个城市。中欧班列发展的主要特点包括:开行规模快速增大,全年开行数量从 2011 年的 17 列增加到 2020 年的 1.2 万多列,增长了 700 多倍;运输覆盖范围不断扩大,国内不同省份陆续开出班列新线路,并探索打造"1＋N"线路,而在国外则通达欧洲大部分国家和城市,为推进"一带一路"

建设提供了有力支撑;货运品类持续增多,由早期单一品类扩大到电子产品、机械设备、化工产品、木材纸浆、服装鞋帽、粮食、葡萄酒、冷鲜食品、医药和医疗设备等众多品类。

专栏

中欧班列

中欧班列是指按照固定车次,由中国新疆阿拉山口、霍尔果斯和内蒙古二连浩特、满洲里出境,往来于中国与欧洲(包括"一带一路"沿线国家)的集装箱国际铁路联运班列。

2011年3月19日,从中国重庆到德国杜伊斯堡的"渝新欧"集装箱货运班列发车,标志着中国和欧洲之间的铁路货运新模式开启,后来成都、郑州、武汉、义乌、苏州、广州等城市也陆续开行了去往欧洲的集装箱班列。2016年,我国发往欧洲的班列启用中欧班列统一品牌标识。中欧班列已开行10年有余,构成了全天候、大运量、畅通安全的亚欧物流运输通道,极大带动了多式联运快速发展,优化了区域开放格局,扩大了沿线国家经贸往来,深化了国际产能合作,加速了要素资源跨国流动,促进了沿线民生改善,为沿线国家和人民带来了实惠。下一步将按照适度超前原则,高起点规划建设中欧班列枢纽设施,着力补齐基础设施短板,强化设施保障能力;打造中欧班列集疏运体系,构建国际合作网络,支持企业开展设施联通、功能联合、资源共享,着力打造枢纽经济;着力创新运行管理和发展模式,优化运输组织,着力提升开行质量效益;更好地统筹区域交通布局和外向型产业发展,带动区域商贸、制造、流通等领域的产业集聚等。

川藏铁路进展顺利。青藏铁路创造了跨越"世界屋脊"的奇迹后,又一条通向雪域的天路——川藏铁路开始建设。这条铁路从两端向中间同时施工,其中,2014年12月6日、19日,拉林段与成雅段分别开工建设;2018年

12月28日,成雅段开通运营;2019年12月1日,拉萨至林芝段已铺架至西藏山南市绒乡雅鲁藏布江大桥;2020年4月7日,拉萨至林芝段全线47座隧道全部贯通;2020年11月8日,雅安至林芝段开工建设;2021年6月25日,拉萨至林芝铁路开通运营。

专栏

川藏铁路

川藏铁路是一条连接四川省与西藏自治区的快速铁路,东起四川省成都市,西至西藏自治区拉萨市,线路全长1838公里。这是我国第二条进藏铁路,也是西南地区的干线铁路之一。线路为国家I级双线铁路,设计时速120公里至200公里。其中新建雅安至林芝段正线长度1011公里,全线共设26座车站;配套建设临时施工道路885公里、电力线路2000公里,以及成都、林芝运营保障基地等。项目估算总投资约3198亿元。项目由中国国家铁路集团有限公司负责组织实施,设立川藏铁路工程建设指挥部具体组织工程建设,成立川藏铁路有限公司作为项目法人负责项目管理。川藏铁路建设分为三段,分别是成都至雅安段、林芝至拉萨段、雅安至林芝段。前两段已开通运营,雅安至林芝段在建。雅安至林芝段位于横断山区,山高谷深,是川藏铁路项目中长度最长、难度最大的路段,预计2025年全线建成。

出境通道效果明显。我国对外开放由南到北、由东到西层层推进,深化沿海开放,加快内地开放,提升沿边开放,对内对外开放相互促进,不断拓展新的开放领域和空间,拓宽开放的广度和深度,形成了宽领域、多层次、有重点、点线面结合的全方面对外开放新格局。随着经济全球化的发展和高速公路、高速铁路的大范围兴起,亚欧大陆的贸易渠道已从海洋拓展到陆路,产业布局也逐步向内陆推进,特别是随着"一带一路"建设的高质量深入推进,西部地区将成为我国新一轮对外开放潜力最大的地区,是拓展开放型经济广度和深度的关键所在。西部地区将成为联通世界，辐射中亚、西亚、南亚和东南亚的重要辐射中心。随着区域发展一体化、国际分工专业化和国际产业转移的步伐加快，城市品牌打造、物流枢纽建设和经济社会发展等方面的竞争日趋激烈，铁路成为西部地区除航空外的最低成本和最快速度的对外交通工具，西部地区铁路口岸的建设和出境大通道建设将受到越来越多的关注。要加快推进西部地区出境国际铁路通道建设，如中老泰铁路通道、中越铁路通道、中缅铁路北通道、中缅铁路南通道、中缅印铁路通道等，这些铁路建成开通后将起到助推中国与周边国家基础设施互联互通的积极作用。要积极推进乌鲁木齐—伊宁—霍尔果斯高速铁路、中巴铁路、中吉乌铁路、阿勒泰—吉木乃口岸铁路、富蕴—青河—塔克什肯口岸铁路等项目的相关前期工作，向南经海路连接新加坡及其他东盟国家，向北经铁路衔接中欧班列的中新互联互通南向通道。黎湛铁路、玉磨铁路、大瑞铁路、弥蒙铁路等不断向边境延伸，将大大缩短我国西南地区与华南、华东和中南地区的时空距离，而且将使我国高速铁路的网络效应进一步显现。这些铁路对改善区域交通条件，促进区域经济社会发展，加快与周边国家的互联互通，促进"一带一路"建设，将发挥重要作用。

西部陆海新通道建设加快推进。从 2017 年 8 月广西钦州港开出"渝贵新"首列运行班列以来，西部陆海新通道海铁联运班列已成为筑牢"两个循环"稳定贸易的大通道。截至 2021 年年底，已开辟 71 条集装箱航线、108 个海铁联运铁路站点，连通我国 16 个省区市，已覆盖新加坡、日本、澳大利亚、德国等 100 多个国家和地区。

2021 年 2 月和 4 月，习近平总书记在贵州和广西考察时明确强调要积极参与西部陆海新通道建设，高水平共建西部陆海新通道。西部地区认真贯彻习近平总书记的重要指示精神，加快推进西部陆海新通道建设，特别是着力推进其铁路建设，加快贵阳至南宁铁路、叙永至毕节铁路、渝怀铁路增建二线、焦柳铁路怀化至柳州段电气化改造等项目建设；推进黄桶至百色铁路建设，改造升级湘桂铁路南宁至凭祥段、成渝铁路成都至隆昌段、隆黄铁路隆昌至叙永段；研究建设黔桂铁路增建二线、重庆至贵阳铁路等项目。2017 年至 2021 年，班列年开行量从 178 列增长到 6117 列。北部湾集装箱吞吐量从 228 万标箱增长到 601 万标箱。2022 年上半年，各项指标均保持较快增长，海铁联运班列共开行 4132 列，同比增长 42%；北部湾完成集装箱吞吐量 316.5 万标箱，同比增长 21%。西部陆海新通道已成为中西部地区货物出海的重要通道和《区域全面经济伙伴关系协定》(RCEP)框架下连接中国与东盟的快速、便捷的运输通道。

专栏

西部陆海新通道

西部陆海新通道位于我国西部地区腹地,北接"丝绸之路经济带",南连"21世纪海上丝绸之路",协同衔接长江经济带,在区域协调发展格局中具有重要战略地位。在中新(重庆)战略性互联互通示范项目框架下,由中国西部省区市与新加坡合作打造的"国际陆海贸易新通道"以重庆为运营中心,以广西、贵州、甘肃等为关键节点,利用铁路、海运、公路等运输方式,向南经广西北部湾通达世界各地。2019年8月15日,国家发展改革委印发《西部陆海新通道总体规划》的通知,要求将西部陆海新通道打造成推进西部大开发形成新格局的战略通道、连接"一带"和"一路"的陆海联动通道、支撑西部地区参与国际经济合作的陆海贸易通道、促进交通物流经济深度融合的综合运输通道。西部陆海新通道的空间布局包括重庆—贵阳—南宁—北部湾出海口(北部湾港、洋浦港)、重庆—怀化—柳州—北部湾出海口、成都—泸州(宜宾)—百色—北部湾出海口三条通路,共同形成西部陆海新通道的主通道。为着力打造国际性综合交通枢纽,重庆建设通道物流和运营组织中心,成都发挥国家重要商贸物流中心作用,广西建设北部湾国际门户港,提升通道出海口功能。西部陆海新通道核心覆盖区包括贵阳、南宁、昆明、遵义、柳州等西南地区重要节点城市和物流枢纽,辐射延展带则联通兰州、西宁、乌鲁木齐、西安、银川等西北重要城市。西部陆海新通道的发展目标为到2020年,一批重大铁路、物流枢纽等项目开工建设,陆海新通道对西部大开发的支撑作用开始显现;到2025年,经济、高效、便捷、绿色、安全的西部陆海新通道基本建成,一批重大铁路项目建成投产,主要公路瓶颈路段全面打通;到2035年,西部陆海新通道全面建成,物流服务和通过效率达到国际一流水平,物流成本大幅下降,为建设现代化经济体系提供有力支撑。

铁路运输服务保障作用更为突出。为支持西部大开发,铁路业主动适应西部大开发战略深入实施的新要求,进一步加大对西部地区的运力倾斜力度,特别是新冠疫情暴发以来,铁路业量身定制运输方案、开辟绿色通道、利用智能化模式创新,保障了煤炭、石油等战略物资和粮食、化肥、农副产品等涉农物资的运力倾斜和运输通道畅通。铁路业主动参与贵阳、西安、兰州、武威、银川、石嘴山等国际陆港建设,启动国际班列到发业务和"点对点"货运列车发运业务;充分发挥高铁带动作用,进一步优化旅客列车开行方案,深入实施客运提质计划,提高客车开行数量和质量,为人民群众出行提供优质服务。特别是铁路运输的骨干作用在南方冰雪灾害、四川汶川特大地震、青海玉树地震和保障电煤供应等应急运输中得到进一步显现。铁路业进一步完善路地运输协调机制,充分发挥西部陆海新通道作用,促进兰新线与兰渝线的有效衔接;拓展"公转铁"和集装箱份额,保障重点物资运输,最大限度地满足西部地区的运输要求,为西部地区经济社会发展提供可靠的运力支撑。

铁路运输对外开放合作不断深化。坚持互利共赢的开放战略,以"一带一路"建设为重点,加强铁路国际交流合作,积极协调推进区域项目建设,高铁已成为中国交通"走出去"的新亮点。要继续推进中欧班列快速发展,持续提升中欧班列开行质量,深化中欧班列国际合作机制建设,发挥中欧班列运输协调委员会的作用,推进班列枢纽节点建设,加强国际铁路联运市场营销,推动班列全程时刻表编制、信息通道互联互通等工作,健全班列开行质量指标体系,进一步打造中欧班列国际物流品牌。要加强中国铁路标准与国际铁路联盟标准的对接,扩大中国铁路技术标准的影响力;积极参与全球交通治理,推动构建全球交通命运共同体,服务人类命运共同体的构建。

四、机场建设持续发展

我国西部地区地域广袤,占我国领土面积的 71.4%。但受自然条件影响,西部地区地面交通与发达地区相比相距甚远,这决定了不受地形约束、便捷高效的民航运输可以在区域交通和东西部沟通中发挥重要作用。2006 年西部地区机场密度为每 10 万平方公里有 0.9 个机场,仅为东部地区的三分之一。西部绝大多数地区仍无法达到居民在地面交通 100 公里范围内或 1.5 小时车程内享受航空服务的标准。数据显示,截至 2020 年年底,我国境内民用航空颁证机场共 241 个,其中西部 123 个,占全国的 51%,已形成以乌鲁木齐、昆明机场为门户枢纽,成都、西安、重庆机场为区域枢纽,支线机场为支撑的机场网络体系。以新疆为例,截至 2021 年年底,新疆有机场 22 个,为全国机场数量最多的省(区、市)。还有一批机场建设的前期工作有序推进中。但西部地区机场密度仍远远低于东中部地区,这种"东密西疏"的格局与推动"一带一路"建设、带动西部地区经济社会发展、维护社会稳定与增进民族团结等的矛盾比较突出。

机场建设成效凸显。西部大开发战略实施以来,西部地区机场建设获得了长足发展。按照"实施枢纽工程,发展支线机场,优化航线结构,提高运行效率"的基本原则,国家加大了对西部地区机场建设的支持力度,在重点加强西部门户枢纽机场建设的同时,进一步加快支线机场的建设速度,逐步完善机场布局规划,促进西部地区的对外开放和经济建设。面对快速增长的航空运输市场,西部地区主要机场掀起了新一轮改扩建高潮。2000—2012 年,重庆、成都、西安、昆明、贵阳、拉萨、西宁、乌鲁木齐、呼和浩特、南宁、桂林、兰州、银川等 13 个干线机场和 31 个支线机场实施了大规模改扩建,新建了 38 个支线机场。西部地区正在形成以成都、重庆、昆明为主的西南机场群和西安、乌鲁木齐为主的西北机场群,机场集群效应逐步体现。西部地区 144 个地级及以上城市可以在 100 公里半径范围内享受到航空运输服务,一个以主要枢纽机场为中心、干支线机场为支撑的航空运输网络已初步形成。同时,西部地区着力完善国内航线布局,增加了西部主要城市的东向航线和航班密度,打造京昆、沪兰、广兰等空中大通道;拓展了成都—布拉格、重庆—胡志明市、昆明—河内、北海—曼谷等国际航线,推进与"一带一路"沿线国家的互联互通。从目前全国机场建设情况来看,我国东部沿海地区主要的枢纽机场及干线机场建设已基本完成,相比之下,占我国领土面积 71.4% 的西部地区机场密度仍然相对较低,今后民航的建设重点将继续向西部地区倾斜。

机场效率大幅提升。西部地区民航旅客数、货邮吞吐量占全国的比例逐年上升,特别是党的十八大以来,民航行业结构调整继续深入,西部民航发展快于东部。国家通过对西部地区民航发展的重点支持,促进西部地区航空运输发展提速,不少西部机场的客货吞吐量增速明显高于全国机场的平均增速。例如,2019 年,成都双流机场旅客吞吐量为 5586 万人次,昆明长水机场旅客吞吐量为 4808 万人次,西安咸阳机场旅客吞吐量为 4722 万人次,均居全国前10 位。西部地区有 10 座机场年旅客吞吐量超千万,包括成都双流机场、昆明长水机场、西安咸阳机场、重庆江北机场、乌鲁木齐地窝堡机场、贵阳龙洞堡机场、南宁吴圩机场、兰州中川机场、呼和浩特白塔机场、银川河东机场等,其中成都双流机场居首位。2019 年西部各省区市机场旅客吞吐量及机场情况见表 1。

表 1　2019 年西部各省区市机场旅客吞吐量及机场情况

省区市	旅客吞吐量/万人次	机场数量/座	机场名称
四川	6713.6	15	成都、稻城、康定、广元、黄龙、泸州、绵阳、南充、攀枝花、西昌、宜宾、达州、巴中、阿坝、格尔萨
云南	7053	15	昆明、西双版纳、丽江、大理、香格里拉、临沧、芒市、普洱、腾冲、文山、昭通、保山、澜沧、沧源、泸沽
陕西	5109	5	西安、榆林、延安、汉中、安康
重庆	4657	4	江北、万州、黔江、巫山
新疆	3758.5	21	乌鲁木齐、阿克苏、阿勒泰、博乐、布尔津、哈密、和田、喀什、克拉玛依、库车、库尔勒、那拉提、且末、塔城、吐鲁番、伊宁、莎车、图木舒克、若羌、富蕴、石河子
广西	2922.6	7	南宁、桂林、北海、柳州、梧州、百色、河池
内蒙古	2754	19	呼和浩特、鄂尔多斯、呼伦贝尔、包头、赤峰、通辽、乌兰浩特、锡林浩特、乌海、巴彦淖尔、满洲里、二连浩特、乌兰察布、阿拉善左旗、扎兰屯、阿尔山、霍林郭勒、额济纳旗、阿拉善右旗
贵州	3030.9	11	贵阳、遵义、茅台、兴义、毕节、铜仁、安顺、六盘水、荔波、凯里、黎平
甘肃	1825.2	9	兰州、敦煌、嘉峪关、庆阳、陇南、张掖、天水、金昌、甘南
宁夏	1122.1	3	银川、中卫、固原
青海	812.5	7	西宁、玉树、格尔木、果洛、德令哈、花土沟、祁连
西藏	57.5	5	拉萨、林芝、昌都、日喀则、阿里

国际航空枢纽建设发力。成都、昆明、西安、乌鲁木齐以及重庆国际航空枢纽建设取得积极进展。成都状若"太阳神鸟"的天府国际机场大楼"振翅欲飞",引领成都迈入双机场时代,加速四川融入全球经济版图;昆明全面发力建设国际航空枢纽机场,总体规划近期目标为 2030 年达到年旅客吞吐量 1.2 亿人次、年货运吞吐量 120 万吨;西安打造国际航空枢纽,计划 2030 年达到年旅客吞吐量 8300 万人次、年货运吞吐量 100 万吨;重庆打造引领内陆开放的国际航空枢纽,计划 2030 年江北机场旅客吞吐量达到 7000 万人次、年货运吞吐量 80 万吨;新疆立足乌鲁木齐国际航空枢纽和西部门户机场定位,优先保障国际航线开辟和基本航空运输服务,提高欧亚航路的通行和保障能力。西部地区积极打造南宁、贵阳、银川、西宁、兰州、呼和浩特、拉萨区域枢纽机场,建设一批中小机场,初步形成了枢纽与区域、干线、支线机场的有机衔接和协同发展的局面。例如,截至 2020 年 2 月,新疆在飞航线 307 条,其中国际及地区航线 27 条,国内其他航线 280 条;支线间互通航线 56 条,支线直飞疆外航线 65 条,实现了"疆内环起来、进出疆快起来"的预期目标。到 2019 年年底,世界 500 强企业中有 347 家落户四川,287 家落户重庆,43 家落户云南。世界 500 强企业大规模落户西部,不仅极大地改善了当地的投资和营商环境,也带来了大量的人员流动。从国际到国内,从国内到省内,从干线到支线,从支线到支线,一张层级分明的航线网逐步覆盖了西部天空,缩短了山高水长的西部与全国和世界的距离。

机场成为生命通道。西部偏远地区加快机场等基础设施建设,使之成为高原偏远地区人民可以依赖的唯一生命线,为保护人民群众生命健康和生产生活提供了有力保障。例如,青海省玉树藏族自治州是长江、黄河、澜沧江的发源地,平均海拔 4000 米,那里的三江源地区被誉为"中华水塔"。2009 年 7 月 8 日,随着一架波音 319 飞机缓缓降落在海拔约 4000 米的玉树机场,应急抢建后的玉树机场正式交付使用。"神鹰"的到来使得玉树沸腾了,当地几万名各族群众自发地走上街头,以特有的方式,尽情表达喜悦的心情。玉树机场建成后,从玉树到西宁只要不到一个小时。2010 年 4 月 14 日,一场 7.1 级的强烈地震将青藏高原上的玉树夷为废墟。在这次地震中,玉树全域受到重创,近 3000 人死亡或失踪,古建筑和现代居民房屋等诸多建筑遭到严重损毁。面对这场突如其来的灾难,党中央、国务院立即采取行动,调派军队快速驰援,以确保救灾物资源源不断地输送到灾区,使灾区人民在第一时间得到救助与支持。玉树发生 7.1 级地震几天后,我率领地震灾后重建组在玉树州州府所在地结古镇现场查勘灾情。结古镇满目疮痍,地面交通中断,抢救生命运送伤员非常急迫。当时走陆路从西宁到结古镇有 830 公里的车程,路况复杂,有些路段中断,即使通车,也要坐十几个小时的车,其中要翻越 8 座海拔 4000 米以上的大山和海拔 5000 米的巴颜喀拉山。抢救生命在与时间赛跑,空中运输成了唯一通道。而玉树机场地震后基本完好,成为抢救生命的空中通道。现在回想起来,如果没有玉树机场,不知有多少生命会逝去。为进一步发挥在灾后重建中的桥头堡作用,玉树机场在救灾期间又新建了目视助航灯光、站坪及联络道工程。扩建工程竣工后,玉树机场吞吐量翻了一番,具备了保障大型运输机起降的能力,为玉树地区灾后重建和未来发展奠定了坚实基础。在党和国家的大力支持与玉树人民的不懈努力下,玉树的灾后重建目标在三年内就得以实现,共完成投资价值 447.54 亿元的 1248 个重建项目,是玉树 1951 年至 2009 年这 58 年获得投资总和的 8 倍,灾后重建规划目标全面实现。新玉树浴火重生,一座现代化新城在结古拔地而起,在雪域高原傲然挺立。经过 10 年的科学重建,玉树发生了巨大变化,实现了跨越式发展,经济总量比震前翻了一番,城镇居民人均可支配收入增长了 1.6 倍,农牧民人均可支配收入增长了 4.3 倍。

再比如西藏阿里地区位于西藏西部,西南与印度、尼泊尔毗邻,边界线长达 1000 多公里,战略地位十分重要。阿里全境为喜马拉雅山、喀喇昆仑山和冈底斯山所环抱,被称为"万山之祖";平均海拔在 4500 米以上,为青藏高原之最,又被称为"世界屋脊的屋脊",是西藏自治区生存条件最恶劣、自然灾害最频繁的地区。同时,阿里交通极为不便,阿里地区行政公署所在地狮泉河镇距拉萨 1655 公里,且路况复杂,崎岖难行,每年只有 5—10 月可以通行,因此这里也被称为"世界上最遥远的地方"。让飞机通航是阿里人民多年的梦想。阿里昆莎机场位于海拔 4274 米的噶尔藏布(狮泉河)河谷地带昆莎乡,2007 年开始动工建设。阿里地区氧气含量只有海平面的 52%,这是一个来自其他地区的人连静坐都会感到头疼胸闷的地方。机场建设者战胜高寒缺氧的困难,与苍鹰为邻,与雨雪为伴,挑战生理极限,克服心理障碍,用激情和汗水,凭着奉献敬业的精神,日夜奋战,终于在 2010 年 7 月 1 日使得这座西藏最西端的机场正式通航。阿里民众前往西藏首府拉萨,单程用时从 40 小时变为了 2 小时,"天边阿里"不再遥远。昆莎机场已开通拉萨、喀什、乌鲁木齐、西安等航线,到 2020 年年底累计运输旅客近 50 万人次。阿里拥有丰富的旅游资源,如圣湖玛旁雍错、冈仁波齐神山、神秘的古格王国、扎达土林奇观、古象雄文化等,通航也将阿里的旅游资源转化为经济优势,旅游业正成为阿里的主导产业。2010 年,阿里地区旅游收入仅为 6000 多万元;2019 年,旅游收入则达到 13.8 亿元。阿里通航后,"空中天路"成为连接西藏与外界的快速和高效的运输方式,这一点在阿里地区尤其突出。阿里高寒缺氧,医疗条件差,人们一旦突发疾病,很难得到及时治疗,因而过去有个说法,"在阿里得了病只有等死"。阿里昆莎机场的通航彻底改变了这一状况,及时高效的航空运输挽救了很多人的生命,阿里航线也因此被当地人称赞为连接天边和内地的"空中生命线"。

五、港口航运加快建设

西部地区紧紧抓住"一带一路"建设、中国-东盟自贸区升级版的打造和大湄公河次区域经济合作的顺利推进等机遇,充分发挥内河航运的优势,加快港口和航道的建设。西江、金沙江、澜沧江和左江、右江等水上运输大通道的货运量呈现快速发展趋势,初步形成了出境、出省的运输通道,水上旅游得到了较快的发展,内河水运基础设施面貌有了明显改善,促进了当地经济的发展。

加大航道投资力度。"十三五"期间,广西水运基础设施建设投资创新高,开工项目达 60 个,建成 31 个。截至 2020 年 11 月,完成投资总额 268.39 亿元,其中沿海地区 139.63 亿元,内河地区 95.62 亿元。北部湾港强投资、促基建,基础设施建设完成投资 139.63 亿元,新开工建设防城港企沙港区赤沙作业区 1 号泊位工程等 36 个项目;建成钦州港东航道扩建一期、二期工程等 18 个重点项目;新增航道 51.64 公里,其中 30 万吨级航道 8.51 公里,10 万吨级航道 25.7 公里,0 至 5 万吨级航道 17.43 公里;西江黄金水道基础设施建设完成投资 95.62 亿元,新开工建设贵港至梧州 3000 吨级航道工程一期、二期工程等 24 个项目;建成老口航运枢纽、桂江莲花大桥至桂江河口段三级航道等 13 个项目;新增 1000 吨级以上航道里程 325 公里。云南水运交通投资 51.42

亿元,是"十二五"时期的 2.4 倍,新增和改善航道 855 公里,通航里程突破 5000 公里,水运发展迈上了一个新台阶。

航道畅通改造升级。西部地区以航道建设为重点,推动关键性、控制性过船设施建设,全力消除梗阻,推动航道水道优化升级。大力实施了一批重点航道整治,如金沙江—长江出省通道已贯通,完成了三峡水库库尾航道整治、西江航道干线扩能、右江航道整治,以及泸州—宜宾航道整治工程、南北盘江及红水河四级航道整治工程、上湄公河航道改造工程、贵港—梧州二级航道工程、红水河乐滩—石龙三江口航道工程、柳黔江重点滩险航道整治工程、西南水运出海北线通道航道整治工程等,西部航道里程及航道等级均得到了大幅度提升。长江四川段、岷江、嘉陵江、渠江、金沙江等航道达标升级,长江宜宾段以下航道实现三级航道昼夜通航,嘉陵江全江通航。长江上游已达到三级航道标准,西江航道干线已达到三级及以上航道标准。加快规模化、专业化港区建设,拓展港口功能,建成川南泸州—宜宾—乐山港口群和川东北广安—南充—广元港口群,主要港口和库区水运基础设施获得较大改善,重庆、泸州、宜宾、贵港、梧州等港口重要作业区建成一批集装箱、重大件、液货危险品、大宗散货、汽车滚装等专业化泊位,形成层次分明、功能互补、竞争有序的港口发展格局。建成钦州港、防城港港、北海铁山港等深水航道工程,北部湾港竞争力进一步提升。2020 年北部湾完成货物吞吐量 2.96 亿吨,同比增长 15.64%;集装箱吞吐量达到 505.16 万标箱,同比增长 32.23%。澜沧江等国际河流航运条件改善,开通了澜沧江—湄公河集装箱运输,出境通道基本形成。

运输服务稳步提升。西部地区水运以结构调整为抓手,不断推动船舶运力优化,培育一批企业发展壮大。西部地区加强水路运输组织协调,积极发展水路集装箱运输和多式联运,开通了泸州、宜宾至上海以及至广州,贵港至广州等的集装箱航线,于 2022 年动工兴建的广西平陆运河,向北通过黔江—红水河、柳江直达贵州,经南宁—百色、崇左达云南,向南由钦州出海。北部湾港是西部地区出海的唯一通道,是"一带一路"海陆衔接的重要门户港,广西充分发挥独特区位优势,积极建设出海出边、联通内陆的大通道。"十三五"期末,广西沿海港口拥有生产性泊位 268 个,码头设计通过能力 26435 万吨,集装箱装卸能力 425 万标箱。其中钦州铁路集装箱中心站已正式开通运营,实现海铁、公铁联运零距离接驳转运,西部陆海新通道建设和运营质量实现了新的飞跃。钦州港 2018 年跨入亿吨大港行列,2021 年集装箱吞吐量突破 462.7 万标箱,国际铁海联运班列目的地已扩展至全球六大洲 76 个国家和地区的 180 个港口。渡运长期以来是西部江河水库地区不可替代的交通出行方式,是惠民利民的农村水上公交,许多地方积极发展公益性渡口渡船并建设相应设施,保障老百姓出行。据国家发展改革委统计,2021 年 1—2 月,西部地区水路完成客运量 387 万人,完成旅客周转量 7202 万人公里。

六、水利工程成就辉煌

兴修水利、防治水害历来是中华民族治国安邦的一件大事。西部地区是我国大江大河发源地和上游区,但水土资源分布极不均衡,生态环境十分脆弱,西南地区工程性缺水、西北地区资源性缺水问题十分突出,严重制约了我国西部地区的发展。国家实施西部大开发战略以来,在投资的安排上,注重向中西部地区特别是西部地区倾斜。据统计,2002—2017 年,全国财政水利资金累计投入 43709 亿元,年均增长 12%,水利基础设施建设全面加快,水利改革全面推进,水利保障能力显著提高,生态环境建设成效明显。特别是党的十八大以来,国家坚持"节水优先、空间均衡、系统治理、两手发力"的治水方针和"确有需要、生态安全、可以持续"的重大水利工程论证原则,在西部建成了一批重大水利工程,产生了巨大的经济社会效益和生态效益,推动西部现代水利设施网络建设迈上新的台阶。

重点工程亮点纷呈。西部大开发战略实施以来,西部建成了一批对深入实施西部大开发战略具有全局性影响的重点水利工程。西南地区建成了重庆金佛山、观景口水利枢纽工程,四川紫坪铺水库、大桥水库灌区一期工程、武都水库、亭子口水利枢纽、都江堰引水工程、武都引水二期工程,贵州黔中枢纽、夹岩枢纽,广西百色、大藤峡、漓江补水枢纽,云南小中甸、滇中调水、牛栏江—滇池补水工程,西藏旁多、满拉、拉洛、墨达、雅砻枢纽以及西南中型水库等重点水利工程,新建了一批重点骨干水源工程。在保护生态环境的前提下,推动了西南地区水能资源有序开发,发挥了水资源综合利用效益。西北地区建成了陕西南门沟、安康黄石滩、榆林李家梁、渭南涧峪、神木采兔沟、西安李家河、延安南沟门等枢纽,甘肃引洮工程及九甸峡水利枢纽,宁夏沙坡头、银川西线供水工程,青海引大济湟调水总干渠、湟水北干渠二期、蓄集峡、那棱格勒河水利枢纽,新疆乌鲁瓦提、克孜加尔、阿尔塔什水利枢纽和引额济乌工程,内蒙古尼尔基、引绰济辽、绰勒等大型水利枢纽。塔里木河、黑河、石羊河等重点流域综合治理取得了显著成效,塔里木河持续向下游绿色走廊输水到台特玛湖,初步遏制了塔里木河下游生态日益恶化的趋势,改善了区域环境和塔里木河干流下游的生态与环境。甘肃黑河经过 20 年的调水实践,下游生态恶化趋势得到有效遏制,使得东居延海实现连续 15 年不干涸,绿洲面积扩大近 200 平方公里,保障了全流域的生产、生活和生态用水,促进了流域经济社会的可持续发展,再现了水鸟翱翔、骆驼成群的景象。甘肃省石羊河流域生态恶化趋势得到遏制,阻击了腾格里沙漠与巴丹吉林沙漠的合拢趋势。截至 2020 年 12 月 3日,民勤蔡旗断面过水量达 2.9 亿立方米,干涸 51 年的下游青土湖自 2010 年重现水面以来,水面连年扩大;2020 年 12 月,青土湖水域面积扩大到 26.7 平方公里,形成旱区湿地 106 平方公里,民勤盆地生态环境得到改善。陕西渭河综合治理、敦煌水资源合理利用和生态保护综合治理、艾比湖生态保护等工程都取得了积极进展。西部地区完成了一批大中型病险水闸除险加固,实施了中小河流重点河段治理、山洪灾害预警预报和群测群防体系建设;进一步完善了水文基础设施,加强了防汛指挥系统、中小型水库防汛通信预警系统建设,提高了防汛应急能力。

强化水土保持建设。西部地区着力强化水生态保护,首先是水土保持与生态建设。国家共安排中央投资 120 多亿元用于西部地区水土保持生态建设,占同期全国水土保持中央总投资的近 60%。西部地区水土流失重点治理县达 400 多个,完成水土流失综合治理 4.6 万平方公里,建设骨干坝、淤地坝近 1 万座,水土流失治理步伐明显加快,贫困地区水土流失综合治理、长江黄河上中游、东北黑土区、西南石漠化地区等水土流失重点治理工程和坡耕地水土流失综合治理工程进一步加速。到 2020 年,西部贫困地区完成水土流失综合治理面积 20 万平方公里,建成 3000 万亩高标准梯田。西部地区全面强化各类生产建设项目水土保持监督管理,继续加强贫困地区重要生态保护区、水源涵养区、江河源头区的生态自然修复和预防保护,推进生态脆弱流域和地区综合治理,促进贫困地区生态环境产生大的改观。

民生水利保障有力。国家坚持将保障和改善民生作为西部大开发水利建设的首要目标,不断提高水利基本公共服务的水平,努力保障人民群众的饮水安全、供水安全、防洪安全、生态安全。一是加大农村饮水安全工程建设力度,到 2015 年,已全面解决西部地区农村人口的饮水安全问题,农村饮水安全保障程度和自来水普及率进一步提高。例如,贵州省铜仁、毕节两个水利扶贫试点地区已全部解决了饮水安全问题,建设了一批水电新农村电气化县,扩大小水电代燃料工程建设规模,加快农村水电增效扩容改造,全面解决了无电行政村的用电问题。二是加强了农田水利基础设施建设,完成了一批大型灌区续建配套和节水改造,如四川武都引水,贵州黔中灌区,广西乐滩水库灌区,云南柴石滩水库灌区、麻栗坝灌区,西藏拉洛灌区,内蒙古河套灌区、尼尔基水库灌区、淖勒水库灌区,宁夏沙坡头灌区,陕西石头河、东雷抽黄灌区,青海湟水流域、黄河谷地灌区等,新建水库配套灌区建设力度加大,大力发展高效节水灌溉,加强了牧区水利建设。三是强化了小型水利工程建设,特别是田头水柜、集雨水窖等小型微型水利设施建设。加大了山丘区小水窖、小水池、小塘坝、小泵站、小水渠等“五小水利”工程建设,大力发展节水灌溉。四是开展了重点水土流失区综合治理,实施了黄土高原地区、江河水源涵养区、西南石漠化地区水土保持建设,以及坡耕地水土流失综合治理,加强了小流域综合整治。五是推进水电新农村电气化县建设,因地制宜发展小水电,扩大小水电代燃料规模,解决西部边远地区无电、缺电问题。

加强城市防洪减灾体系建设。加强西部防洪体系建设,黄河、长江、西江等大江大河以及渭河、嘉陵江、乌江、清水河、苦水河等江河重要支流防洪能力进一步提高,中小河流治理和山洪灾害防治措施进一步加强。加强了城市水源工程、调水工程建设力度。云南、贵州、四川、重庆起动了“润滇”“滋黔”“兴蜀”“泽渝”四大工程,建设了一批中型水库,已经发挥兴利效益。例如 2017 年 8 月开工建设的云南滇中引水工程,解决了滇中地区的严重缺水问题,供水范围包括滇中地区 6 个州(市)的 35 个县(市、区),受益人口达 1112 万。加强了防洪工程建设,完成了一批小型病险水库除险加固和一批大中型病险水闸除险加固建设任务。例如广西百色水利枢纽工程竣工运行,使得南宁市的防洪标准由 50 年一遇提高到 100 年一遇,可保护 187.3 万人口和 109.2 万亩耕地。加强了大中城市、重点城镇、中小河流防洪体系建设和界河整治。例如开展了重要大江大河和重要支流流域综合整治,以及拉萨河、年楚河综合治理,提高了西部地区防洪、供水等方面的能力，实现了水资源的合理配置。陕西以渭河等主要河流为骨架，加快推进湖泊、湿地、蓄滞洪区等的建设，实现了关中主要江河湖库的外部连通、内部循环、互为补充，可再现"八水绕长安"的生态盛景。广西百色水利枢纽作为珠江流域重点骨干水库之一，参与珠江"压咸补淡"应急调水，确保了澳门、珠海等地区的供水安全。

建立水资源管理制度。水资源是西部地区经济社会发展最为重要的基础性资源，必须实行最严格的水资源管理制度，全面建设节水型社会。西部大开发战略实施以来，西部地区在建设节水型社会方面，探索了一套行之有效的做法。其一，全面推行用水总量控制、用水效率控制、水功能区纳污控制，加快制定主要江河流域水量分配方案，逐步建立水权制度，严格执行取水许可、水资源论证、水功能区管理、水工程建设规划同意书等制度。宁夏、甘肃等地开展了节水型社会建设试点，对水资源合理开发和科学配置进行了有益探索。例如，甘肃民勤县按照"节水优先、空间均衡、系统治理、两手发力"的原则治沙节水，大力推进节水型社会建设，坚持实行最严格的水资源管理制度，积极推行水资源预算管理、网格化监管、预算执行审计等管理措施，形成了以水权监管为核心的水行政执法网格化管理格局。全县所有农业灌溉机井安装了智能化计量设施，实现取水用水精准计量和智能化、精细化管理，取得了明显成效。近年地下水位恢复上升，基本实现了采补平衡，生态得以修复改善，实现了经济发展、社会稳定、生态改善的目标。其二，加强了对河湖水系和城乡饮用水水源地保护，严格实施水资源统一调度管理，合理调配生活、生产和生态用水。建立健全了"政府牵头、部门联动、分工协作、责任清晰"的工作机制，按照"一个水源地、一套整治方案、一抓到底"的原则，科学谋划，狠抓落实。广西壮族自治区政府印发专项行动方案，将水源地整治纳入打好污染防治攻坚战"1＋4"战役中。四川省在解决水源地环境问题的基础上，进一步优化水源布局，多地实现一网多源供水。其三，加强地下水保护和修复，合理利用地下水，遏制地下水超采。各地政府高度重视饮用水源地建设与保护，采取多项生态恢复措施，对标饮用水安全标准，查漏补缺，聚焦短板，加强生态保护，把"放心水"送到群众家中。其四，加强城乡涉水事务综合管理，积极推进城乡水务一体化管理。落实最严格的水资源管理制度，划定水资源开发利用控制、用水效率控制、水功能区限制纳污"三条红线"区域，加强水资源节约保护，努力建设节水型社会,实现水资源可持续利用。同时,健全完善水利工程质量监控体系,加大监督、检查和稽查力度,完善用水总量控制和水权交易制度,在甘肃、宁夏、贵州开展了水权交易试点。

七、能源建设成效显著

西部大开发战略实施以来,特别是党的十八大以来,创新、协调、绿色、开放、共享的新发展理念是新时代我国经济建设最鲜明的特征。西部地区按照"四个革命、一个合作"的能源发展战略,把发展水电作为能源供给侧结构性改革、加快构建清洁低碳、安全高效的现代能源体系、促进地区发展和生态文明建设的重要战略举措,科学有序开发大型水电,严格控制中小水电,加快建设抽水蓄能电站,加强流域管理,水电建设维持了高速发展的态势,并已步入高质量优化发展和建设与管理并重的新阶段,水电国际合作也迈出了新的步伐。

西电东送成果丰硕。西电东送工程是西部大开发的标志性工程,也是西部大开发的骨干工程。西电东送是指开发贵州、云南、广西、四川、内蒙古、陕西等西部省区的电力资源,将其输送到电力紧缺的广东、上海、江苏、浙江和京津唐地区。2000 年,国家计委提出加快西电东送工程建设的建议,获国务院批准同意。同年 11 月,贵州洪家渡水电站、引子渡水电站、乌江渡水电站扩机工程等第一批西电东送电力项目开工建设,标志着我国西电东送工程的全面启动。西电东送从南到北,从西到东,形成了北、中、南三路送电格局。北部通道主要将黄河上游的水电和陕西、内蒙古坑口煤电送往京津唐地区;中部通道则主要将三峡和金沙江干支流水电送往华东地区;南部通道主要将贵州乌江、云南澜沧江和桂、滇、黔三省区交界处的南盘江、北盘江、红水河的水电资源,以及黔、滇两省坑口火电厂的电能开发出来送往广东。从北线来看,2001 年 6 月,丰万双回 500 千伏线路启动运行;2008 年,西电东送第二通道 500 千伏汗沽双回建成投运,形成了目前南北双通道、四回线的西电东送格局,送电能力也由最初输送 40 万千瓦发展到 400 万千瓦,年送电量由 22 亿千瓦时发展到 260 亿千瓦时,外送电量增长了近 12 倍;截至 2018 年年底,西电东送累计电量约 3956 亿千瓦时,内蒙古成为国家级能源接续基地,西电东送覆盖"三北"地区。从中线来看,随着长江、金沙江规划建设的乌东德、白鹤滩、溪洛渡、向家坝相继建成投产,多年平均发电量①达到 1900 多亿度,相当于两个三峡工程;加上四川水电开发,西电东送的规模将进一步扩大,未来将成为输电规模最大、直流线路最密集的输电通道。从南线来看,云南省电源装机突破了 1 亿千瓦,达 10073 万千瓦,相当于 4.5 个三峡电站的装机容量,居全国第 6 位;以水电为主的清洁能源装机占比达 85%,2020 年全年西电东送电量中清洁能源占比达 84.7%,已建成"十条直流、两条交流"共 12 回大通道向广东、广西、海南送电。另外,云南跨境电网已基本建成,2020 年云南对湄公河流域国家贸易电量达 40 亿千瓦时,同比增长 20% 以上,5 年累计向越南、老挝、缅甸送电超过 1000 亿千瓦时。贵州洪家渡、引子渡、乌江渡电站投产及索风营、黔北、纳雍、安顺电厂二期、贵阳等电厂建成投产,"黔电送粤"送电量大幅增长。开发西部地区的电力资源,实施西电东送工程,既对东西部地区发展具有积极的促进作用,又将西部地区的资源优势变为经济优势,带动地区经济和社会的全面发展,有利于促进边疆地区的繁荣和稳定。由于西部提供的是清洁能源,电价又低,既有利于东部地区改善环境质量,增强经济竞争力,又可以使西部地区把资金更多地转向高新技术产业,促进产业结构调整升级。

专栏

西电东送

我国煤炭资源主要分布在西部和北部地区,水能资源主要集中在西南地区,而东部地区经济发达,但能源资源匮乏,用电负荷集中。西电东送就是把煤炭、水能资源丰富的西部地区的能源转化成电力资源,输送到电力紧缺的东部沿海地区。这有利于将西部能源资源优势转化为经济优势,减轻了环境和运输压力,对于合理配置资源、优化能源结构、促进我国社会经济可持续发展具有重要意义。西电东送是西部大开发的标志性工程。西部大开发 20 年,全面推进了金沙江中下游、长江上游、澜沧江中游、雅砻江、大渡河、黄河上游、南盘江红水河、乌江和黄河北干流等水电基地建设。随着向家坝、锦屏一

---

① 多年平均发电量是指水电站在多年内每年发电量的平均值,是反映水电站效益的动能标准之一。

级、锦屏二级、溪洛渡、瀑布沟、乌东德、白鹤滩、两河口、双江口等大批电站建成投运和内蒙古、陕西、云南、贵州火电基地建成,西电东送形成了北、中、南三路送电大通道。

西气东输喜气惠民。我国西部地区塔里木、柴达木、陕甘宁和四川盆地蕴藏着丰富的天然气资源,约占全国陆上天然气资源的 87%,其中塔里木盆地占比高达 22%。为了更好地促进西部地区的经济社会发展,改善东部沿海地区的生态环境,助力我国经济实现可持续发展,西气东输被提上议事日程。2000 年 2 月 14 日,国务院总理办公会议听取国家计委和中石油关于西气东输工程方案的论证汇报,原则上批准实施西气东输工程。同年 8 月下旬,国务院第 76 次总理办公会议原则上同意西气东输工程管道工程项目建议书。2001 年 12 月,国务院第 117 次总理办公会议通过了西气东输工程可行性研究报告。2002 年 7 月 4 日,西气东输主管道工程全线开工。2004 年 12 月 30 日,全长 4000 公里的西气东输管道全线建成投产,实现了全线商业供气。西气东输是西部大开发的又一座丰碑,开启了我国油气管道建设和天然气工业发展史上的新篇章。经过 20 年的发展,国家累计投入 4000 多亿元、持续建设完善的西气东输工程,运营管道总里程超过 1.5 万公里,是全世界距离最长的管道工程,管网年输气能力超过 1200 亿立方米。工程包括西气东输一线、二线、三线 3 条主干线、40 条以上的支干线、联络线和支线,超过 190 座的站场,使得天然气管道遍布全国,由原来的一条线变成了现在的一张清洁能源大网、绿色动脉。据统计,西气东输工程累计实现天然气管输商品超过 5400 亿立方米,已成为促进我国经济发展、调整能源结构、改善生态环境、造福人民群众的能源大动脉,使全国 5 亿人直接受益。

专栏

西气东输

西部大开发的标志性工程——西气东输一线工程,西起新疆塔里木盆地的轮南,东经甘肃、宁夏、山西、陕西、河南、安徽、江苏、浙江、上海等省区市,全长 4200 公里,于 2002 年 7 月 4 日正式开工。工程建设者继承大庆精神、铁人精神,克服重重困难,艰苦奋战,穿越戈壁沙漠、高山大川,挖填土石方量达 3000 多万立方米,所用钢材达 174 万吨。一线工程于 2004 年 12 月 30 日竣工投产,成为国内第一条高压、大口径、高钢级长距离输气管道,创造了世界管道建设史上的奇迹。截至 2021 年年底,西气东输管道公司运营的管道总里程超过 1.5 万公里,途经 16 个省区市和香港特别行政区,下游分输用户超过 470 家,管网一次管输能力达 1236 亿立方米/年。其中包括西气东输一线、西气东输二线、西气东输三线 3 条主干线管道(宁夏中卫站以东)、40 条以上的支干线、联络线和支线,站场超过 190 座,维抢修队超过 28 支,阀室 480 座,国家石油天然气大流量计量站 2 座。10 余年来,西气东输累计实现天然气管输商品量超过 5400 亿立方米,使天然气在我国一次能源消费结构中的比例提高到 8% 以上,替代标准煤 6.1 亿吨,减排温室气体 7.2 亿吨、粉尘 4.2 亿吨,使全国 5 亿人直接受益,相当于种植了 2.25 个中国国土面积的阔叶林。西气东输产生了可观的经济效益和社会效益,对于调整我国能源结构,改善大气环境质量,促进东西互动,推动西部地区经济社会的发展,促进民族团结和边疆稳固发挥了重要作用。

西部新能源异军突起。西部地区新能源的发展是从西部大开发战略实施后开始的。西部地区可再生能源资源十分丰富,如西北风能资源总的技术可开发量估计在 3 亿千瓦,约占全国陆地风能资源的三分之一。同时,甘肃河西走廊、宁夏北部、内蒙古和新疆南部均是我国太阳能资源最丰富的地区,开发前景十分可观。西部大开发战略实施以来,西部地区依托丰富的风能和太阳能资源,加快发展清洁能源,打造了我国重要的清洁能源基地和新能源装备产业园,取得了显著成效。如甘肃依托资源禀赋,结合发展需要,稳步推进风、光电装机,强化新能源消纳和转化利用,加大新能源电力外送,稳步开发生物质能,有序发展核应用产业,不断提升新能源开发利用水平,推进新能源装备集成化发展。截至 2020 年 6 月,甘肃电网新能源装机 2239.34 万千瓦,新能源装机占电源发电装机的 42.35%;全网新能源发电量达到 201.49 亿千瓦时,同比增长 11.91%。比如宁夏,2012 年被批准为全国首个新能源综合示范区,新能源装机实现了"一年一个台阶、四年翻两番,八年翻三番"的高速发展。截至 2021 年年底,宁夏可再生能源发电装机达到 2881 万千瓦,可再生能源装机占电源装机的 45.68%。再比如青海,绿电产业正成为青海的新名片。2020 年专门为清洁能源外送而建设的特高压线路——从青海跨越 1500 公里直输河南的绿电通道正式投运。截至 2021 年年底,清洁能源发电装机容量达到 3638 万千瓦,清洁能源发电量达 323.77 亿千瓦时,相当于替代原煤 1166 万吨,促进二氧化碳减排 3400 万吨。西部地区聚焦"三区三州"等深度贫困地区,统筹推进新能源开发建设与脱贫攻坚;新能源工程集中向贫困地区倾斜,实行风光互补、畜光互补等模式,惠及近 6 万个贫困村、400 多万贫困户,增加了贫困村和贫困户的收入。西部地区为适应能源转型发展需要,优化发展长江、黄河上游水电基地,发挥水电的调节作用,实现水风光互补,积极探索水电基地向综合能源基地转型发展的新路径。西部"风光独好",正在全力打造清洁能源产业高地,为实现"碳达峰、碳中和"目标贡献力量。

八、城乡面貌发生巨变

基础设施逐步完善。今日的西部大中城市,高楼大厦鳞次栉比,处处绿树成荫,夜晚霓虹灯闪烁,流光溢彩,交相辉映。西部综合交通体系日益完善,优先发展城市公共交通,城市道路系统建设与公共交通建设取得明显成效,城市承载能力进一步增强,城市安全运行效率进一步提高。重庆、成都、西安、昆明、贵阳、乌鲁木齐等大城市和特大城市的快速交通网络正在形成,对西部加快转变发展方式、拉动投资和消费增长,进一步缩小西部地区与东部地区在基础设施建设方面的差距发挥了促进作用。西部地区统筹城市规划、建设、管理,做到产城融合、生态宜居、交通便利;培育壮大了川渝、关中、黔中、滇中等城市群,西安—咸阳、成都—德阳—绵阳、贵阳—安顺、酒泉—嘉峪关等城市一体化取得了积极进展;积极开展了城市绿化美化工程,建设了一批城市公园、城区绿地,城区绿化覆盖率和城市品位大幅提升;有序推进了老旧小区、老旧街区、商圈改造和城中村、城乡接合部的综合整治,加强社区建设。

中小城市发展加快。西部地区积极推进统筹城乡发展,持续推进城镇体系建设和美丽乡村建设,广大城乡地区人居环境全面改善。实施了棚户区改造等一大批项目,先后开展了保障房、移民搬迁安置房、市政设施等一大批公共服务配套项目,城镇人口承载和辐射带动能力显著增强。不断改善广大农村人居环境,大规模实施了新农村建设,家家户户住上了安全住房,水、电、路、气、讯、网等基础设施逐步改善。农村生产生活条件进一步改善,曾经"老少边穷"的西部早已旧貌换新颜。西部地区农村公路路网规模、技术等级、通达深度发生了翻天覆地的变化。截至2021年年末,西部地区公路总里程占全国公路总里程的42.9%,高速公路总里程占全国高速公路总里程的41.3%,路网规模和质量与东中部地区的差距进一步缩小。西部地区具备条件的建制村通硬化路率、通客车率分别达到100%;乡村邮政快递网络不断完善,建制村直接通邮率达到98%。西部偏远地区不通电村的通电问题得到了全面解决,如2020年12月,西藏阿里地区与藏中电网联网工程投运,光和热送到了阿里38万农牧民的家里。党的十八大以来,青藏、川藏、藏中、阿里联网四条"电力天路"拔地而起,西藏电网与全国联网并迈入超高压大电网时代。在国家主电网的"大动脉"分支下,建成了连接西藏千家万户的供电"毛细血管","世界屋脊"织起了一张张"民生网""幸福网""光明网"。

城乡融合发展推进。西部地区实现巩固拓展脱贫攻坚成果同乡村振兴的有效衔接,深入实施乡村振兴战略,进一步做好新时代"三农"工作。实施乡村建设行动,以建设美丽宜居村庄为目标,加强农村人居环境和综合服务设施建设,完善乡村基础设施,推进农村垃圾污水治理、厕所革命和村容村貌提升,建设美丽宜居乡村。深化农村集体产权制度改革,发展新型集体经济。健全城乡融合发展机制,推进农村承包地"三权分置",创新集约高效的产业用地模式。搭建城乡产业协同发展平台,打造城乡产业协同发展先行区。有序推进农业转移人口市民化,积极创建有序流动的人口迁徙制度,持续深化户籍制度改革,畅通城乡人口双向自由流动渠道,优化社区服务保障体系。推动基本公共服务常住人口全覆盖,保障符合条件的未落户农民工在流入地平等享受城镇基本公共服务。

第七章 生态优先:筑牢生态屏障

西部地区的生态地位非常重要,是我国大江大河的源头,森林、草原、湿地、湖泊这些主要的生态载体大多集中在西部地区,而全国水土流失的80%、草原退化的主体也都在西部地区。加强生态环境保护和建设是实施西部大开发的根本和切入点。西部地区先后实施了退耕还林、退牧还草、天然林保护、京津风沙源治理等生态工程,大力增加和恢复林草植被,使得水土流失减少,风沙危害减轻,长江上游、黄河上中游等重点流域生态环境有了明显改善,西部地区的生态安全屏障得到巩固。

一、退耕还林世纪工程

生态恶化敲响警钟。水土流失和土地沙化是我国最突出的生态环境问题,特别是在西北地区,不断加重的水土流失和土地沙化使地区生态环境急剧恶化,导致长江、黄河中下游地区江河湖泊和水库淤积抬高,水患频发,风沙危害加剧。例如1998年,长江、松花江、嫩江流域发生历史罕见的特大洪涝灾害,受灾面积达21.2万平方公里,受灾人口2.33亿,因灾死亡3004人,各地直接经济损失2500亿元。气候异常、降雨集中是直接原因,但生态环境长期遭受严重破坏是重要因素。生态环境日益恶化的状况引起了党中央、国务院的高度重视。1997年8月,中央领导发出"再造一个山川秀美的西北地区"的伟大号召。1999年8月,国务院总理朱镕基提出了"退耕还林、封山绿化、以粮代赈、个体承包"的政策措施。四川、陕西、甘肃三省率先进行了退耕还林试点。2000年1月,中央2号文件将退耕还林列入西部大开发的重要内容,作为西部大开发战略的切入点。2000年1月,国务院西部地区开发领导小组在北京召开了西部地区开发会议,国家林业局介绍了退耕还林还草试点示范方案,并对粮食补助、种苗补助、退耕范围和规模等具体问题提出了建议。会议认为,加快中西部地区发展的条件已经基本具备,时机已经成熟,我国已基本解决了全国人民的吃饭问题,粮食出现了阶段性的供过于求,这是在生态脆弱地区有计划、分步骤退耕还林还草,改善生态环境的大好时机。2000 年 3月,经国务院批准,国家林业局、国家计委、财政部联合发出通知,决定在长江上游、黄河上中游地区开展退耕还林试点工作,在中西部地区 13 个省区市和新疆生产建设兵团 174 个县(团、场)展开,2000 年的工程任务确定为退耕还林还草 515 万亩、宜林荒山荒地造林 648 万亩,由此正式拉开了中国退耕还林还草工程建设的序幕。退耕还林是党中央、国务院从中华民族生存和发展的战略高度,着眼于经济社会可持续发展全局做出的重大战略决策,是西部大开发生态环境保护的重要组成部分,是我国生态环境保护建设史上的一大壮举。

制定完善法规政策。2000 年 1 月,中央 2 号文件将退耕还林等生态建设工程写入这一文件。根据 2 号文件要求和西部地区开发会议精神,我从国家计委投资司调到国务院西部开发办农林生态组工作,立即组织着手起草退耕还林相关政策措施和法规。经过多次实地调研、总结四川、陕西、甘肃三省率先退耕还林试点 2 年多的经验和做法,2000 年 9 月,国家计委和西部开发办向国务院报送了做好退耕还林还草试点工作的建议。当月,国务院印发了《关于进一步做好退耕还林还草试点工作的若干意见》(国发〔2000〕24 号),提出了 6个方面 33 条规定。一是实行省级人民政府负责制,"目标、任务、资金、粮食、责任"五到省。二是国家无偿向退耕农户提供粮食、生活费补助,补助标准为:长江流域及南方地区退耕地每年补助原粮 150 公斤/亩;黄河流域及北方地区退耕地每年补助原粮 100 公斤/亩;退耕地每年补助生活费 20 元/亩;粮食和现金的补助年限按经济林补助 5 年、生态林补助 8 年计算。国家向退耕户提高造林种苗费补助,种苗费补助标准按退耕还林和宜林荒山地造林每亩 50 元计算,直接发给农民自行选择采购种苗,补助款由国家提供。三是健全种苗生产供应机制,加强种苗基地建设,确保种苗的数量和质量。四是依靠科技进步,合理确定林草种植结构和植被恢复方式,合理配置乔灌草。五是加强建设管理,做好前期工作,确保退耕还林还草顺利开展。六是严格检查监督,确保退耕还林还草工程质量。这些规定有力地保障了退耕还林还草试点工作的健康发展。

2001 年,朱镕基在中央经济工作会议上提出,要抓紧制定有关退耕还林的法规,依法开展退耕还林活动,保障当事人的合法权益,巩固退耕还林成果。2002 年,国务院将《退耕还林条例》纳入了 2002 年国务院立法计划,并明确由国务院西部开发办、国家林业局负责起草工作。西部开发办农林生态组和人才法规组组织了起草人员赴各地对退耕还林试点工作中出现的问题进行广泛深入的调查研究,召开专家论证会,对涉及的一些重要问题进行论证,并于 2002 年 5 月形成《退耕还林条例》送审稿,报请国务院审议。同年 12 月,国务院常务会议审议通过了《退耕还林条例》,并于 2003 年 1 月 20 日起正式实施,为退耕还林提供了法律保障。

全面推进退耕还林工程对西部开发办的组织实施工作来说是一个巨大考验。我随曾培炎、李子彬、王金祥、王志宝、段应碧、曹玉书多次到西部调研,不断发现退耕还林工作中出现的一些苗头性问题,认真总结各地开展退耕还林的经验做法,先后召开多次退耕还林现场会议,提出工作要求。根据试点期间出现的一些需要研究和解决的问题,我们有必要对退耕还林政策的措施进一步完善,确保"退得下、稳得住、能致富、不反弹"。我们在总结各地区在退耕还林中积累的宝贵经验的基础上,提出了将退耕还林与农田基本建设、农村能源建设、生态移民、后续产业发展、封山禁牧和舍饲圈养结合的"五个结合"配套措施。2002 年,我们又起草了进一步完善退耕还林政策措施的建议报请国务院。2002 年 4 月 11 日,国务院印发了《关于进一步完善退耕还林政策措施的若干意见》(国发〔2002〕10 号),进一步明确了退耕还林的范围,要求认真落实林权,调动和保护农民退耕还林的积极性,切实抓好政策兑现,确保农民口粮供应,落实"五个结合"各项配套措施,巩固退耕还林成果。2003 年,受全球性自然灾害的影响,国际粮价出现上涨,国内个别城市粮价也出现了上涨。同时,有些退耕户口粮过多,出现了卖掉国家补助粮食以换取现金的现象。我们组织并联合相关部门深入实际调研,提出了进一步完善退耕还林补助办法的意见。自 2004 年起,原则上将补助粮食改为补助现金,中央按原粮 1.4 元/公斤计算包干到省,具体补助标准和兑现办法由省级政府确定。退耕还林"粮改现"后,退耕户比较满意,政策兑现进度也大大加快,保护了农民退耕还林的积极性。

2006年4月，国务院西部地区开发领导小组第四次会议召开，要求进一步统筹研究"十一五"退耕还林政策措施。在充分调查研究的基础上，特别是我们在解剖了宁夏西吉县退耕后出现复耕情况的例子后，向国务院上报了《关于完善退耕还林政策的请示》。2007年7月，国务院下发了《关于完善退耕还林政策的通知》(国发〔2007〕25号)，主要政策为：现行退耕还林补助政策期满后，中央财政安排资金，继续对退耕户给予适当的现金补助，长江流域及南方地区每年每亩补助105元，黄河流域及北方地区每年每亩补助70元。其中还生态林补助8年，还经济林补助5年，还草补助2年；中央财政安排专项资金，主要用于西部地区退耕还林"五个结合"配套建设；每亩退耕地每年发放20元生活补助费，继续直接补助到户，并与管护任务挂钩。2007年，我们又会同有关部门对8年来的退耕还林工作进行了总结，经国务院同意，国家发展改革委、财政部、国家林业局、农业部、国土资源部联合印发了《关于印发新一轮退耕还林还草总体方案的通知》，强调了实施退耕还林的重点地区：一是25度以上非基本农田坡耕地；二是严重沙化耕地；三是三峡库区、丹江口库区及上游区域(即南水北调的水源区)15—25度非基本农田坡耕地。补助标准调整为：退耕还林补助1600元/亩，补助资金5年内分3次下达；退耕还草补助1000元/亩，补助资金3年内分2次下达。党的十八大以来，党中央、国务院又启动了新一轮退耕还林还草工作。

退耕还林成效显著。退耕还林是新中国成立以来造林数量最多、投资规模最大、涉及面最广、效果最显著的重大生态工程。西部大开发战略实施以来，截至2019年，中央财政累计投入5174亿元，退耕还林累计造林5.15亿亩，其中西部地区累计营造林4.03亿亩(退耕地造林1.39亿亩)，占同期全国造林总面积的52%，工程区森林覆盖率提高了3个百分点，同时，国家组织实施了巩固退耕还林成果专项规划，积极推进基本口粮田建设、农村能源建设、生态移民、后续产业发展、补植补造，促进了农民增收，为农民的长远生计提供了保障。部分地区的退耕还林在发挥生态效益的同时，也在产生经济效益，农民人均收入比十几年前翻了几番；太阳能、电磁炉、煤气灶等在农村的广泛使用，使得农民无须再上山砍柴做饭、取暖了；大规模的生态移民，减轻了人口对环境的压力，让脆弱的土地得以休养生息。退耕还林减轻了水土流失和风沙危害，促进了农业结构调整，生态环境得到了显著改善。

　　众所周知,黄土高原是中华民族的重要发祥地,但经人类长期的掠夺式利用,已成为我国生态环境最为脆弱、经济发展滞后的主要区域之一。退耕还林还草促进了黄土高原实现由黄到绿的嬗变,昔日的黄土高原真正披上了绿装。实践证明,黄土高原的发展充分体现了习近平总书记提出的"我们既要绿水青山,也要金山银山。宁要绿水青山,不要金山银山,而且绿水青山就是金山银山"的生态保护与经济发展理念。① 例如,陕西省延安市是我国的革命圣地,是共产党人的精神家园。但那里曾一度是黄河中游水土流失最为严重的地区之一,全市约八成土地存在水土流失问题,每年有 2.58 亿吨泥沙冲入黄河,占到入黄河泥沙总量的六分之一。延安人民决心再造秀美山川,干部群众勇挑重担,一张蓝图绘到底、一任接着一任干。1999 年延安率先实施退耕还林工程,在黄土高原上掀起了一场波澜壮阔的"绿色革命"。经过 20 年的努力,到2019 年,延安黄土高坡披上了绿装,植被覆盖度由 46% 跃升到 81.3%,生态环境发生了翻天覆地的变化,正在焕发勃勃绿色新生机。特别是党的十八大后,延安牢固树立了"绿水青山就是金山银山"的发展理念,生态文明建设突飞猛进。2013 年起,市里又自筹资金开始了新一轮的退耕还林。延安始终坚持人工绿化与封山禁牧相结合,将梁峁沟坡洼统一规划,山水田林路综合治理,变"兄妹开荒"为"兄妹造林"。截至 2021 年年底,延安市累计完成退耕还林面积1077.5 万亩,占陕西省的 26.7%,森林覆盖率由 33.5% 提高到 48.07%,植被覆盖度由 46% 提高到 81.3%,使得陕西的绿色版图向北推移了 400 公里。当地还实施了一批小流域治理、退耕还林口粮田建设、小型农田水利重点县建设、淤地坝建设、土地整理、治沟造地等配套项目,多年来的水土流失问题得到了有效解决,退耕还林前入黄河泥沙为 2.58 亿吨,2010—2018 年年均下降至0.31 亿吨,降幅达 88%;水土流失面积减少了 23%,土壤侵蚀模数由每年每平方公里 9000 吨降为 1077 吨,降幅达 88%。退耕还林在改善了老区群众生产生活环境的同时,也让延安 80% 以上的农民受益,全市退耕户户均补助为 3.9万元,人均为 9038 元。退耕还林促进了生态经济大发展,延安大力发展林果经济、林下经济和森林旅游等新业态,苹果等经济林得到了较快发展,洛川苹果闻名海内外,苹果产业成了延安新的象征。生态好了,越来越多的都市人去

---

① 绿水青山就是金山银山——关于大力推进生态文明建设. (2016-05-09)[2020-04-13]. http://cpc. people. com. cn/n1/2016/0509/c64094-28333779. html? from=groupmessage&isappinstalled=1.

乡村休闲度假,农家乐、乡土体验等旅游项目的开设为村民们创造了新的收入;加之很多农民进城打工,农村家庭收入得到了明显改善,很多人家里也买起了小汽车,延安老百姓的日子过得红红火火。同时,延安积极推进集体林权制度改革,盘活林业资产,多渠道促进农民持续增收。2016 年 9 月,延安市获得中国城市绿化成绩的最高荣誉——"国家森林城市"称号,延安的生态绿色新名片越来越亮丽,实现了生态文明建设的历史性转变。

总之,退耕还林作为世界上最大的生态建设工程,不仅见证了一个民族齐心协力、共筑绿色梦想的决心和意志,而且为应对全球气候变化、解决全球生态问题做出了巨大贡献,成为中国高度重视生态建设、认真履行国际公约的标志性工程。

二、退牧还草再现芳茵

我国拥有天然草原 60 亿亩,约占国土面积的 42%,其中西部地区天然草原面积约 50 亿亩,约占全国天然草原面积的 84%。长期以来,由于自然因素和人为因素,大部分草原超载过牧,草原退化、沙化、盐碱化、石漠化现象严重。为遏制西部地区天然草原加速退化的趋势,促进草原生态修复,从 2003 年开始,国家将退牧还草纳入西部大开发之中,在内蒙古、新疆、青海、甘肃、四川、西藏、宁夏、云南 8 省区和新疆生产建设兵团启动了退牧还草工程。据自然资源部统计,截至 2021 年 8 月,8 省区和新疆生产建设兵团已落实承包草原面积 31 亿亩,约占可利用草原面积的 79%;禁牧面积达 6.03 亿亩,已划定基本草原近 9 亿亩,实行了最严格的保护措施。退牧还草工程对促进草原休养生息,加快自然修复,治理草原沙化,减少水土流失,维护生态平衡和生态安全发挥了重要作用,取得了显著的生态、经济和社会成效,被广大牧民群众赞誉为德政工程、民心工程。

制定相关政策措施。2002 年,在退耕还林实施 3 年并取得初步成效时,我们通过大量调研,向国家计委主任曾培炎、副主任王春正呈报了调研报告,建议实施天然草原恢复工程。该建议得到了领导的采纳,天然草原恢复和建设项目便正式启动实施了,取得了较好的效果。2002 年,内蒙古自治区向国家计委建议,实施天然草原禁牧舍饲。曾培炎主持会议专门听取了内蒙古自治区汇报。从内蒙古的实践看,退牧还草比退耕还林投入少、见效快、覆盖面大,启动这项工程意义重大。8 月中旬,国家计委在北戴河举办暑期研讨培训班,曾培炎主任的秘书林念修让我联系内蒙古自治区安排领导调研。8 月 16—17 日左右,曾培炎带领西部开发办、国家计委的同志(我是调研组成员之一),从北京乘火车连夜赶赴呼和浩特。自治区党委书记储波、主席乌云其木格陪同我们实地察看了乌兰察布四子王旗围封禁牧、生态移民现场,锡林郭勒盟浑善达克沙地治理示范区、中科院草原生态站退牧还草示范区等,我们还与牧民座谈了解情况,并听取了内蒙古自治区的系统汇报。回京后,我开始组织起草启动退牧还草实施意见和相关政策措施,形成意见稿后报国家计委领导。曾培炎主持国家计委主任办公会和西部开发办主任办公会,专题讨论了西部地区退牧还草工程的总体思路、实施范围、补助标准、投资估算以及配套措施。9 月下旬,西部开发办上报了西部地区退牧还草实施意见,提请国务院西部地区开发领导小组讨论。2002 年 10 月 11 日,朱镕基主持召开国务院西部地区开发领导小组会议,决定启动退牧还草工程,并请有关部门抓紧提出实施方案。西部开发办会同国家计委、农业部经过反复研究,形成了退牧还草工程总体思路。同年 12 月,西部开发办由我牵头组织起草了《关于启动退牧还草工程建设的请示》,并上报国务院。12 月底,国务院批复同意。退牧还草工程计划用 5 年时间,在西部地区先期治理 10 亿亩草原,约占西部地区严重退化草原的 40%,主要安排在内蒙古东部、蒙甘宁西部、青藏高原、新疆等 4 大片草原退化严重的地区,通过草场承包到户、以草定畜、禁牧封育、补播草种等方式,尽快恢复草原植被,实现草原永续利用。2003 年 1 月,国务院西部开发办、农业部召开电视电话会议,对启动退牧还草工程进行了全面部署,退牧还草工程正式拉开了帷幕。

经过 2 年的实施,一些新情况、新问题也暴露出来,例如一些省区反映退牧还草围栏建设补助标准偏低,缺少饲草料基地、舍饲圈养等配套措施。经过多次深入牧区调研,召开座谈会和专家会,反复讨论,西部开发办向国务院提出了完善退牧还草政策措施的建议。经国务院同意,西部开发办发布了《关于进一步完善退牧还草政策措施若干意见的通知》,进一步加大了草原生态工程建设力度,草原保护和建设工作迎来了发展的黄金时期。

天然草原恢复明显。截至 2010 年年底,中央累计向退牧还草工程投入基本建设投资 136 亿元,安排草原围栏建设任务 7.78 亿亩,同时对项目区实施围栏封育的牧民给予饲料粮补贴。工程惠及 174 个县(旗、团场)、90 多万农牧户、450 多万名农牧民。牧区生态建设步伐明显加快,禁牧、休牧区的草原得以休养生息,草地质量得到了一定的改善,植被覆盖度和牧草产量都有了明显提高。根据 2010 年农业部的监测结果,退牧还草工程区平均植被覆盖度为71%,比非工程区高出 12 个百分点,草群高度、鲜草产量和可食性鲜草产量分别比非工程区高出 37.9%、43.9% 和 49.1%。生物多样性、群落均匀性、饱和持水量、土壤有机质含量均有提高,草原涵养水源、防止水土流失、防风固沙等生态功能增强。例如,内蒙古自治区拥有草原面积 13.2 亿亩,占自治区土地总面积的 74%,是内蒙古生态环境主体,构成了我国北方一道重要的生态防线,在保护国家生态安全方面具有不可替代的作用。2003—2010 年,国家安排内蒙古退牧还草工程建设任务 21740 万亩,草地补播 5000 万亩。2011—2015 年,国家安排内蒙古退牧还草工程围栏建设任务 5380 万亩,补播 1664 万亩,人工饲草地 311 万亩,棚圈建设 58000 户。退牧还草工程的实施,推动了草原生态建设的全面发展,草原生态总体恶化的趋势明显减缓,项目区生态环境显著改善,植被覆盖度增幅显著,多年生优质牧草比例明显增加,局部地区水草丰美的景观开始显现,草产量总体呈上升趋势。再比如,新疆巴音郭楞蒙古自治州和静县,地处天山南麓,那里的巴音布鲁克草原是我国第一大亚高山高寒草甸草原。和静县着力推进退牧还草,改善草原生态,2003 年至 2017 年实施退牧还草工程期间,全县退牧还草面积达 11 万亩,禁牧休牧 65 万亩,草畜平衡 2751 万亩,并配套实施牧民搬迁、围栏禁牧、草原生态奖补、水源涵养区保护等工作,使巴音布鲁克草原生态保护功能得到了有效恢复,草原生态环境明显改善,牧民收入也不断提高。[①] 从 2011 年开始,国家在西部地区实施草原生态保护补助奖励政策,2018 年,国家又出台第二轮草原保护补助奖励政策,2021 年,国家完善并实施了第三轮草原保护补助奖励政策。截至 2021 年年底,国家累计投入草原保护补助奖励资金 1700 亿元,1200 多万农牧民受益,38 亿亩草原得到休养生息。

促进生产方式转变。实施退牧还草工程,畜牧业基础建设逐步加强、饲草

---

① 让草原更绿,让生态更美——新疆和静县退牧还草工作显成效.(2018-04-30)[2020-04-13]. http://old.xjhj.gov.cn/Item/29846.aspx.

饲料生产能力不断提高;推行禁牧与休牧相结合、舍饲与半舍饲相结合的生产方式,促进了传统草原畜牧业生产方式的转变。一是禁休牧制度的推行,有效调动了农牧民积极调整畜群结构,加快出栏周转,更换牲畜品种,发展舍饲养殖,有力地促进了项目区农牧民收入的增加和草畜平衡制度的落实。二是促进了畜牧业生产的结构调整。例如,甘肃甘南项目区通过实施农牧互补战略,配套建设了一批高效畜牧业科技示范基地、良种繁育基地、牛羊育肥基地,带动了畜牧业生产结构的有效调整。三是促进了牧区生产方式的转变。实施草原围栏、牧草种植、暖棚建设、良种繁育等配套工程,加大了牧草加工、青贮、氨化、暖棚牛羊舍等建设,很多牧区基本实现了舍饲化养殖,并大幅度淘汰了放牧型羊种,引进推广了小尾寒羊等舍饲型品种。加快出栏,缩短饲养周期,农户的收入有了稳步提高。四是牧民传统生产生活方式有了转变。将退牧还草与牧民定居、产业开发以及小城镇建设等有机结合起来,有力地促进了民族地区经济发展。工程实施以来,8 省区和新疆生产建设兵团退牧还草工程县(市、旗、团场),从完全依赖天然草原放牧转变为舍饲半舍饲。例如,新疆大力实施区域性人工种草;甘肃、青海部分地区推行"牧区繁殖、农区育肥"的发展模式;宁夏从 2003 年起实行全区禁牧封育,加大畜群结构调整和畜种改良,加强人工饲草地建设。如今,草原畜牧业正逐步向建设型、生态型的现代草原畜牧业转变。例如,青海泽库县自实施退牧还草以来,加强基础设施建设,牧户基本实现了定居,配套修建了水、电、路等基础设施,广播电视入户,草地植被覆盖度增加了 8%—15%,牧草高度增加了 4—8 厘米,产业结构发生了变化,增收渠道逐步拓宽,生活水平有所提高,牧民观念发生了转变,同时促进了生产生活方式的转变。

牧民收入稳定增长。退牧还草工程实施以来,中央财政发放的饲料粮和补助资金有效增加了农牧民的现金收入。我们在调查中了解到,退牧还草农户的畜牧业收入增长,种植业收入增长,劳务收入也出现了增长,其中补贴收入和生态补偿是增长最快的。工程实施还推动了特色农牧产业及其他优势产业的发展,形成了一批乳、肉、绒等的生产加工基地,增加了农牧民收入。2020年 10 月,西部牧区半牧区牛存栏量占全国牛存栏量的 50%,羊存栏量占全国羊存栏量的 38.1%,奶产品量占全国的 20%。各地积极扶持引导牧区富余劳力转产转业。随着工程的持续开展,很多退牧户转而从事其他产业,还有的退牧户外出务工。内蒙古、新疆、西藏等牧区大力发展绿色第三产业,草原旅游业快速兴起,进一步拓宽了牧民的增收渠道,同时也增强了牧区防灾减灾的能力。工程实施以来,天然草原生产能力得到了恢复和提高,牧区抵御自然灾害的能力进一步提升。北方牧区在近年的旱灾雪灾中,项目区的围栏、牲畜暖棚、人工饲草料基地为抵御灾害发挥了重要作用。例如,内蒙古牧区常年饲草料储备达 220 亿公斤,过冬羊单位[①]平均贮草达到 225 公斤,过冬羊单位棚圈面积达到 1.1 平方米,大小畜繁殖成活率达 98% 以上,冬羔、早春羔比重已达62%,成幼畜死亡率大幅降低。

三、重点区域生态治理

青海三江源自然保护区。三江源地区是长江、黄河、澜沧江的发源地,素有"中华水塔"之称,是我国重要的水源涵养区及生态安全屏障。20 世纪 70年代起,由于自然和人为因素影响,三江源地区生态加速退化,鼠害严重,黑土滩不断扩张,不少河湖干涸。2005 年,西部大开发启动了三江源生态保护和建设一期工程,开始对三江源生态环境进行修复和保护。一期保护工程实施后,三江源草地面积净增加 123.7 平方公里,水体与湿地面积净增加 279.85平方公里,荒漠生态系统面积净减少 492.61 平方公里。2014 年 1 月,三江源生态保护和建设二期工程启动,实施面积从一期的 15.23 万平方公里增加到39.5 万平方公里。2015 年,三江源又率先启动国家公园体制试点。国家公园总面积为 12.31 万平方公里,占三江源面积的 31.16%。2016 年,三江源国家公园体制试点中创新性地设置了生态管护公益岗位,实现"一户一岗",管护员优先从贫困户中选择,每户 1 名,培训上岗后按月发放报酬,年终进行考核。截至 2021 年 12 月,三江源国家公园管理局设置生态管护公益岗位 17200 多个,实现全面"一户一岗",户均年收入增加 21600 元,生活水平逐步提高。2017 年 8 月 1 日,《三江源国家公园条例(试行)》正式施行,为三江源国家公园建设提供了法律保障。2018 年 1 月 17 日,经国务院同意,国家发展改革委印发了《三江源国家公园总体规划通知》(发改社会〔2018〕64 号)。随着总体规划的发布,三江源国家公园管理规划和生态保护、生态体验和环境教育、产业

---

① 过冬羊单位为衡量草原生产力的一项指标,即一年内放牧一头成年绵羊所需牧草地的亩数。

发展和特许经营、社区发展和基础设施等专项规划相继出台,各项管控措施开始落地实施。据遥感监测结果显示,三江源地区沙化土地植被覆盖度已由生态退化最严重时的 33.36% 提高到如今的近 40%,产草量达 3082 千克每公顷,乔木、灌木林的郁闭度及蓄积量均呈增长态势。截至 2020 年 3 月,三江源的水源涵养量年均增幅达 6% 以上,草地覆盖度、产草量分别比 10 年前提高了 11%、30% 以上。如今绿染三江源,千湖重归来,蓝天如涤,群鸟翱翔。

青藏高原江河水源涵养区。该区域包括祁连山、环青海湖、三江源、四川西部、西藏东北部水源涵养区,开展了以提高水源涵养能力为主要内容的综合治理,着力保护草原、森林、湿地和生物多样性,扎实推进以三江源、祁连山和西藏等区域为重点的生态安全屏障保护与建设。例如,青海湖是中国最大的内陆高原咸水湖,是维系青藏高原东北部生态安全的重要水体,也是控制西部荒漠化向东蔓延的天然屏障。经过多年生态环境保护与综合治理的加强,2021 年青海湖湿地面积较 2012 年增加了 1.35 万公顷,草原综合植被覆盖度达到 76%,高密度植被覆盖面积扩大了 21.33 公顷,沙地、裸地、盐碱化土地面积减少了 3960 公顷。生态保护成效正在日益凸显,青海湖水位正持续上升,已连续 15 年上涨,达到了 3196.62 米,截至 2021 年 3 月,青海湖水位较 5 年前增长了 1.8 米,水域面积已恢复至 20 世纪 60 年代水平,生态系统和生物多样性得到了有效保护,水环境重要指标多年来保持稳定,青海湖生态环境持续向好。再比如,甘南黄河重要水源补给生态功能区的生态保护与建设工程。甘南藏族自治州拥有大面积的草原、森林和湿地,占黄河全流域 4% 的面积。补给区平均海拔 3000 米,土地总面积 3.06 万平方公里,占甘南州土地总面积的67.9%。区内有大面积的高寒湿地、草地和森林等自然资源,在涵养水源、调节洪峰等方面起着十分重要的作用。补给区补给了黄河总径流量 11.4% 的水量,成为黄河重要的水源补给区和黄河、长江上游的河源区、"中华水塔"的重要组成部分。由于全球气候变暖、人口增加和经济社会快速发展,区内生态环境急剧恶化。尽快保护与建设甘南黄河重要水源补给生态功能区,不仅是维系甘南州生态平衡、促进区域经济社会可持续发展的需要,也是促进民族地区稳定、维护国家生态安全、建设生态文明、保障黄河中下游地区经济社会可持续发展的重大战略措施,是一项关系民族生存、造福子孙后代的德政工程。2006 年,我牵头带队到甘南调研,深入基层了解情况,开始编制甘南黄河重要水源补给生态功能区的生态保护与建设规划,并得到了西部开发办领导的支持。2007 年 12 月 4 日,国家发展改革委批复了《甘南黄河重要水源补给生态功能区生态保护与建设规划》。该规划估算总投资 44.51 亿元,其中申请国家投资 29.18 亿元,地方配套及自筹 15.33 亿元,实施期为 2006 年至 2020 年。这是甘南有史以来规模最大的工程。2007 年 12 月 20 日下午,甘南合作市举行了甘南黄河重要水源补给生态功能区生态保护与建设项目启动仪式。到 2012 年,甘南黄河重要水源补给生态功能区完成游牧民定居工程 1.46 万户、7.4 万人;建设养殖小区 59 个、暖棚 1.5 万座;综合治理草原鼠害 104.9 万公顷,综合治理沙化草原 116 万亩;治理流动沙丘 3.55 万亩,占流动沙丘 12.23 万亩的 29%;治理重度沙化草地 10.69 万亩,占沙化草地 67.77 万亩的 15.77%;开展小流域综合治理 125 平方公里;建立青稞生产基地 25 万亩、良种繁育基地 2.5 万。生态环境明显改善,有效保护草原面积 6000 多万亩,草场区域牧草平均覆盖度增加了 12.8%,生产能力提高了 69.9 千克/亩,全州草原植被综合覆盖度达到 96.78%;林地面积增加了 100 万亩,森林面积净增 134 万亩,森林蓄积量增长 540 万立方米,森林覆盖率提高了 4.53 个百分点,达到 24.38%;尕海湖面积逐年扩大,湿地面积达到 800 万亩,一些珍稀濒危野生动物物种栖息地得到了有效保护。甘南黄河重要水源补给生态功能区建设极大地改善了甘南藏族自治州的生态环境,提高了黄河水源涵养能力,促进了区域的经济社会可持续发展。项目区广大农牧民群众的生产生活水平有了较大提高,生产生活方式发生了较大转变,生态保护的观念已深入人心。

黄土高原水土保持区。该保持区包括陕西北部及中部、甘肃东中部、宁夏南部及青海东部黄土高原丘陵沟壑区。该区域内重点开展了黄土高原地区综合治理规划,开展了以防治水土流失为主要内容的综合治理,大力开展了植树造林、退耕还林、封山育林育草、淤地坝建设,加强小流域山水田林路综合整治。例如,黄河干流在陕西省境内全长 719 公里,流域国土面积、人口、经济总量分别占全省的 65%、76% 和 87% 左右,是陕西省生态保护和经济社会发展的核心区域。黄河流域陕西段承担了全省 83% 以上的工业用水和 78% 以上的生活用水,污染防治任务重。陕西省于 1999 年率先开展退耕还林还草试点,现已圆满完成国家下达的各项退耕还林建设任务,探索总结出了"山上缓坡修梯田,沟里淤地打坝堰,高山远山种树木,近村阳坡建果园,弃耕坡地种牧草,荒坡陡洼种柠条"的综合治理方式,大力实施水土流失治理、重点水源工程建设等工程,启动了黄河粗泥沙集中来源区治理工程等,为三秦大地生态环境和农民生活的改善做出了突出贡献。全省森林覆盖率由退耕前的 30.92％增长到 43.06％,净增 12.14％;有效治理水土流失面积 9.08 万平方公里,绿色向生态脆弱的陕北地区延伸了 400 多公里;野生动物种类增多,大熊猫、朱鹮等珍稀动物种群扩大,鹰、狼、狐狸、金钱豹等飞禽走兽重新出现,生态状况和人居环境得到进一步改善。昔日的"黄土高坡"尘土飞扬,如今变得天蓝、山绿、水清、人富。目前,全省 1000 万退耕农民人均累计获得退耕补助 3776 元,大量农村劳动力从粮食生产中解放出来,开始从事种植业、养殖业、设施农业、农村工商业或者外出务工,拓宽了增收渠道,收入稳步增长,加快了农业产业结构调整步伐。

宁夏积极推进黄河宁夏段河道治理工程,实施"三山"(贺兰山、六盘山、罗山)生态保护和修复工程。北部绿色发展区以黄河为轴,建设贺兰山东麓绿道绿廊绿网,构建北部农田湿地防护林体系;中部封育保护区实施锁边防风固沙工程,综合治理退化沙化草原,建设乔灌草相结合的防护林体系;南部水源涵养区实施黄河支流小流域综合治理,持续推进天然林保护、三北防护林、退耕还林还草等国家重点工程,加大植树造林力度,保护森林资源和生物多样性,建设水源涵养和水土保持林体系。通过政府引导、项目带动、社会和群众广泛参与,采取政策优惠、资金扶持、技术指导、法律保障等多种措施,宁夏山水田林路草进行了统一规划、综合治理,取得了重大成效。截至 2021 年年底,宁夏全面推行林长制,森林覆盖率已达到 16.91％,草原植被覆盖度平均提高了30％以上,生态环境显著改善,为筑牢祖国西北生态安全屏障做出了贡献。

甘肃聚焦祁连山生态环境问题整治,先后制定出台了多项方案,按期完成了整改任务,流域水源涵养能力有了显著提升,并在绿色发展的全新定位中,探寻符合自身实际的产业转型之路。习近平总书记对此给予了"由乱到治、大见成效"的评价。甘肃还加大了黑河流域生态环境整体保护、系统修复和综合治理力度,推动全域生态环境持续改善,下游水系和生态环境恶化趋势得到了有效遏制。截至 2017 年年底,黑河张掖出口的正义峡断面累计下泄水量185 亿立方米,进入额济纳绿洲水量达 104 亿立方米,圆满完成了国家的分水目标,为下游生态安全做出了巨大贡献。台特玛湖、居延海重现碧波荡漾,两岸胡杨林恢复了勃勃生机。石羊河流域治理工程加快推进,民勤地区局部生态环境有所改善。

西南石漠化防治区。石漠化被称为"地球的癌症",是我国岩溶地区最严重的生态问题。西南石漠化防治区包括贵州、云南东中部、广西西北部、四川南部、重庆东部等区域,该区域是珠江源头区、长江流域重要的水源补给区,也是南水北调水源区,生态地位十分重要。2008年,西南开始石漠化综合治理工程试点,开展了封山育林与人促修复相结合、植被恢复与特色产业发展相结合、岩溶景观资源开发与生态旅游相结合、水土保持与基本农田建设相结合、石漠化草地建设与生态畜牧业发展相结合等治理模式,把石漠化综合治理与促进经济社会发展和群众增收有机结合,打好石漠化治理攻坚战。通过实施植被恢复、水土保持、生态移民等一系列治理措施,石漠化整体扩展的趋势得到了初步遏制,由过去的持续扩展转变为净减少,西南喀斯特地区的生态状况呈现出良性发展态势。

贵州省在"十三五"期间,治理石漠化土地733.5万亩,治理面积为全国第一。贵州将石漠化综合治理与发展林业产业相结合,其中包括种植茶叶754.1万亩、刺梨207万亩、核桃611万亩、果树林583.3万亩,有效带动林农增收致富,取得了生态效益和经济效益双丰收。全国第二次石漠化监测结果显示,2018年,贵州石漠化土地面积为3705.2万亩,比2012年减少55.4万公顷,面积减少18.31%,呈现出石漠化面积减少、程度减轻发展的趋势;主要河流出境断面水质优良率达100%,森林覆盖率提高到57%,生物多样性得到了有效保护。例如,毕节是贵州省石漠化集中分布区域,石漠化分布范围广、面积大,并涵盖了全省乃至全国岩溶石漠化的主要类型,既有岩溶峡谷与高原石漠化典型区,也有石灰岩与白云岩石漠化典型区,类型复杂,成因多样。由于过去的陡坡耕地种粮问题尚未得到根本解决,石漠化呈扩展趋势。针对石漠化严重、人民生活贫困、自然灾害频繁等问题,毕节紧紧围绕"开发扶贫、生态建设、人口控制"三大主题,统筹协调人口、生态与经济之间的矛盾,对石漠化区进行了综合治理,以恢复和扩大森林植被为中心任务,以遏制水土流失为工作重点,以改善全区生态环境和提高国民经济综合发展能力为主要目标,创造出"山上植树造林戴帽子,山腰搞坡改梯拴带子,坡地种植绿肥铺毯子,山下发展庭院经济抓票子,基本农田集约经营收谷子"的"五子登科"综合治理模式,实行山、水、林、田、路的综合治理,生物措施、工程措施和农耕措施并举,生态建设和粮食生产统筹推进,取得了一些成功的经验。截至 2020 年年底,毕节治理石漠化面积 1878.6 平方公里,森林覆盖率达 60%,被评为"全国石漠化防治示范区"。昔日的荒山秃岭,今日生机盎然,"绿水青山"与"金山银山"双峰竞秀。毕节虽然在退耕还林工作中减少了 20% 左右的耕地(减少的均为 25 度以上坡耕地和沙化耕地),但粮食总产量却由 103.8 万吨增加到 272.3 万吨。

重要森林生态功能区。该功能区包括秦巴山、武陵山、四川西南部、云南西北部、广西北部、西藏东南部高原边缘森林综合保育区,重点开展了以森林生态和生物多样性保护为主要内容的综合治理,加强自然保护区、天然林资源、野生动植物和湿地保护。

云南被称为"动植物王国",是全球的生物多样性集聚区和物种基因库。云南在"十三五"期间,牢固树立"绿水青山就是金山银山"的理念,完善《云南省生态保护红线划定方案》,实行山水林田湖草综合治理,持续推进森林保护、石漠化治理、自然保护区建设与监管等,筑牢生态安全屏障。突出抓好大气污染防治、土壤污染治理修复、县城以上集中式饮用水水源地保护治理等,尤其突出抓好以九湖为重点的水污染防治。深入推进水、土地、矿产等资源的节约集约利用。加强生态文明宣传教育,推动形成节约适度、绿色低碳、文明健康的生活方式和消费模式。主动融入"一带一路"建设,积极与周边国家开展跨境生态环境保护合作。截至 2021 年年底,云南省林地面积已增加到 3.7 亿亩,森林蓄积量增加到 20.67 亿立方米,森林覆盖率提高到 65.04%。其中,完成营造林 3847.7 万亩,退耕还林还草和陡坡地生态治理 1286.7 万亩,石漠化综合治理 538.4 万亩,防护林建设 60.9 万亩,退化草原修复 410 万亩,退牧还草 238.2 万亩,年均义务植树 1 亿株以上,林草资源总量大幅增加,质量明显提升。已建立各种类型、不同级别的自然保护区 161 个,总面积约 286 万公顷,占全省土地总面积的 7.3%。

西藏牢固树立了 2021 年 7 月习近平总书记在西藏考察时批示的"绿水青山就是金山银山、冰天雪地也是金山银山"的理念①,坚持把生态保护作为全

① 切实保护好地球第三极生态——西藏深入学习贯彻习近平总书记在西藏视察时重要讲话重要指示精神之生态篇。(2021-09-12)[2021-09-23]. http://www.tibet.cn/cn/news/zx/202109/t20210912_7061280.html.

区三件大事之一，积极推进天然林保护、天然草地保护、退牧还草、自然保护区建设、湿地保护、防沙治沙等生态环境保护与建设工程，加强生态文明建设，确保西藏生态环境质量持续向好。根据西藏自治区生态环境厅发布的《2020 年西藏自治区生态环境状况公报》，2020 年西藏生态环境质量状况总体保持稳定，西藏仍然是世界上生态环境质量最好的地区之一。澜沧江、金沙江、雅鲁藏布江、怒江干流水质达到《地表水环境质量标准》Ⅱ类标准；拉萨河、年楚河、尼洋河等流经重要城镇的河流水质达到Ⅲ类标准；发源于珠穆朗玛峰的绒布河水质达到Ⅰ类标准。拉萨市、日喀则市、山南市、林芝市、昌都市、那曲市和阿里地区环境空气质量均达到《环境空气质量标准》二级标准；珠穆朗玛峰区域环境空气质量继续保持在优良状态。西藏已建成各类自然保护区 47 个，保护区总面积 41.22 万平方公里，占全区土地面积的 34.35％，绝大多数保护物种种群数量恢复性增长明显，森林覆盖率提高到 12.14％。

20 年多来，西部地区天然林保护取得了显著成效。据林草局统计，截至 2019 年年底，中央财政投入西部地区天然林保护资金约 4000 亿元，累计完成公益林建设 2.75 亿亩、后备森林资源培育 1220 万亩、中幼林抚育 2.19 亿亩，天然林保护取得了巨大生态、经济和社会效益。西部地区天然林得以休养生息，许多工程区退化的森林植被逐步恢复，消失多年的狼、狐狸、金钱豹等重新出现，为建立以国家公园为主体的自然保护地体系奠定了牢固的基础。

四、环境保护成效明显

西部地区坚持以改善生态环境质量为核心，着力打好污染防治攻坚战，全面实施大气、水、土壤污染防治三大行动计划，空气质量和地表水质量有了明显改善，土壤环境质量保持总体安全清洁。

水污染治理是西部地区环境治理的重中之重。西部大开发战略实施以来，西部水污染防治工程在积极推进，水环境不断改善，部分流域水质有了显著改善。以西北诸河和西南诸河为例，水质明显改善，水质均为优。三峡库区及其上游、丹江口库区及其上游水质保持稳定，黄河中上游水污染防治取得了积极进展，滇池水质恶化的趋势得到了控制。例如，云南大力推进以长江为重点的六大水系保护修复攻坚战。六大水系出境跨界断面水质 100％稳定达标,保持Ⅲ类以上水质。265 个国控省控断面水质优良率为 84.5%,同比上升 0.7 个百分点,纳入国家考核的 100 个地表水断面水质优良比例为 78%。九大高原湖泊水质稳中向好,抚仙湖、泸沽湖水质为Ⅰ类,阳宗海、洱海为Ⅲ类,滇池草海、程海为Ⅳ类,滇池外海、杞麓湖、异龙湖为Ⅴ类,星云湖劣于Ⅴ类。州市级城市集中式饮用水水源地达标率为 97.9%,县级以上集中式饮用水水源地水质达标率为 98.9%。

西部地区重点污染源治理不断加强,节能减排取得了重要进展,循环经济试点建设积极推进。2020 年 6 月 10 日,国务院新闻办召开新闻发布会,发布了《第二次全国污染源普查公报》,提到西部地区主要污染物排放量有所下降,化学需氧量和二氧化硫排放量分别比 2017 年第一次全国污染源普查减少了 4.6% 和 5.6%,酸雨次数明显减少。广西空气质量优良天数比例达 91.7%,九洲江污染治理成为跨省区流域环境治理的典范,南宁那考河生态综合整治项目荣获"中国人居环境奖"。2019 年,云南全省空气环境质量持续保持优良,16 个州市政府所在地城市空气质量优良天数比例达 98.1%。宁夏工业园区污水处理实行全集中、全覆盖,城镇污水处理设施全部达标排放。重庆城市集中式饮用水水源地达标率为 100%,连续 4 年排在全国前列。西部地区城镇环保设施不断改善,农村面源污染治理取得初步成效。

第八章 产业跃升:增强发展动能

西部地区坚持发挥比较优势,深入实施以市场为导向的优势资源转化战略,发挥科技创新的引领带动作用,走新型工业化道路,大力提升产业层次和核心竞争力,着力建设国家能源、资源深加工、装备制造业、战略性新兴产业基地和大型清洁能源基地,提高西部农牧业现代化水平,积极发展旅游、文化产业。特色产业和新兴产业已发展成为西部经济加速发展的新引擎。

一、能源产业加速发展

我国是能源消费大国之一,煤炭在能源消费结构中的比重已超过75%,这样的结构在今后相当长的时期内难以改变。西部地区的能源储量十分富集,煤炭保有储量占全国的80%—90%。这些资源集中分布在陕西、内蒙古、新疆、宁夏、贵州、云南等省区,那里是国家大型煤炭基地的集中分布区,拥有世界罕见的神府东胜等特大型煤田。西部地区大型煤炭基地建设已初见成效,国家着力调整优化能源开发布局,煤炭产业不断向西部地区转移,西部产业集中度明显提高。西部地区重点建成了鄂尔多斯盆地、蒙东、西南、新疆等国家重点能源基地,安全、稳定、经济、清洁的现代能源产业体系基本形成,大幅度提升了我国的能源保障水平。随着一大批大型、特大型安全高效矿井的建成投产,国有重点煤矿采煤机械化和掘进机械化程度分别达到了98%和92%,达到全国先进水平。西部地区建成了陕北、黄陇、蒙东、神府东胜、宁东和新疆等一批煤炭基地,云南、贵州的煤炭基地发展进一步优化。西部地区建成了一批千万吨级安全高效矿井,例如内蒙古已建成投产千万吨级以上现代化煤矿近20座,平均单井产能200万吨;陕西已建成红柳林、柠条塔等十几个千万吨级特大型矿井;宁夏已建成安全高效矿井13个,在羊场湾、梅花井、枣泉、红柳等矿井建成无人值守系统；新疆全区规划矿井 368 个，储备了一批百万吨、千万吨级的大型、特大型煤矿项目。西部地区积极推进煤炭绿色开采利用，建成了一批露天煤矿；建成了一批百万千瓦装机大型坑口清洁高效燃煤电站和电力外送通道，推进了煤电一体化发展。西部地区煤制油、煤制天然气、煤制乙二醇、煤制烯烃等新型煤化工的技术开发和产业化快速推进，例如宁东能源化工基地成功投产，煤制烯烃和煤制二甲醚示范项目正式运行。西部地区加强了煤矿瓦斯、煤矸石、矿井水等煤炭伴生资源清洁高效利用和煤层气、页岩气等非常规天然气勘探开发力度。

内蒙古经过煤炭资源整合、企业兼并重组，煤炭企业发展成效明显。神华、中电投、国电等央企控股煤炭企业，伊泰、伊东、蒙泰、汇能等自治区煤炭企业发挥管理、技术、人才、融资优势，先后重组了区内的部分煤矿企业，促进了大型企业快速发展。陕西调整产业结构成效明显，积极培育壮大陕煤化集团、延长集团等企业，新组建了陕西能源集团、陕西榆林能源集团，形成了以神华、陕煤化亿吨级企业和陕西能源、榆林能源、延长等千万级企业的大型企业集团开发格局。新疆大力实施优势资源转化战略和大型企业大集团发展战略，全国百强煤炭企业、煤炭产量 50 强企业中，约有一半已到新疆发展，成为新疆煤炭开发的主导力量。随着石油、天然气资源勘探开发力度的加大，西部地区已初步形成了新疆、青海、陕甘宁、川渝的石油天然气及其化工基地，黄河上游、长江上游水电基地，陕北、蒙西、宁夏和云贵等煤炭、煤化工基地。

西部地区可再生能源和新能源快速发展，风光水火储一体化发展得到积极推动，建成了蒙西、蒙东、甘肃酒泉、新疆哈密等一批千万千瓦级风电、太阳能光伏发电示范基地。例如，内蒙古在阿拉善、巴彦淖尔、包头、乌兰察布、锡林郭勒、兴安、呼伦贝尔等盟市建成了一批集中风电项目；在呼和浩特、乌海、兴安、通辽、赤峰等盟市建成了一批分布式风电项目；在乌兰布和、腾格里沙漠、毛乌素沙地、浑善达克沙地、戈壁区域建成了一批集中连片太阳能项目；在包头、乌海等盟市建设了煤炭、有色金属采空区，并发展了一批集中连片太阳能发电项目。贵州依托已有的大型水电基地，打造乌江、北盘江、南盘江、清水江水风光一体化千万千瓦级可再生能源开发基地。截至 2019 年年底，青海新能源装机容量占比达到 50%，甘肃新能源装机容量占比达到 42.2%。西部新能源建设的提速，不仅促进了西部地区的经济发展，而且为东部地区输送了经济、高效、清洁的能源,对东西部优势互补、协调发展起到了积极作用。

西部地区不断深化能源工业运行机制改革,健全完善水火发电权交易机制,平衡水电火电利益关系,促进能源产业链均衡协调发展;健全煤电联营机制,推动燃煤电厂与煤炭企业通过合资、互相持股等开展煤电联营,完善电煤等煤炭产品储备制度,建设了一批煤炭储备、物流中心和分品种煤炭储备基地;健全可再生能源消纳责任制,不断拓展能源区域合作;深入实施西电东送战略,深化与东中部地区和周边省区市开展能源合作。

二、资源加工优化提升

西部地区的资源型产业是地区经济快速发展的原动力,同时西部地区也是我国最为重要的资源输出与储备基地。西部大开发战略实施以来,特别是党的十八大以来,西部地区各省份的经济增长速度名列全国前茅,这是由西部地区自身优势和外部机遇所共同决定的。而随着经济的快速发展,地方财政与资源型企业经过长时间的原始积累,以及对资源市场的不断开拓,已经为社会经济结构优化和资源型产业转型打下了坚实的物质基础。

矿产资源基地建设。西部大开发战略实施以来,西部地区加强了能源和矿产资源勘探力度,实现找矿突破,形成了一批重要的矿产资源开发后备基地,建立了重要的矿产资源储备体系。在新一轮国土资源大调查中,西部地区累计发现矿产地 800—900 余处,其中大型、特大型 140 余处,新增资源包括煤炭 1500 亿吨、铁矿石 50 亿吨、铜 3800 万吨、钾盐 4.6 亿吨,以及其他矿产资源。西部地区初步形成了西藏念青唐古拉山有色金属、藏中铜矿,滇西北有色金属,新疆东天山有色金属、祁漫塔格有色金属、罗布泊钾盐、北方可地浸砂岩铀矿、阿吾拉勒铁矿、乌拉根铅锌,青海大场贵金属矿等基地,并在新疆、内蒙古、陕西、四川等地油气勘探中取得了一系列突破性成果,发现了一批石油、天然气、煤炭资源后备基地。这些基地主要分布在地质工作程度比较低的地区,新增了一批矿产资源储备量,可形成新的战略资源接续地,对于西部大开发具有重要意义。

西部地区基于丰富的矿产资源,有条件地发展特色优势产业,建设国家能源基地、资源深加工基地、装备制造业基地、战略性新兴产业基地,有利于西部地区将资源优势转化为经济优势,促进西部地区的经济社会快速发展。例如,新疆依托矿产资源,可大力发展特色优势产业;依托石油、天然气资源,可发展石油化工产业;依托煤炭资源,可发展煤电、煤化工,实施"疆煤东运";依托罗布泊钾盐资源,可发展钾肥产业;依托有色金属资源、稀有金属、铁矿资源,可发展资源深加工、钢铁业、战略性新兴产业。同时,新疆积极融入"一带一路"建设,加快建设丝绸之路经济带核心区,充分利用毗邻中亚五国的地缘优势,建设国家能源基地、资源深加工基地、装备制造业基地、战略性新兴产业基地。

西部大开发战略实施以来,西部有色金属、稀土、钾盐、磷矿石、铁矿石等资源开采及加工都取得了积极进展,如云南的铜、广西和贵州的铝、四川的钒钛、陕西的钼、甘肃的镍、宁夏的钽铌铍、内蒙古的稀土、青海的钾盐等。例如,新疆建成了克拉玛依独山子、乌鲁木齐、南疆、吐哈等石油石化产业发展基地,以及独山子石化乙烯基地。2008 年,国家开发投资公司罗布泊钾盐公司钾肥基地年产 120 万吨的硫酸钾工程建设完成;2014 年,二期项目年产 300 万吨的工程也已经建设完成并投产。阿吾拉勒铁矿引入首钢集团和宝钢集团投资开发,已经形成年处理 640 万吨铁矿石的生产能力。新疆还招商引进神华、华电、国投、大唐、华能等 60 余家大企业、大集团参与煤炭资源的勘探开发,为"疆煤外运""疆电东送"战略的实施提供了充足的资源保障。

总之,西部地区加强重要矿产资源勘查,科学合理开发利用优势矿产资源,推动优势矿产的开发和深加工,发展矿资源领域的循环经济,大力推进优势资源的开发利用,促进西部特色资源优势转化为经济发展优势,走出了一条符合西部地区特点的新型工业化道路。西部地区已形成陕西、宁夏、内蒙古、贵州、新疆等煤炭生产、煤电一体化和煤化工基地,新疆、川渝、陕甘宁、青海、内蒙古石油天然气开发及石油天然气化工等能源生产及能源化工基地,广西、贵州、云南、四川、甘肃等有色金属综合开发利用基地,内蒙古稀土工业综合开发、研究和生产基地,青海柴达木、新疆罗布泊钾盐和云南、贵州磷肥生产基地,广西防城港、甘肃酒泉、贵州六盘水、四川攀枝花等钢铁基地,西安、成都、重庆等高技术产业和战略性新兴产业基地,新疆、内蒙古、甘肃、宁夏、云南等植物纤维和农副产品生产加工基地。

轻纺工业加速发展。西部地区着力推进轻纺工业结构调整和产业升级,重点发展纺织服装业。总体上看,西部棉纺行业发展质效逐步提高,投资结构趋于优化，产业集聚态势更加突出，形成了新疆、宁夏、陕西、四川的棉纺基地，新疆、内蒙古、宁夏、青海的毛绒纺织基地，四川、重庆、广西、陕西、云南的丝绸基地，四川、重庆、甘肃的化纤纺织基地。但西部地区也面临着产品结构单一、生产竞争能力弱、人力成本上升、环保要求提高等挑战。例如，新疆棉花产量占全国的 60%，是全国最大的棉花生产基地，具备发展纺织服装业的产业基础。2015 年 6 月，国务院发布了关于新疆纺织服装产业发展促进就业的指导意见，提出新疆在充分利用现有棉纺产能的前提下，高水平、高起点适度扩大棉纺产能，着重提高混纺纱线的比重，提升产品质量、档次和生产效率，有序推进产业进程，有效承接我国东中部地区的产业转移，到 2020 年，将新疆建成国家重要的棉纺产业基地、丝绸之路核心区服装生产基地、向西出口的集散中心。党的十八大以来，新疆棉纺织业获得了长足发展。如今，新疆的棉纺织业正从棉花、纺纱向下游的织布、印染、针织、服装以及辅料、辅机等方面扩展延伸，形成了乌鲁木齐-昌吉、石河子-奎屯、库尔勒-尉犁、阿克苏-阿拉尔、喀什等产业集聚区。截至 2021 年年底，新疆已承接国内其他省区市 1100 家纺织服装企业来疆投资设厂，其中有上市公司超过 10 家，重点引进东中部地区优势品牌企业、全产业链龙头企业入疆发展，如华孚、如意、雅戈尔、金昇、即发、红豆等国内知名企业。随着"一带一路"建设的深入推进，不少内地企业竞相入驻新疆，以新疆为基地辐射中西亚和欧洲市场，新疆正在成为新的进出口产业集聚区。

酿酒产业加快发展。长江上游与赤水河流域交界三角地带位于亚热带，气候温湿，水量充沛，并处于群山合围、相对封闭的盆地式环境之中，常年温差和昼夜温差小，湿度大，日照时间短，具备酿制美酒所需的条件。这里是中国最著名的美酒集聚地，沿岸仁怀、宜宾、泸州三地相邻，在这片方圆约 5 万平方公里的地带，孕育了茅台、五粮液、泸州老窖、郎酒等中国名酒品牌，同时这里的白酒产业集群也扛起了中国白酒产业的半壁江山。

其中，茅台酒有着神秘悠远的历史，被誉为"国酒"，是风格最完美的酱香型大曲酒之典型，其酒质色清透明、酒味醇香馥郁、入口柔绵、清冽甘爽、回香持久、品后回味悠长。新中国成立以来，无数次重大活动上，茅台酒都被当作国礼赠送给外国领导人。自古而今，向往茅台、赞美茅台的文人墨客不计其数。茅台犹如中国发给世界的一张飘香的名片，将中华酒文化的魅力展示给了世界。五粮液以"香气悠久、口味醇厚、入口甘美、入喉净爽、各味谐调、恰到好处、酒味全面"的独特风格闻名于世,以独有的自然生态环境、独特的酿造工艺,成为当今酒类产品中出类拔萃的珍品,堪称"中国酒业大王"。泸州老窖传承浓香高贵的血脉,历史悠久。其味浓香四溢、沁人心脾、绵甜净爽、尾净香长,被誉为"浓香鼻祖,酒中泰斗"。

近年来,贵州、四川着力打造贵州遵义和四川宜宾、泸州"白酒金三角"生产基地,建设长江上游白酒经济带,进一步巩固和提升了川黔白酒在中国白酒业的地位和比重,推动了中国白酒产业发展和结构性调整,推进民族传统产业走向世界。2019 年,四川白酒年产量达到 366.8 万千升,占全国的比重超过30%。除此之外,水井坊、剑南春、贵州醇、董酒、习酒、清酒等 10 多种名酒已进入国际市场,陕西的西凤、新疆的伊犁特、甘肃的九粮液、西藏和青海的青稞酒在当地也享有很高声誉。西部地区大力实施以茅台为重点的名牌带动战略,大力培育传统名优白酒,加大科技创新,实现了白酒产业的持续发展,质量和效益稳步提高。

又例如宁夏贺兰山东麓葡萄酒产业带。宁夏贺兰山东麓位于北纬 37°～39°,它与法国著名的波尔多葡萄酒的产区处于同一纬度区间,是世界葡萄种植的黄金地带。在这里,日照充足,昼夜温差大,黄河灌溉便利,砂石土壤富含矿物质,产出的葡萄具有香气浓郁、色素形成良好、糖酸度协调等特征,适宜酿出优质葡萄酒,一批批新的酒庄如雨后春笋般涌现。2020 年 6 月,习近平总书记在宁夏考察时强调,宁夏要把发展葡萄酒产业同加强黄河滩区治理、加强生态恢复结合起来,提高技术水平,增加文化内涵,加强宣传推介,打造自己的知名品牌,提高附加值和综合效益。宁夏认真贯彻落实习近平总书记的重要指示精神,着力发挥自身优势,大力提升品牌价值,聚力打造领军企业,尽全力提供优质高效服务,努力把宁夏打造成为世界知名的葡萄酒之都。截至 2021年年底,宁夏戈壁滩已是藤蔓万顷,葡萄飘香,成为我国最大的酿酒葡萄集中连片产区,全区酿酒葡萄种植面积达到 52.5 万亩,拥有酒庄 211 家,年产葡萄酒 1.3 亿瓶,综合产值达到 300 亿元。贺兰山东麓葡萄酒产区影响力日益凸显,产业带动力持续放大,产品竞争力显著增强,已经成为宁夏的一张亮丽名片。2021 年 5 月,国务院批复同意建设宁夏国家葡萄及葡萄酒产业开放发展综合试验区。宁夏规划到 2025 年,酿酒葡萄基地规模达到 100 万亩,年产优质葡萄酒 24 万吨以上,实现综合产值 1000 亿元;力争到 2030 年,酿酒葡萄基地规模达到 150 万亩,年产优质葡萄酒 45 万吨,实现综合产值 2000 亿元。宁夏国家葡萄及葡萄酒产业开放发展综合试验区规划面积 502.2 平方公里,其中核心区 108 平方公里,重点推行引种引技、产权融资、人才培养等方面的政策,创新示范标准对接、国际营销、生态保护、产业融合等模式。辐射区 394.2 平方公里,主要承接推广核心区先行先试成果和成功经验的任务,在开放合作、产业融合、综合改革、绿色发展等方面与核心区配套联动,扩大示范效应,努力打造引领宁夏乃至中国葡萄及葡萄酒产业的对外开放、融合发展的平台和载体,为中国西部地区特色产业深度开放、"一品一业"促进乡村振兴提供借鉴和样板。另外,甘肃古丝绸之路嘉峪关市的紫轩酒业也是一个耀眼的亮点,那里拥有宏伟的葡萄园、最大的酒窖。该企业强化科技创新,发挥优势,不断提升营销水平和紫轩的品牌形象,力争将紫轩酒业打造成为全国一流的著名品牌。

三、装备制造成效明显

西部地区的装备制造业已经形成门类齐全、各有特色、具有相当规模和水平的产业体系,是西部各省区市的支柱产业之一,在国民经济中占有重要地位,对各地经济增长贡献显著。西部大开发战略实施以来,西部地区的装备制造业取得了重大进展,尤其是党的十八大以来,国家推进"一带一路"建设和长江经济带发展,增强了中西部地区与东部沿海地区的经济联系,拓展了中西部地区对外开放的空间。西部地区深入实施《中国制造 2025》行动纲领,以提高制造业创新能力和基础能力为重点,推进信息技术与制造技术的深度融合,促进制造业朝高端、智能、绿色、服务的方向发展。西部的后发优势已变得愈发明显,除了自身资源富集的优势外,交通基础设施和营商环境也得到了极大的改善,中欧班列的班次和运力也在不断增加,与国际市场直接相连的国际大通道正在加速形成。近年来,西部地区持续探索智能产业的发展路径,加快工业互联网布局,大力建设智能车间、智能工厂,已形成良好发展势头,有望成为我国智能化发展新的增长极。

传统产业加快升级。西部地区牢固树立"创新是引领发展的第一动力"的发展理念,一方面抓传统产业转型升级,另一方面抓新兴产业培育壮大,深入实施创新驱动发展战略,优化科技资源配置,发挥科技创新的引领带动作用,积极培育创新主体,做强产业链,做优产品链,拓宽市场链,传统产业升级加快,改造提升力度加大,基础工艺、基础元器件研发和系统集成水平以及重大技术装备自主化、成套化、产业化水平进一步提高。传统产业逐步向中高端升级,紧紧围绕建设国家能源、资源深加工、装备制造业和战略性新兴产业基地的基础地位,实施了一批制造业重大技术改造升级工程,一批企业瞄准国际同行业标杆全面提高产品技术、工艺装备、能效环保等水平,产业转型迈出了新步伐。西部地区形成了重庆、西安、德阳、成都、自贡、宜宾、昌吉、银川、南宁、西宁等重大电力装备生产基地,包头、柳州、重庆、西安、宝鸡、天水、石嘴山、昆明、贵阳、泸州、资阳等工程机械、轨道交通装备及配套生产基地,德阳、兰州、宝鸡、西安、榆林、克拉玛依等石油化工设备及石油钻套设备生产基地,重庆、成都、西安、柳州、包头、乌鲁木齐等汽车及汽车零部件生产基地,重庆、银川、西安、宝鸡、成都、天水、昆明、贵阳、西宁等数控机床研发生产基地。

工业增速明显加快。2019 年,面对国内外风险挑战明显加大的复杂局面,西部地区经济运行总体保持平稳,工业经济运行出现回升向好趋势,生产稳步回升,利润状况好转,产能利用率提高,主要经济指标基本高于全国平均水平,规模以上工业增加值比前一年增长 7.9%,比东部地区高 10.6 个百分点。西部地区工业增加值占全国工业的比重,已由 2000 年的 13.6% 上升到 2018 年的 18.0%,提高了 4.4%。2019 年,贵州省规模以上工业增加值同比增长 9.6%,比前一年提高了 0.6 个百分点,分别高于全国和西部地区 3.9、3.4 个百分点。贵州的工业增加值自 2010 年以来增长了 199.69%,增速位居全国第二,同时,贵州也是 2011—2020 年经济发展最快的省份之一,这与贵州的工业和特色产业加速发展有关。有了工业和特色产业的快速发展,贵州的经济发展驶入了快车道。

高科技产业发展加快。西部地区创新基础薄弱,提升空间较大。"十三五"期间,西部地区加快关键技术研发和成果转化,不断加大技术研发投入力度,以促进新技术、新产业、新业态的发展,科技创新投入由 2016 年的 1.24%提升至 2019 年的 1.39%,提升了 0.15%。然而,西部地区科技投入比全国平均水平低了 1.14%,仍然具有较大的提升空间。西部地区在"一带一路"建设和众多政策利好的共同推动下,工业转型升级步伐明显加快,高科技产业布局和产业结构优化升级加快,成为吸引中外资本前来投资兴业的热土,并在全球价值链中形成了自己的价值分工和特色地位。

近年来,随着我国高科技产业和战略性新兴产业发展水平的不断提升,西部地区积极探索高科技产业发展,不断完善产业基础,有力促进了高科技业的高质量发展,尤其是陕西、重庆、四川的通信设备、计算机设备、化学产品和电气机械和器材等产业得到了快速发展。近年来,重庆以大数据智能化引领产业转型升级,确定了以大数据、人工智能、集成电路、智能硬件、智能网联汽车等智能产业为重点的发展领域,向芯、屏、器、核、网全产业体系全面发力。重庆工业机器人产业基地、5G自动驾驶示范运营基地和5G自动驾驶公共服务平台在重庆仙桃国际大数据谷正式投用,传统制造业向智能制造加速迈进,指尖政务"渝快办""智慧生活"平台落地应用,重庆高科技产业和智能产业加速崛起。重庆在相关方面的主要做法包括以下几点。

一是优化科技资源配置,加快构建以企业为主体、市场为导向、产学研相结合的技术创新体系。围绕大数据智能化、电子信息、汽车摩托车、人工智能、大健康产业等重点领域,重庆陆续引进、设立了电子科技大学重庆微电子产业技术研究院、英特尔FPGA(中国)创新中心、联合微电子中心、华润微电子功率半导体技术创新中心、阿里云(重庆)创新中心、中冶赛迪技术研究中心有限公司、重庆精准医疗产业技术研究院有限公司、重庆海润节能研究院等研发机构,强化企业创新主体地位,促进创新要素向企业集聚,提升企业技术创新能力,发挥重点企业创新引领的支撑作用,引进培育科技型企业,努力打造创新创造的生力军。同时,聚焦关键重点,明确科技创新主攻领域,创造更多科技供给,更好地服务经济社会发展和民生改善,以科技创新催生新发展动能。加快科创平台建设,丰富完善"一城多园"模式,高水平建设西部(重庆)科学城,高标准打造两江协同创新区,高起点创建广阳湾智创生态城,高质量推进特色产业园区发展,高效率推动"一区两群"协同创新。

二是加大引进高技术产业。重庆已有投资约100亿元的华润微电子12英寸晶圆生产线、投资约600亿元的重庆紫光芯云产业城等重大项目、投资超过100亿元的腾讯西部云计算数据中心二期工程,加上已经投产的SK海力士、万国半导体等项目,到2019年6月,重庆集成电路企业已超过40家,初步形成了集设计、晶圆制造、封装测试、原材料配套于一体的集成电路全链条生态体系。重庆抓住智能化机遇,多方吸引了瑞士 ABB、德国库卡等国内外 150余家机器人及智能装备企业,国家机器人检测与评定中心等机构也落户重庆,已初步形成机器人全产业链。阿里巴巴旗下的阿里云、B2B、零售通、口碑、大麦、阿里影业、蚂蚁金服、菜鸟等公司的所有业务板块也已全部在渝布局。这些企业布局重庆后,不仅实现了自身的快速发展,还有力带动了重庆传统产业转型升级,成为重庆经济迈向高质量发展的重要引导力量。

三是加大改造,提升传统产业。重庆大力推动工业企业开展智能化技术改造。例如,宗申集团摩托车发动机总装生产线在进行智能化改造后,工人减少逾半数,生产过程中数据采集量提升了 10 倍;上汽红岩重卡通过大力研发应用智能化技术,接连推出市场热销产品,重型卡车销售量占到了全国工程自卸车行业 20％左右的份额。据重庆市经信委介绍,2019 年重庆推动 1250 家企业实施智能化改造,平均生产效率提高了 50％以上。再比如,西安正努力打造我国"西部硅谷",2000 年后西安的半导体产业逐步发力,成为我国半导体产业的重要一极。主攻高端存储芯片市场的三星(中国)半导体有限公司在西安落地,带动了 100 多家相关配套企业落户西安高新区,其配套的企业已涵盖化工、原材料制造、集成电路设计、封装测试等多个方面,完善了西安的半导体产业链。未来规模将超千亿级的半导体产业集群,已在西安显出雏形。

总体上讲,西部地区产业呈现出向中高端发展的趋势,科技进步对经济增长的贡献率明显提升,企业创新主体地位得到进一步加强,创新和创业平台建设系统基本建立,以关中、成渝为核心的创新型城市群基本形成。

四、新兴产业有所突破

战略性新兴产业是引领国家未来发展的重要决定性力量,对我国形成新的竞争优势和实现跨越发展至关重要。西部大开发战略实施以来,西部地区加快结构调整和自主创新,以新一代信息技术、节能环保、生物、新材料、新能源、新能源汽车等为代表的战略性新兴产业发展迅速,技术创新加快,规模不断扩大,一大批发展潜力大的优质企业和产业集群涌现出来,成为引领西部经济高质量发展的重要引擎。

"十三五"以来,西部地区大力发展战略性新兴产业,新材料、高端装备、生物医药、新能源汽车、节能环保、信息技术等产业不断发展壮大。例如,重庆、四川、陕西等地的战略性新兴产业增加值年均增速超过 16%,增速快于全国平均水平。

2019 年,重庆全年工业增加值达 6656.72 亿元,同比增长 6.4%,其中高新技术产业增加值占比 19.2%,形成了以电脑、芯片、云计算与大数据、通信设备与物联网、软件与服务外包、智能穿戴等为核心的信息产业集群,以及以乘用车、摩托车、液晶面板、金属材料、医药等为核心的产业集群。

2020 年,四川全年工业增加值达 13401 亿元,同比增长 7.9%,其中高新技术产业增加值占比 29.2%,形成了以 IT 制造、软件、新型显示器件、新一代信息技术等为核心的产业集群,以整机、航空发动机、大部件、航电、新材料等为核心的航空装备产业集群,以核电产品、大型铸件、大型水电机组、大型火电机组、汽轮机等为核心的高端能源装备产业集群。

陕西形成了整机制造、航空专业装备、航空维修、航空营运、航空培训等航空产业集群,输变配电设备、系统集成、新能源、电器综合服务等智能电气装备产业集群,重型汽车、新能源汽车、变速器等新能源汽车产业集群。尽管西部地区战略性新兴产业有所突破,但仍然存在企业创新主体地位有待提高、创新驱动力发展能力提升不明显、企业科技产出占比低于全国平均水平等问题,距离东中部地区有明显差距。

航空装备成绩喜人。西部地区的航空产业具有良好的基础和发展优势。从航空装备产业链区域分布情况看,我国航空装备产业链重点集中于陕西、四川、贵州等地。西部大开发战略实施以来,西部航空产业凭借着市场需求持续高涨的环境机遇和政策优势,推动了产业的进一步发展。

陕西是我国大中型飞机设计、研发、试飞、生产的重要基地。依托其雄厚的航空产业资源,陕西搭建了我国航空产业发展的平台,推进航空产业链、创新链"双链融合",打造了专业化、现代化、国际化的航空产业聚核区,有西部超导、宝钛股份、三角防务、西部材料等航空金属原材料企业,有天和防务、中航电测、晨曦航空等机械设备制造企业,有航空发动机龙头企业中国航发、中国重要的军用航空装备整机制造集团中航西飞等关键部件企业。特别是阎良航空基地发展势头强劲。国家重大国防工业项目——运-20、民航重大工程——

新舟 700 均落户阎良。阎良航空基地作为全国唯一的以航空为特色的经济技术开发区,完成了 8 平方公里的开发建设,623 所、西安航空学院等大型航空企事业单位先后落户,入区企业达到 400 余家,引领带动作用日益显现。

成都高度重视和大力支持航空航天产业发展,目前已经形成"整机—发动机—大部件—航空电子—地面设备"的航空制造产业链,航空维修、航空运营、航空商业能力均处于全国领先水平。未来成都将加快航空优势产品示范应用和产业化,打造特色突出、创新力强、拥有知名品牌的航空产业集群,建成国家民用航空产业研发、制造和维修基地,成为国际航空产业重要节点城市。

贵州安顺市是"三线建设"较早的集聚区,以航空为主体的 011 基地主要分布在安顺市,云马飞机制造厂、双阳飞机制造厂、风雷航空军械公司、飞机设计研究所、试飞机场等飞机生产和试验的主要企业等也集聚在安顺。安顺拥有专业完备、配套齐全、全产业链的飞机及发动机整机研制生产线,是国内重要的航空产业基地之一。目前,贵州通过贵飞工业联合体打造航空产业平台,构建起集研发设计、制造生产、试验试飞、培训服务等为一体的航空全产业体系。

重庆市初步搭建了通航产业"制造＋运营＋服务"、运输航空业动力"整机＋零部件"、新型复合金属材料"研发＋制造＋供应链"的全产业链发展格局,航空产业发展迅猛,前景光明。

五、特色农业稳步推进

我国西部地区地域辽阔,光、热、水、土资源丰富,物种资源多样,具有发展特色农业的优势和潜力。经过多年的发展,西部地区特色农业已有一定的基础。实施西部大开发战略和农业结构战略性调整,为发展西部地区特色农业提供了有利的机遇和广阔的空间。2015 年至 2019 年,西部地区第一产业产值从 17362 亿元增加至 22470 亿元,占全国的比重从 28.5% 上升至 31.9%,西部地区农业发展稳步推进,农业迈上了新台阶。

特色种植业产品发展潜力大。西部地区特色种植业产品生产历史悠久,产品品质好,质量高,具有进一步发展的潜力。西部各地进一步调整和优化品种、品质结构,抓住特色农业这个关键环节,以发展有机、绿色、无公害农产品为导向，以特色、优质、高效的农牧产品精深加工为重点，重点解决影响特色农产品规模化生产和农副产品精深加工的主要问题，提高市场竞争能力。

四川大力发展粮油等特色优势农业，2019年全省粮食播种面积9419万亩，粮食产量达3498.5万吨；经济作物播种面积5119.8万亩，油菜籽产量实现18年连续增产；已初步形成川西"稻菜""稻菇"轮作产业带、川西南茶叶产业带、龙门山脉优质红心猕猴桃集中发展区。重庆市初步形成了以涪陵、黔江为主的蚕桑产业区，以永川、荣昌为主的笋竹产业带，以九龙坡、北碚为主的花卉苗木产业区。广西和云南的烟叶、甘蔗、罗汉果、茶叶、橡胶、鲜切花、咖啡等产量位居全国前列。黄土高原地区加大了退耕还林力度，大力调整农业结构，积极发展经济林果业，推动果品加工业发展。甘肃、新疆大力发展集约化的绿洲农业，在稳定粮食、棉花等主要农作物播种面积的基础上，积极发展享有盛誉的番茄、葡萄、哈密瓜、香梨、苹果、啤酒花、枸杞等特色农产品。西藏、青海河谷地区积极发展油菜、青稞等特色种植业。目前，西部地区已经形成新疆的棉花生产基地，广西、云南的甘蔗生产基地，内蒙古、新疆的甜菜生产基地，云南、贵州的烟叶生产基地，西北地区的苹果、葡萄等优质水果基地，西南地区的亚热带、热带水果基地，云南等地的花卉、橡胶生产基地，甘肃、内蒙古等地的马铃薯和优质胡麻、油葵等特色油料作物的生产基地，内蒙古等地的畜牧业生产基地，云南、广西、贵州等地的中药材及民族药材种植基地，等等。西部地区在全国优质农产品产业的重要地位已经形成。

同时，西部地区推进了一批特色农产品标准化生产示范基地，通过加强小型农田水利设施、良种供应设施、技术服务体系、质量检测体系和机械化作业服务体系等的建设，对特色农产品生产实行全程标准化管理，提高产品质量，创建特色品牌。

特色园艺产品争奇斗艳。西部地区具有特殊的物种和气候资源优势，园艺产品品种繁多，特色突出，发展潜力大。这些产品大多数为劳动密集型产品，能够大量吸纳农村劳动力就业，增加农民收入。西部地区积极采用优良品种和先进实用的栽培技术，改造园艺产品的传统生产方式，提高产品档次，形成了一定的生产规模。

例如，云南花卉业经过20多年的发展，取得了突飞猛进的成绩，确立了在全国花卉业中的领先地位和全国花卉市场的中心地位。近年来，云南花卉产业在继续重点抓好鲜切花发展的基础上,加快新品种引进、选育,加强加工、保鲜等设施建设,加大了地方特色花卉、绿化观赏苗木的发展力度并取得了较好的成效。昆明斗南花卉市场是亚洲最大的花卉市场,每天吸引成千上万的客商蜂拥而至,每天的鲜花交易量为 350 万—600 万支。以斗南花卉市场为核心,云南已形成完整的花卉产业链,鲜切花市场份额约占国内大中城市的70%。云南省将其花卉产业按功能划分为"六大核心区",包括以嵩明、红塔、通海等地为重点的花卉种业核心区,以呈贡、晋宁、泸西等地为重点的鲜切花核心区,以楚雄、大理、保山等地为重点的地方特色花卉核心区,以沾益、安宁、宜威等地为重点的加工用花卉核心区,以宜良、开远、弥勒等地为重点的绿化观赏苗木核心区,以大理、丽江、腾冲等地为重点的花卉旅游核心区。

甘肃省具有特殊的物种和气候资源优势,园艺产品品种繁多,特色突出,发展潜力大。这些产品大多数为劳动密集型产品,能够大量吸纳农村劳动力就业,增加农民收入。2019 年,在中国北京世界园艺博览会"甘肃省日"活动上,一系列极具甘肃特色的园艺造型,如莫高窟景屏、反弹琵琶、航天工程、起伏祁连、紫斑牡丹,体现了甘肃的文化特色和地域潜质,给人留下了深刻印象。

随着西部地区农业结构的不断优化,园艺产业也得到了快速发展,园艺种植面积与人均占有量均不断提高,园艺产业将成为西部农村致富的重要产业之一,特别是观赏园艺正在向产业化经营方向发展,并带动交通运输业、旅游业和农业规模化、现代化发展。例如云南红河哈尼族彝族自治州元阳哈尼梯田、红河县宝华镇撒玛坝万亩梯田景,展示了"森林—村寨—梯田—水系"共构的农业生态系统;广西桂林龙胜县龙脊梯田、贵州黔西南州万峰林山地、青海海北州门源县万亩油菜花海、新疆伊犁薰衣草花海等等,均已成为著名旅游景点,每年吸引成千上万的游客前去观赏。

草业和草地畜牧业发挥重要作用。草业是生态产业,是兼顾生态效益、经济效益和社会效益的产业。草业和草地畜牧业在西部农业结构调整、生态环境建设中发挥着重要作用。西部地区是我国传统的优质牛羊及肉兔等草食家畜的主产区。在建立基本草原保护制度,进一步加大对天然草原的保护和建设力度的基础上,西部地区依托丰富的草原资源,大力发展畜牧养殖基地,重点发展乳制品、肉产品加工、草业以及饲草加工等,半农半牧区积极发展秸秆养牛和特色畜禽类生产,建设西部地区绿色食品加工基地;通过退牧还草,调整畜群结构,改良畜群品种,提高优质肉牛、肉羊比重,加快发展优质细毛羊,稳定发展绒山羊,改革传统的养殖方式,大力推行舍饲半舍饲,繁育优良牧种,提高畜产品商品率,促进了国内畜产品供应的基本平衡。内蒙古、新疆、宁夏等省区特色种养业规模不断扩大,质量稳步优化,畜产品品牌影响力不断提升,市场认可度不断提高。西南地区,包括喀斯特地区合理开发利用南方草山草坡资源,转变畜牧业发展方式,带动了西南草业发展。同时,西部地区草地畜牧业的良种体系、防疫体系和冷链设施建设均取得了积极进展。

特色农产品加工业发展加快。发展特色农产品加工业是提高农业附加值、带动特色农业发展的重要手段。西部地区面向市场,以骨干企业为龙头,将西部特色初级产品变为特色加工产品,大力发展特色农产品加工业,提高特色农产品的附加值,推进农业产业化。西部地区主要的农产品优势产区加工基地建设取得了明显进展,以新疆棉花和水果、黄土高原苹果、桂滇甘蔗、西南茶叶和辣椒、西北葡萄和枣类、西南西北马铃薯等为代表的特色农业产业带基本形成,以粮油制品、乳制品、肉制品、果蔬制品等为主、具有地方特色和民族特点的农产品加工业体系初步形成。西南地区基本建立了猪肉及其产品加工基地和生猪交易基地;西北地区和内蒙古建立了牛羊肉及其产品加工业基地和传统农牧区的奶源基地。西部地区积极推进优质棉花生产基地建设,稳步扩大棉纺加工能力,形成了新疆、宁夏棉纺基地;发挥西部地区生物资源优势,积极发展林浆纸一体化工业,形成了广西、云南林浆纸一体化基地;实现中药材栽培、种植、加工的产业化和集约化,发展特色药品和生物制药,形成了云南、广西、贵州、甘肃、宁夏、内蒙古等中药材加工基地,发展了藏、蒙、维、傣、彝、苗等特色民族医药工业,还有云南、贵州、四川等地有机烟叶、酿酒,以及内蒙古羊绒、新疆羊毛等加工基地。西部特色农产品原产地独特的资源条件和地理环境具有不可替代的自然垄断性,是保证特色农产品质量的前提。西部地区按照"一县一品""一村一品"的战略,积极申报地理标准产品,着力发展具有地域独特性的积极作物、草食畜产品、高原冷凉蔬菜和高原夏菜产业,并开展了建立健全特色农产品原产地保护方面的法律、法规工作,组织开展特色农产品区域划定、原产地命名、品牌标注等工作,实行依法保护,提高特色农产品的知名度和信誉,保证质量和特色。

　　经营主体多元发展。农业产业化龙头企业是把资源优势转化为经济优势的重要载体。西部大开发战略实施以来,西部地区积极落实国家扶持重点龙头企业的各项政策,依托特色农产品标准化生产基地建设,培育了一批从事特色农产品加工、销售等的农业产业化龙头企业。同时,西部地区积极培育各类市场中介组织,发挥其在技术服务、产品销售方面的作用,推进农业产业化经营,形成了普通农户、专业大户、家庭农场、农民合作社、农业企业等多种经营主体的格局。

　　以云南省的花卉产业为例,2019 年云南省有花卉企业 2100 多家,其中省级农业产业化重点龙头企业 30 余家,花农合作组织近 500 家,花农 20 多万户,花卉从业人员 100 余万人。特色农业经营主体之间的多种合作经营模式促进了特色农业快速发展。除了各经营主体独自经营外,各地还涌现出了“公司＋农户”“合作社＋农户”“公司＋合作社＋农户”“合作社＋基地＋农户”“公司＋基地＋园区＋农户”等多种合作模式。

　　内蒙古依托地理标志农产品区培育特色农产品专业市场,探索出“地理标志＋龙头企业＋农户”“地理标志＋龙头企业＋生产基地＋专营店”的经营模式,以地理标志为纽带,将分散的农户与农业企业有效联结起来,推动家庭经营向采用先进科技和生产手段的方向转变,推动统一经营向发展农户联合与合作,形成多元化、多层次、多形式经营服务体系的方向转变。

　　四川、重庆农业农村改革开放一直走在全国前列。2019 年,重庆和成都两地再次作为国家城乡融合发展试验区,继续在建立农村集体经营性建设用地入市制度、完善农村产权抵押担保权能和搭建城乡产业协同发展平台等方面做出大胆探索。四川省生猪、水禽、兔、蜂群等的养殖规模均位居全国第一,油菜产量位居全国第二,茶叶产量位居全国第四,蔬菜产量位居全国第五。重庆则拥有中国最大的晚熟柑橘基地和橙汁加工基地,以及全球最大的榨菜种植加工基地。重庆和成都是中国较早推行农村改革的城市。2007 年,重庆和成都分别设立国家统筹城乡综合配套改革试验区,探索从根本上打破城乡二元体制机制的路径,并在一系列体制变革上做了积极探索。近年来,四川和重庆分别加快建设现代农业产业体系,在提升粮油、蔬菜、生猪三大保供产业发展水平,打造柑橘、草食牲畜、生态渔业、中药材、茶叶、调味品等现代特色农业产业方面,不断加强对内合作和对外开放合作。“一带一路”建设高质量发展和中欧班列的开通,为加快川渝两地的名优特农产品"走出去"提供了便利。川南临港片区、果园港国际物流新城、青白江国际农产品进出口贸易中心、青白江国际农产品物流园、江津综合保税区等一系列农业对外开放合作平台和交流窗口应运而生,形成了"战略平台＋园区平台＋功能平台＋活动平台"的开放平台体系。

六、旅游产业快速发展

西部地域辽阔,旅游资源独特,拥有"世界屋脊"青藏高原、雄奇壮阔的冰川峡谷、横断山区"三江并流"、风光无限羌塘高原、广袤苍凉的大漠戈壁、沟壑纵横的黄土高原、波涛汹涌的九曲黄河、美丽壮观的长江三峡……还有世界奇迹秦始皇陵兵马俑、东方艺术宝库莫高窟、绵延万里的丝路古道……西部自然景观与人文景观交相辉映,市场广阔,潜力巨大,是我国旅游资源最为富集的地区之一。西部大开发战略实施以来,西部地区旅游产业快速发展,已成为西部地区的重要产业,对促进农民增收和脱贫致富、推进生态环境和文化的保护、促进民族团结和边疆稳定、实现区域协调发展发挥了重要作用,对区域经济具有较强的贡献力,在经济中的产业地位日渐突出。

西部旅游发展迅速。旅游业是西部地区的综合优势产业。随着交通基础设施和接待条件的不断改善,西部地区旅游产业规模持续扩大,旅游经济快速增长,产业体系不断完善,竞争能力显著提高,综合带动效应进一步增强。据统计,2010—2018年西部的游客数量、旅游收入增速均高于东部沿海地区,显示了西部地区旅游业在西部大开发战略实施带动下获得了较快的发展。

其中,在西南的成都、重庆、昆明、贵阳等旅游胜地,旅游业快速增长。2010年,成都接待游客总量和旅游总收入分别为673.8万人次和600亿元;2019年,这两项数据分别为2.8亿人次和4663.5亿元。2010年,重庆接待游客总量和旅游总收入分别为1.61亿人次和917亿元;2019年,这两项数据分别为6.57亿人次和5734亿元。2010年,昆明接待游客总量和旅游总收入分别为3557万人次和284.8亿元;2019年,这两项数据分别为1.86亿人次和2733.6亿元。2010年,贵阳接待游客总量和旅游总收入分别为3940.8万人次和425.96亿元;2019年,这两项数据分别为2.29亿人次和3098亿元。

经过这些年的发展和建设,特别是国家的大量投入,西部地区的基础设施等得到了改善,但是在全国范围内西部地区仍然处在欠发达的位置上,旅游产业的发展仍然需要政策支持、资金投入和人才培养。

旅游设施建设显著提升。西部大开发战略实施以来,西部地区加强旅游基础设施建设,重点建设了旅游景区的道路,开通了一批重点景区旅游专线;积极实施"智慧旅游云"建设,在发展旅游电商服务方面取得了新进展,搞好了旅游资源的保护和开发,逐步形成了丝绸之路旅游带、长江三峡黄金旅游带、黄河华夏文明旅游带、青藏铁路旅游带、藏羌彝文化旅游带、茶马古道生态文化旅游带、沿边地区跨境旅游经济带、西部革命传统教育红色旅游带等。

西部地区开发和建设了一批重点旅游区、重点线路、重点项目。例如,广西打造了桂林、北部湾国际旅游度假区、中越德天-板约国际旅游合作区、东兴-芒街跨境旅游合作区等。云南打造了香格里拉生态文化旅游区、丽江古城世界文化遗产旅游地、大理苍山洱海旅游区、迪庆普达措国家公园等。贵州提升了黄果树、百里杜鹃、梵净山旅游景区,建设了山地文化生态特色旅游景区。四川提升了九寨沟、黄龙、峨眉山国际旅游度假区,建设了三星堆文化旅游区、碧峰峡旅游区、稻城亚丁国际旅游区等。重庆着力打造了长江三峡国际黄金旅游带等。西藏打响了"人间圣地·天上西藏"的旅游品牌,建设了布达拉宫旅游景区、林芝国际生态旅游区、冈底斯国际旅游合作区、纳木错景区等。陕西提升了秦始皇陵兵马俑、黄帝陵、大唐芙蓉园、法门寺等重点历史文化景区,以及华山、太白山等自然优势景区,打造了黄土高原风情旅游体验、延安等一批红色旅游景区等。甘肃打造了丝绸之路黄金旅游带、敦煌国际文化旅游名城、河西走廊文化生态旅游示范区、黄河都市文化旅游产业集聚区、陇东南文化旅游传承区等。宁夏提升了西夏王陵、沙坡头旅游景区,打造了贺兰山东麓葡萄文化旅游廊道、黄河金岸文化旅游带等。青海提升了青海湖、塔尔寺旅游景区,打造了茶卡盐湖景区、门源百里油菜花海景区等。新疆建设了南疆丝绸之路文化与民族风情旅游目的地,提升和完善了天山廊道世界遗产旅游产业带、准噶尔北缘生态旅游产业带,打造了伊犁河谷休闲生态旅游区、博尔塔拉温泉度假旅游区、天山北坡自驾休闲旅游区、吐鲁番丝路文化旅游区、阿尔泰山"千里画廊"生态旅游区、喀什民俗文化旅游区、克州柯尔克孜文化旅游区等。内蒙古打造了呼和浩特-包头、呼伦贝尔、兴安、通辽、赤峰、锡林郭勒、乌兰察布、鄂尔多斯、巴彦淖尔、乌海-阿拉善等 10 大旅游基地。

如今,祖国西部美景绵延,人文与自然交融,旅游业成为促进西部经济社会发展的有效动力。特别是近年来西部地区大力发展乡村旅游,涌现出一大批乡村旅游特色村寨、城镇等,一大批农牧民依靠发展旅游业实现了脱贫致富。西部大开发战略实施以来,西部大力开发山水观光、休闲度假、健康养生、红色旅游、边境旅游、民族风情、乡村旅游、历史文化、运动体验、会展商务等旅游产品,积极创建国家级旅游度假区、生态旅游示范区、旅游扶贫试验区、研学旅游目的地和特色旅游名县名镇名村,旅游产品和产业转型上了一个新台阶;积极开拓旅游市场,培育了一批跨地区、跨行业、跨所有制的旅游龙头企业,各种形式的旅游联合体和旅游联盟加快了发展速度。

红色旅游健康发展。西部大开发战略实施以来,西部红色旅游蓬勃发展,取得了可喜的成绩。党的十八大以来,以习近平同志为核心的党中央站在实现中华民族伟大复兴的战略高度,对传承和弘扬中华优秀传统文化做出了一系列重大决策部署,并做出了一系列促进红色旅游持续健康发展的重大决策。多年来,习近平总书记多次深入革命老区、视察红色旅游经典景区、出席重大纪念活动,并就弘扬红色精神、红色传统与发展红色旅游发表了系列重要讲话,提出了系列新思想新观点新要求,内涵丰富、思想深邃,贯穿着"不忘初心、牢记使命"的主题,坚定"四个自信",给予红色旅游以巨大的推动和内在力量。

西部地区认真贯彻习近平总书记一系列讲话精神,组织相关部门着手编制革命老区规划,陆续出台了《陕甘宁革命老区振兴规划》《左右江革命老区振兴规划(2015—2025 年)》《川陕革命老区振兴发展规划》等,给予发展红色旅游以政策导向和措施支持,实施"红色旅游+"战略,统筹推进红色旅游融合发展,有效保护了红色遗址遗迹、纪念设施,推出了一批内涵丰富、特色鲜明的红色旅游精品线路和旅游景区。西部地区开发建设了陕甘宁红色旅游区、川陕渝红色旅游区、左右江红色旅游区、黔北黔西红色旅游区、雪山草地红色旅游区等一批红色旅游景区。西部地区依托厚重的旅游资源,打造红色旅游精品线路,例如重走长征路红色旅游线路和景点,让游客了解遵义会议、巧渡金沙江、四渡赤水、强渡大渡河、飞夺泸定桥、爬雪山过草地、激战腊子口、吴起大会师、胜利到达延安等历史。重庆提升了红岩革命纪念馆,缅怀革命先烈,感悟信仰力量。四川打造了以"三线建设""两弹一星"和抗震救灾等为主题的红色旅游景点。贵州打造了以遵义会议为代表的黔北红色文化区、以黎平会议为代表的黔东长征文化区、以息烽集中营为代表的黔中红色革命旅游区和以盘县会议为代表的黔西红色文化旅游区。云南打造了西南联大旧址、扎西会议旧址、陆军讲武堂旧址、松山战役旧址等红色旅游景点。陕西打造了一批以革命圣地延安为中心的红色旅游景点,包括延安革命纪念馆、川陕革命根据地纪念馆、八路军西安办事处纪念馆、洛川会议纪念馆、陕甘边革命根据地照金纪念馆等。甘肃打造了会宁红军会师旧址、哈达铺红色旅游景区、南梁红色旅游景区、高台烈士陵园、八路军驻兰州办事处纪念馆、酒泉卫星发射中心等红色旅游景点。宁夏打造了六盘山红军长征景区、盐池苏维埃纪念馆、"五七干校"旧址等红色旅游景点。青海打造了中国工农红军西路军纪念馆、原子城等红色旅游景点。新疆打造了八路军驻新疆办事处纪念馆、新疆生产建设兵团军垦博物馆、红军西路军进疆纪念园、克拉玛依一号井景区、马兰军博园、伊犁林则徐纪念馆等红色旅游景点。内蒙古打造了满洲里国门景区、世界反法西斯战争海拉尔纪念园、乌兰夫纪念馆与故居、大青山抗日游击根据地旧址、内蒙古民族解放纪念馆、察哈尔抗战遗址、额济纳旗东风航天城等旅游景点。

西部依托丰富的红色文化资源,大力发展红色旅游,结合建党节、建军节、国庆节等纪念日的重大纪念活动以及其他重要节假日,组织好红色旅游的系列宣传推广工作,发扬红色传统,传承红色基因,实现社会效益与经济效益双丰收。中央投资重点向中西部地区和东部革命老区红色旅游经典景区建设倾斜,加大对重要革命文物保护、陈列布展和国家级烈士纪念设施的维修改造的经费补助力度,支持直接配套红色旅游景区的干线公路和铁路停靠站及支线机场建设,切实改善通达条件。西部地区统筹利用传统传播渠道和新兴媒体,开展了系列宣传推广,塑造了一个响亮的品牌,红色旅游知名度、美誉度不断提升。西部红色旅游业持续健康发展,红色旅游教育功能更加凸显,有效激发了国民的爱国情怀。走进红色旅游景区的人们自觉接受红色精神、红色传统的熏陶,感恩革命先辈,崇尚英雄,励志奋进。未来,我们要更积极地探索红色旅游这一凝聚中国精神、发挥中国力量、讲好中国故事的新路径。

加强对外交流合作。西部各地从实际出发,积极融入"一带一路"建设,统筹开发国内国际两个市场,加强区域合作,有效整合资源,提高旅游效益。西部各地积极挖掘长三角、珠三角、环渤海等主要客源市场的潜力,深入开发大中城市客源市场,加快培育农村和中西部市场;推进沿海、沿边、沿江(河)、沿骨干交通线旅游带和城市旅游圈发展,培育新兴旅游目的地,形成了旅游发展新的增长极。在加强区域合作方面,广西与云南签订了协议,联合推出喀斯特山水文化旅游精品路线;川、黔、渝共建了生态旅游"金三角";川、滇、藏联手建设了香格里拉生态旅游区;西部12省区市签署了协议,共同打造西部旅游品牌。西部还积极与周边国家合作,通过资源共享,优势互补,打造了珠三角-桂东-桂北黄金旅游区、中越德天-板约瀑布跨境旅游合作区、桂林-防城港(东兴)-芒街-下龙、南宁-凭祥-谅山-河内跨国精品旅游线路、澜沧江-湄公河民族风情热带风光跨国旅游区、丝绸之路文化旅游区、中蒙俄跨境旅游休闲度假基地、后贝加尔斯克-满洲里跨境旅游园区等,形成了互利共赢的良好局面。

第九章　改善民生：增进民生福祉

西部大开发战略实施以来，特别是党的十八大以来，中央加大了对西部地区科技、教育、文化、卫生、人才开发等方面的支持力度，教育事业迅速发展，医疗卫生体系建设得到加强，科技支撑能力不断增强，文化体育事业繁荣发展，社会保障体系逐步健全，人才开发工作力度加大，社会事业全面进步。但从整体上看，由于自然、历史、社会等多方面的原因，西部经济社会发展仍然相对滞后，教育基础差，保障能力弱，特别是农村、边远、民族地区，优秀教师资源稀缺，教育质量总体不高，难以满足西部地区人民群众接受良好教育的需求，难以适应经济社会发展对各类人才的需要。

一、教育事业稳步发展

2000年10月，国务院发布了《国务院关于实施西部大开发若干政策措施的通知》（国发〔2000〕33号），明确把教育和人力资源开发作为西部大开发的四大重点领域之一，拉开了西部教育大发展的序幕。2004年，教育部和国务院西部开发办联合发布了《2004—2010年西部地区教育事业发展规划》（教基厅〔2004〕12号）。西部地区深化农村义务教育经费保障机制改革、营养改善计划、校舍安全工程、农村薄弱学校基本办学条件改善计划、农村教师特岗计划、对口支援、定向招生等重大举措，推动中西部教育迈上了新台阶。

学前教育加快发展。2010年，中共中央、国务院印发了《国家中长期教育改革和发展规划纲要（2010—2020年）》（中发〔2010〕12号）的通知，提出了"基本普及学前教育""重点发展农村学前教育"的目标。同年国务院发布了《国务院关于当前发展学前教育的若干意见》（国发〔2010〕41号），要求以县为单位实施"学前教育三年行动计划"。2014年，国务院发布了《关于加快中西部地区教育发展的指导意见》,提出以扩充资源为核心、加强师资为重点、健全管理为支撑,通过开办托儿所、幼儿园等,构建农村学前教育体系,逐步提高农村入园率,基本普及学前教育。多年来,国家持续支持学前教育发展,设立了中央财政学前教育发展基金,重点向中西部革命老区、民族地区、边疆地区、农村倾斜,因地制宜地加强园舍建设、师资培训和玩教具配备,加快推进农村学前教育发展。到 2020 年,西部地区多数省份农村学前三年毛入园率达到 85％左右,有的达到了 90％以上。西部地区在入园率、办园规模等方面取得了较大进步。一是扩充了公办幼儿园资源,进一步完善了县、乡、村三级学前教育网络,积极推进乡镇中心园和村小学附设幼儿园的建设,实现每个乡镇至少有一所公办中心幼儿园;支持村集体利用公共资源建设幼儿园,人口集中的行政村独立建园,小村设分园或联合办园;按标准配备玩教具,提供基本保教条件;支持企事业单位创办幼儿园,面向社会招生,提供普惠性服务。二是普惠性民办幼儿园获得了较快发展,开展和鼓励社会力量办园,增加农村普惠性民办园数量,通过提供合理用地、减免租金等方式,支持农村普惠性民办园建设;采取政府购买服务等措施,对收费合理、管理规范的普惠性民办园进行扶持,提高了普惠性民办园的保障能力。三是加强了学前教育师资队伍建设,西部地区各地积极按照幼儿园教职工配备标准,在地方事业单位编制总量内,合理调配幼儿园教职工,落实每班"两教一保"的要求;积极引进优秀毕业生到农村幼儿园任教;开展对农村幼儿园教师的全员培训,提高教师专业水平。四是改革学前教育管理体制,积极探索以县为主的管理体制,探索以中心园为依托的业务管理模式,严格执行登记注册制度,加强安全管理,完善安全措施,确保幼儿安全。

"两基"攻坚成就巨大。实施西部地区"两基"攻坚计划是着眼于最广大人民群众的根本利益,从根本上解决西部地区脱贫攻坚的重大战略举措,将有力地推动西部地区教育的发展,普遍提高劳动者素质,促进区域之间、城乡之间和经济社会协调发展,为全面建设小康社会和实现西部大开发战略目标奠定坚实的基础。2007 年,"两基"攻坚计划如期完成,全部通过验收,人口覆盖率达到 99％。农村寄宿制学校新建设校舍面积近 1200 万平方米,"两免一补"政策率先在西部地区推行,约 5000 万学生受益。农村中小学现代远程教育工程覆盖西部 20 多万所农村中小学校。农村特岗教师计划顺利推进,农村义务教育办学条件进一步改善。国家贫困地区义务教育工程二期计划、中小学危房改造工程、中西部农村初中校舍改造工程中央累计投入的 360 亿元中,多数投向了西部地区。

义务教育均衡发展。西部地区不断改善贫困地区薄弱学校基本办学条件,实施农村教师特岗计划、营养改善计划等工程,促进了基本公共教育服务均等化。2018 年,西部地区 75% 的县实现了义务教育的均衡发展;2020 年,西部地区 95% 的县实现了义务教育均衡发展。为了保障教学点的基本办学需求,西部地区积极办好必要的教学点,方便乡村学生上学。标准化寄宿制学校建设成效显著,改扩建和新建学生宿舍、食堂取得了积极进展,基本消除了大班额现象;探索建立寄宿制学校生均公用经费补助机制,提高寄宿制学校的运转保障能力;继续实施营养改善计划,不断改善学校食堂条件,保障食堂正常运转,扩大食堂供餐比例,并探索建立补助标准动态调整机制。西部地区扩大了农村教师特岗计划中乡村学校特设岗位的数量,增加优秀大学毕业生到乡村学校任教的比例。

职业教育加快发展。西部地区立足自身经济社会发展实际,根据地区产业发展和人才需求,通过兼并、委托管理、合作办学等多种形式,整合资源,助推经济转型和产业升级,完善中职学校办学标准,不断改善职业学校办学条件,提高中职学校基础能力,职业教育获得了较快发展。2015—2019 年,西部地区每百万人拥有高等学校数从 1.73 所增加到 1.86 所,每百万人拥有高等学校教师数从 1030.58 人增加到 1121.97 人,与全国平均水平的差距略有缩小。中职学校办学条件不断改善,到 2020 年,中西部地区所有中职学校办学条件已基本达标。同时,西部地区紧紧围绕现代农业、装备制造业、现代服务业、战略性新兴产业、民族传统工艺等领域,支持具有相对优势的高职院校,改善实训基地基础办学条件,扩大优质高职教育资源。西部地区进一步深化校企合作、校地合作,校企联合招生、联合培养成效显著,同时,积极探索集团化办学模式,进一步促进了产教融合。

高中教育加快普及。西部地区统筹普通高中和中职教育协调发展,优化学校布局,因地制宜新建、改扩建一批普通高中,改善办学条件,提高办学质量,完善经费投入机制,加大学生资助力度,基本普及高中阶段教育。一些省区积极推动校长、教师交流的制度化,选派优秀校长、教师优先到乡村高中任职任教。推动优质高中与乡村高中通过建立联盟、集团化办学、委托管理等方式，在课程建设、教学资源、教师培训、管理方式等方面实现共享，不断提升乡村高中办学水平。乡村高中基本实现了宽带接入，并配置了多媒体教学设备和计算机网络设备。"十三五"期间，国家加大实施了普通高中改造计划、现代职业教育质量提升计划等项目建设力度，着力改善高中阶段学校办学条件。截至2020年，西部乡村高中全部达到基本办学标准，高中阶段教育毛入学率达到90％，集中连片特困地区高中阶段教育毛入学率超过85％。

高等教育加快提升。我国东西部经济社会发展不平衡，这种不平衡的根源在于东西部科技发展和人才质量、数量的不平衡。长期以来，东西部地区由于各种原因的供给不平衡，造成了我国高校在空间布局上的不平衡，呈现出东部资源密集、中西部稀疏的"东高西低"格局。西部大开发战略实施以来，西部地区通过实施中西部高等教育振兴计划、面向贫困地区定向招生专项计划、支援中西部地区招生协作计划，扩大中西部学生公平接受优质高等教育的机会。从"十五"期间的"211工程"，西部各省区市重点办好一所较高水平的大学和培育一批知名学科，发挥龙头与辐射作用，促进高等教育高质量发展，到现在国家支持西部地区高校"双一流"建设，按一省至少有一校的原则，重点建设西部14所高校(其中成都2所、西安2所)，推动管理体制、办学体制、人才培养模式和保障机制改革，西部地区在建设一流大学和一流学科方面取得了很大进展，科技创新基础设施和科研条件不断提升。

西部地区通过东部地区学校对口支援西部贫困地区学校工程、西部大中城市学校对口支援本省(自治区、直辖市)贫困地区学校工程、对口支援西部地区高等学校计划，高等教育发展较快。例如，浙江大学对口帮扶贵州大学培养博士研究生、本科生。浙江大学中国西部发展研究院坚持"研究西部、服务西部"的宗旨，紧紧围绕建设"科学研究基地、科技服务基地、人才培养和培训基地、国际合作与交流基地"的目标，瞄准国家重大战略需求和学术前沿，致力于西部大开发中全局性、综合性、战略性重大理论和现实问题的研究，创新人才培养模式，培育西部人才，已成为国内重要的西部研究平台和政策智库。该研究院依托广西、重庆、西安等地发展改革委设立分中心，逐步构建上接国家发展改革委、下连西部重点地区的发展渠道，不断拓宽与西部省区市的合作空间；同时，开展了西部地区干部公共管理硕士(MPA)教育计划、西部管理干部培训,已培训各级党政干部 5000 多人;创办了全国工商联企业家培训基地;与贵州大学、石河子大学、新疆农业大学、西藏大学等西部 12 省区市的高校建立了对口合作关系,落实教育部、财政部对口支援等工作,选派优秀的干部、教师到西部挂职,为西部发展服务。

民族教育加快发展。西部大开发中,国家非常重视民族地区的发展,把民族教育摆在更加重要的位置,采取了特殊支持措施,加大了各项政策对少数民族和民族地区的倾斜力度,使民族地区教育实现了跨越发展。具体支持措施包括以下三方面。一是办好内地西藏班、新疆班。二是组织内地优秀教师到西藏、新疆实施万名教师支教计划,对口支援机制下,每期选派 1 万名内地教师赴西藏、新疆任教。三是每年组织 1 万名当地理科教师,通过集中培训、专题研修、跟岗学习等方式,提高学科教学能力。到 2020 年,共组织内地 3 万名教师赴西藏、新疆支教,置换出当地 90% 以上的理科教师脱产培训。

二、卫生事业逐步加强

西部大开发战略实施以来,国家加大了卫生基础设施建设和转移支付的力度,在安排项目资金、制定规划时继续向西部地区倾斜;按照国务院出台的有关西部大开发的文件要求,对西部各省区市按照实事求是的原则,提高中央对西部困难地区的补助比例,减少地方配套资金压力,重点开展医疗卫生业务用房建设、基本设备配置,以及重大传染病和地方病的预防控制,加强新型农村合作医疗、农村卫生、妇幼卫生、社区卫生等建设。西部地区的医疗卫生服务能力和水平得到了较大幅度提高,有效保障了西部地区人民身体健康和生命安全,促进了西部地区经济和社会协调发展。

医疗卫生服务体系显著改善。西部大开发加大了对西部医疗卫生基础设施投入的倾斜力度,在投入方向、资金安排、补助额度、大型医用设备配置等方面向西部倾斜,推进基层医疗卫生机构标准化建设,提高县级医院服务能力,推进疾病预防控制体系、突发公共卫生事件医疗救治体系和农村卫生服务体系建设。西部地区的城市初步形成了社区卫生服务机构与城市医院相衔接的医疗服务体系,农村地区形成了以县级医疗卫生机构为龙头、以乡镇卫生院为骨干、以村卫生室为基础的三级卫生服务网。西部地区推进公立医院改革试点,提高医疗质量,改善群众就医体验,努力让群众看好病。医疗卫生服务体系建设改善了人民群众的健康状况,在促进地区经济社会发展方面发挥了重要的保障作用。表2列出了2015年、2019年西部地区每万人拥有的病床数和卫生机构人员数,以及全国和西部的总体数据。

表2 每万人拥有的病床数和卫生机构人员数

地区	每万人拥有的病床数/张			每万人拥有的卫生机构人员数/人		
	2015 年	2019 年	增加量	2015 年	2019 年	增加量
全国	51.1	63.0	11.9	58.0	72.6	14.6
西部	54.4	68.4	14.0	57.7	73.7	16.0
内蒙古	53.3	63.4	10.1	65.0	77.3	12.3
广西	44.7	55.9	11.2	57.0	68.8	11.8
重庆	58.5	74.2	15.7	55.0	71.9	16.9
四川	59.6	75.4	15.8	58.0	71.9	13.9
贵州	55.7	73.1	17.4	53.0	73.9	20.9
云南	50.1	64.2	14.1	48.0	69.9	21.9
西藏	43.3	48.7	5.4	44.0	59.7	15.7
陕西	55.9	68.6	12.7	70.0	91.3	21.3
甘肃	49.1	68.4	19.3	50.0	67.6	17.6
青海	58.7	68.2	9.5	60.0	77.9	17.9
宁夏	50.6	59.0	8.4	62.0	79.8	17.8
新疆	63.7	73.9	10.2	69.0	73.7	4.7

资料来源:2015年数据来自《中国统计年鉴2016》,2019年数据来自《中国统计年鉴2020》。

从表中可以看出,2015—2019年,西部地区每万人拥有病床数从54.4张增加到68.4张,增加了14.0张,医疗卫生硬件设施有了显著改善。同期,西部地区每万人拥有卫生机构人员数从57.7人增加到73.7人,增加了16.0人,增幅超过全国平均水平。但是,由于西部地区地广人稀、医疗设施服务半径大,仍难以满足当地居民的实际需求,而且医疗服务质量远远落后于东中部地区,特别是西藏、甘肃等省区与西部地区的平均水平差距明显。

基本医疗保障体系全面覆盖。西部地区积极稳妥、扎实有序地推进基本医疗保障建设,成效显著。通过实施城镇职工基本医疗保险、城镇居民基本医疗保险和新型农村合作医疗政策,西部地区建立了基本覆盖城乡居民的医疗保障制度框架。自 2003 年开展新型农村合作医疗(新农合)试点工作至今,国家一直积极推进西部地区的新农合制度建设,加大资金投入力度。西部地区现有农业人口的县(市、区)均已建立新农合制度,参合率达到 98%。基本医保、大病保险、医疗救助三重保障制度已基本实现,对贫困群众实现了全覆盖,基本公共卫生服务逐步向均等化迈进,医保目标基本实现,人民群众的疾病医疗后顾之忧持续大幅减轻。从 2009 年起,西部逐步向城乡居民统一提供疾病预防控制、妇幼保健、健康教育等基本公共卫生服务。西部地区传染病、地方病防治工作效果显著。西部地区自然环境严酷,卫生事业发展相对滞后,是我国传染病、地方病高发地区,结核、碘缺乏病、布鲁氏菌病、氟(砷)中毒、棘球蚴病、大骨节病等重大传染病、地方病也主要发生在西部。西部大开发加大了对西部地区传染病、地方病防治的投入力度,主要将投入用于支持西部地区开展传染病防治工作,并开展了病人查治、传染源犬管理和驱虫、健康教育、人员培训等一系列工作。但是,我们也要看到,西部一些农村、落后地区在医疗卫生等公共服务方面还存在很多问题,现行基本医疗保障尚不健全,因病致贫、因病返贫的情况仍然严重,与社会主义现代化建设还不相适应。

突发公共事件卫生应急体系建设成效明显。西部地区加强了做好反恐怖、中毒、自然灾害等突发事件的卫生应急处置工作,初步建立了国家、省、地三级突发公共事件信息决策指挥系统,建立了卫生应急组织协调、决策评估、信息报告、监测预警等工作机制,制定了流感大流行、鼠疫、自然灾害、核与辐射事故等突发事件卫生应急预案,提高了监测预警和应急网络实验室检测能力建设。例如,2008 年"5·12"汶川大地震和 2010 年"4·14"玉树地震发生后,国家组织协调全国医疗卫生资源,对灾区开展紧急医疗卫生救援,并在恢复重建阶段制定了医疗卫生对口支援工作方案和指导意见,重建医疗卫生机构。"5·12"汶川大地震抗震救灾,特别是伤员救治取得了重大胜利。据卫生部门统计,汶川大地震灾区收治地震伤员 35 万人次,向全国 20 个省区市转送伤员 1 万名,累计完成消杀 50 亿平方米,为灾区重点人群免费接种疫苗 300余万人次,实现了灾后无大疫的目标。四川、甘肃组建了五级医疗康复网络,建立了地震伤员康复动态数据管理库,持续开展医疗康复服务,开展医学心理干预、心理卫生健康教育。突发公共事件卫生应急体系的建设为灾后恢复重建做出了突出贡献。

三、文化事业快速发展

西部大开发战略实施以来,西部地区公共财政对文化建设的支持日益加强,公共文化设施不断完善,覆盖城乡的公共文化服务网络初步建立,公共文化服务均等化水平逐渐提高,文化产业效益成效显著。

公共文化服务持续优化。西部地区不断加强公共文化基础设施建设,健全公共文化服务体系,强弱项补短板,初步建立了覆盖城乡的公共文化服务体系。西部地区以农村和基层为重点,深入实施了西新工程、广播电视村村通工程、文化信息资源共享、农家书屋等文化惠民工程,提高了西藏、新疆等边疆民族地区广播电视的有效覆盖面和画面质量;实施了农村电影放映、公共文化信息资源共享、送书下乡等重大项目,丰富了广大人民群众的精神文化生活。西部地区基本实现了"县有公共图书馆、文化馆,乡有综合文化站"的建设目标,基本建成了公共文化服务体系,建立了基层公共文化服务体系经费保障机制,公共文化服务能力和普惠水平不断提高,群众性文化活动日益丰富。

物质文化遗产和非物质文化遗产的保护力度加大。西部各民族在悠久的历史长河中创造并形成了语言、信仰、神话、传说、舞蹈、戏剧、曲艺、歌谣、服饰、工艺等极具保护价值和开发潜力的非物质文化遗产资源,是民族文化的精华、民族智慧的象征和民族精神的结晶。继承和弘扬中华优秀传统文化,促进社会主义精神文明建设,是保护非物质文化遗产的目标任务。西部地区各省区市加大了对非物质文化遗产的保护力度,出台了相关政策措施和法律法规,将大量少数民族传统文化列入国家级非物质文化遗产名录,从1987年至1999年,西部地区有12处著名景观、建筑列入了世界文化与自然遗产名录。从2007年至2020年,国家先后设立的国家级文化生态保护实验区达23个,其中西部地区有10个,包括热贡文化、羌族文化、迪庆民族文化、陕北文化、铜鼓文化(河池)、黔东南民族文化、格萨尔文化(果洛)、武陵山区(渝东南)土家族苗族文化、藏族文化(玉树)等。西部地区建立健全工作机制、保护措施,注重以非物质文化遗产保护为核心,形成了从项目保护到整体性、区域性保护的完整生态系统,并与旅游、精准扶贫等工作进行了有效对接;遵循社会发展规律和非物质文化遗产的保护传承规律,积极探索有效的保护方式,进一步优化相关工作机制和资源,不断提高保护传承能力与水平。

文化产业规模不断扩大。西部地区是华夏文明的重要发源地,是中华民族丰富的文化宝库。例如,陕西的黄帝陵和半坡遗址、甘肃天水的伏羲庙都分布在这里;这里还是东西方文明交流的窗口,丝绸之路、敦煌莫高窟等见证着中西文明的交汇与融合;西周、秦、汉、唐等中国历史鼎盛王朝的都城都在西部。众多的文化资源使西部地区成为中国文化资源的一座宝库。

随着西部大开发的不断深化和文化发展体制机制的逐步健全,文化市场准入逐步放宽,市场主体、经营方式日趋多元,文化市场主体加快培育发展,各类文化单位大量涌现,文化产业规模不断扩大,文化发展的内生动力不断提高。特别是党的十八大以来,文化与科技融合发展,传统文化企业转型升级,基于"互联网+"的新型文化业态成为文化产业发展的新动能和新增长点,西部地区文化产业发展具有后发优势,文化产业呈现出全新的发展格局。西部地区依托当地特色旅游文化资源,推动文化与旅游的深度融合,通过开发演艺项目,延伸文化旅游产业链,涌现出了如《云南印象》《丽水金沙》《云南的响声》《印象刘三姐》《丝路花雨》等优秀文化精粹。例如,陕西以盛唐文化为载体,打造了大雁塔北广场、大唐芙蓉园、曲江池、大唐不夜城等一批内涵丰富、影响力大的旅游景点及项目,使西安的旅游影响力和品牌度不断扩大。

西部地区充分利用文化资源优势,文化产业已经成为西部民族地区重点发展和扶持的产业,甚至成为支柱产业,文化产业对西部民族地区经济发展的贡献日益增强,在经济增长、扩大就业方面也取得了显著成就。2019 年,西部地区规模以上文化及相关产业企业营业收入分别增长 11.8%,比东部地区高5.7 个百分点,占全国的比重同比提高 1.2 个百分点。西部地区文化产业发展虽然呈现良好态势,但与东部地区相比,还有不小的距离。西部地区文化产业总体的发展规模落后于东中部地区,文化企业规模小、盈利能力弱,区域发展不平衡的问题依然突出,西部文化产业增加值占地区生产总值的比重均低于全国平均水平。

文化新业态发展强劲。西部地区文化产品和服务的生产、传播、消费的网络化、智能化进程加快，文化新基建融合更加深入，文化创意、工艺设计、演艺娱乐、影视传媒、数字出版、移动多媒体、动漫游戏、手机出版、互联网文化娱乐平台等基于互联网和移动互联网的新兴文化业态发展强劲，已成为文化产业发展的新动能和新增长点。同时，西部重视培育各类专业化市场，坚持创意、科技、资本相结合，提升民族文化品牌价值，增强了文化产业的整体实力和竞争力，将文化优势转化为经济社会发展优势。例如，四川 2019 年文化及相关产业增加值为 1844.28 亿元，是 2011 年的 2.8 倍，2011—2019 年年均增长13.8%，高于同期地区生产总值现价增速 3.4 个百分点；文化及相关产业增加值占地区生产总值比重为 3.98%，比 2011 年提升了 0.86 个百分点；2011—2019 年，文化产业对地区生产总值增长的平均贡献率为 4.7%，逐步成为驱动产业发展的新增长点，四川的文化产业发展稳居西部第一位。四川推出的 10条"非遗之旅"路线，以非遗传习所、非遗体验区和非遗体验基地为载体，与知名景区融合，与旅游服务融合，与旅游体验融合，塑造文旅融合典范。依托"九寨沟环线"经典旅游线路，游客在欣赏天堂美景的同时，可以深度体验羌年庆典、羌绣、羌族羊皮鼓舞等羌族非遗项目的独特魅力；通过"香格里拉非遗之旅"，游客可以感受沿途的美好风景，体验木雅藏戏、理塘锅庄、康定跑马转山会等康巴非遗项目的神奇之处；在"蜀道三国非遗之旅"线路上，游客可以倾听三国的回音，感受曾经的硝烟战火，欣赏雾山石刻、文昌出巡、金钱板、嘉陵江中游船工号子，体验阆中春节习俗等别有风味的项目。

四、社会保障逐步改善

西部地区社会保障事业不断发展，覆盖面不断扩大，参保人数不断增加，保障质量不断提高。但从总体上看，西部地区较全国在社会公共服务方面的发展水平仍然较低，对新动能培育的影响还有提升空间，让西部地区人民同享政治、经济和文化的发展成果仍需不懈的努力。

西部地区覆盖城乡居民的社会保障体系已基本建成，社保水平逐年提高。2019 年，西部地区城市最低生活保障标准每月为 595 元，比 2015 年增加了192 元，但低于全国平均水平的 617 元。以城镇企业职工基本养老保险、基本医疗保险、失业保险、工伤保险、生育保险等社会保障制度为重点的社会保障体系不断完善,覆盖范围逐渐扩大。西部地区深入开展医养结合试点,建立健全医疗卫生机构与养老机构合作机制,建立养老机构内设医疗机构与合作医院间双向转诊绿色通道,不少地方建立了为老年人提供治疗期住院、康复期护理、稳定期生活照料以及临终关怀的一体化服务;积极开发中医药与养老服务相结合的系列服务产品,鼓励社会力量举办以中医药健康养老为主的护理院、疗养院,建设了一批中医药特色医养结合示范基地。农村基本养老保险面不断扩大,基本建立了城乡困难群众、特殊群体、优抚群体的保障机制。城市低收入家庭住房制度基本建立,廉租房和危房改造建设步伐加快。就业规模不断扩大,城镇登记失业率基本控制在全国平均水平范围内。2019 年,西部地区城镇登记失业率为 3.07%,比 2015 年下降了 0.23%,且低于全国平均水平的 3.26%,就业情况较为良好。

五、扶贫开发成就巨大

西部大开发战略实施以来,西部地区加大了深度贫困地区和特殊贫困群体的脱贫攻坚力度,重点解决实现"两不愁三保障"面临的突出问题,组织实施了产业扶贫、转移就业脱贫、易地搬迁、教育脱贫、兜底脱贫、生态保护脱贫等一批重大扶贫工程,农业和农村经济快速发展,农民生活水平不断提高,贫困人口数量也逐年下降。尤其是党的十八大以来,党中央、国务院实施精准扶贫、精准脱贫基本方略,把打好三大攻坚战,特别是精准脱贫攻坚战作为决胜全面建成小康社会的关键任务,集中力量攻坚克难,深入实施东西部扶贫协作,重点攻克深度贫困地区脱贫任务,区域性整体贫困明显缓解。西部地区农村贫困人口数量由 2012 年年末的 5086 万人减少到 2019 年年末的 323 万人,累计减少 4763 万人,下降幅度为 93.6%;农村贫困发生率由 2012 年年末的 17.6% 下降到 2019 年年末的 0.83%,累计下降 16.77 个百分点,90% 以上的贫困县实现了脱贫摘帽,并于 2020 年实现"清零",贫困县全部摘帽,脱贫攻坚取得了决定性胜利。根据国家统计局的统计资料,贫困地区、集中连片特困地区、民族八省区减贫成效明显。2018 年年末,贫困地区农村贫困人口为 1115 万人,比 2012 年年末减少了 4924 万人,6 年累计减少了 81.5%,减贫规模占全国农村减贫总规模的 59.8%;农村贫困发生率从 2012 年年末的 23.2% 下降至 2018 年年末的 4.2%,6 年累计下降了 19.0 个百分点,年均下降 3.2 个百分点。2018 年年末,集中连片特困地区农村贫困人口为 935 万人,比 2012 年年末减少了 4132 万人,6 年累计减少了 81.5%;农村贫困发生率从 2012 年年末的 24.4%下降至 2018 年年末的 4.5%,累计下降 19.9 个百分点,年均下降 3.3 个百分点。2018 年年末,民族八省区农村贫困人口 602 万人,比 2012 年年末减少 2519 万人,6 年累计减少 80.7%;农村贫困发生率从 2012 年年末的 21.1%下降至 2018 年年末的 4.0%,累计下降 17.1 个百分点,年均下降 2.9 个百分点。

贫困地区基础设施建设继续加强,乡村水电路气基础设施建设、农村厕所革命、生活垃圾和污水治理、村容村貌美化等有了新的提升。此外,西部地区重视谋划区域性基础设施的条件改善,重点谋划建设了一批骨干公路、客货共线铁路、水利、电力、机场、通信网络等区域性和跨区域重大基础设施建设工程;县乡村三级物流体系建设、"快递进村"工程进展较快;脱贫地区电网建设和乡村电气化工程得到进一步提升。

六、人才开发积极推进

西部大开发,人才是关键。加强西部地区人才开发工作,既是西部大开发的重要内容,也是西部大开发的基本保证。没有一支高素质的人才队伍,要实现西部大开发的各项战略目标,也只是一句空话。西部大开发战略实施以来,党中央、国务院高度重视西部地区的人才开发工作,先后颁布了《西部地区人才开发十年规划》《2002—2005 年全国人才队伍建设规划纲要》等一系列政策性文件。与此同时,西部地区的省区市以及国务院各部门也先后制定和颁布了西部地区人才开发政策性文件,有力地推动了西部地区人才队伍建设。西部地区各级党委、政府都把人才开发问题摆上了重要日程,将其作为经常性工作,切实抓紧抓好,着力解决人才流失问题和"孔雀东南飞"问题。

西部地区各地深入贯彻国家中长期人才发展规划纲要,积极落实重大人才政策和重大人才工程,重视培育、引进、使用和激励人才,着力培养重点领域急需的紧缺人才和少数民族人才;创新用人生态环境,初步形成了有利于各类人才施展才能的氛围和选人用人的机制;人才培养力度进一步加大,中央有关部门有计划、有重点地加强了对西部地区领导干部和各类管理人才的培训,干部队伍素质有了明显提高。东部城市支持西部地区人才培训计划为西部地区培训了大量紧缺人才,取得了显著成效,提高了西部地区基层干部的综合能力,为深入推进西部大开发提供了强有力的智力支撑和人才支撑。东西干部交流的力度有所加大,东部地区的干部到西部去,直接带动当地政府观念的改变和工作机制的完善;同时西部的干部到东部挂职几年回到西部后,可以为西部政府决策提供更多支持,这也对优化人才使用起到了更有效的作用。

"西部之光"人才培养计划通过"优秀人才+应用项目"的支持方式,造就了一大批扎根西部、奉献西部的优秀科技人才,取得了一大批科技创新成果,提升了西部科技创新能力。跨世纪青年农民科技培训工程、农村劳动力转移培训阳光工程、贫困地区劳动力转移培训计划、乡镇医师培训、西部引智工程等项目,为西部地区特别是基层培训了数百万实用型人才。

国家选派西部地区干部到中央国家机关挂职锻炼,从中央国家机关、群众团体、国有重要骨干企业选派党政干部到西部地区挂职锻炼;选派博士服务团、大学生志愿服务西部计划团赴西部地区提供智力支持;在西部地区主要省会城市创建了全球海外留学归国人员创业融资平台。浙江大学中国西部发展研究院、中国西部人才开发基金会、中国西部开发远程学习网开始在人才开发中发挥积极作用。西部地区有些地方积极落实柔性引进人才工作,"聚天下英才而用之"。例如,截至 2019 年年底,宁夏累计柔性引进团队 36 个,柔性引进高层次人才 215 人,各团队借助资源和技术优势,解决了农业有机废弃物综合治理等多个重大问题。有些地方积极实施高层次、紧缺人才年薪制、协议工资制和项目工资制,为高层次人才提供工作许可、办理绿色通道等,有效促进了西部地区的人才开发。

第十章　聚力同心:民族团结进步

　　我国是统一的多民族国家,西部,特别是边疆绝大多数地区都是少数民族聚居区。这一基本国情决定了少数民族和民族地区的发展在我国经济社会发展全局中占有极其重要的地位。加快少数民族和民族地区的经济社会发展,是我国现阶段解决民族问题的根本任务,不仅关系到我国区域发展总体战略的实施,而且关系到民族团结、社会稳定和边防巩固,关系到国家的长治久安。

一、加大政策扶持力度

　　党和国家历来高度重视少数民族和民族地区的发展。加快民族地区发展是西部大开发的重要组成部分。西部大开发战略实施以来,国家从落实"两个大局"战略思想的高度,将加快少数民族和民族地区经济社会发展摆在了更加突出的位置,做出了一系列重大决策部署,采取了一系列重要举措,印发了《中共中央　国务院关于进一步加强民族工作加快少数民族和民族地区经济社会发展的决定》(中发〔2005〕10号),发布了《国务院实施〈中华人民共和国民族区域自治法〉若干规定》,召开了中央第五次、第六次、第七次西藏工作座谈会和第一、二、三次中央新疆工作座谈会。西部大开发之初,国家充分考虑民族地区的特殊情况,将5个自治区、30个自治州、120个自治县中的绝大多数都纳入西部大开发的范围。对其他未列入西部大开发范围的自治县,也比照西部大开发政策予以扶持。国家出台了支持西藏、新疆跨越式发展和长治久安的各项政策措施,加快广西、宁夏、内蒙古等民族地区发展以及推动四川、云南、甘肃、青海等省区经济社会发展的政策文件,有力地促进了民族地区又好又快发展。

　　国家在制定中长期规划时,明确要求总体规划和各地区各部门的发展规划都要重点向民族地区倾斜,特别是积极扶持人口较少民族和特困民族加快发展,编制并实施了《扶持人口较少民族发展规划(2005—2010 年)》,设立专项投资支持 22 个人口较少民族聚居区(共 640 万人)的发展。支持宁夏、贵州建设内陆开放型经济试验区,出台了支持陕甘宁、毕节、左右江革命老区,以及四川凉山、云南怒江、甘肃临夏等特困民族自治州加快发展的政策性文件。2009 年,推进兴边富民行动覆盖了全国所有 136 个边境县和新疆生产建设兵团 58 个边境团场,累计投入资金 22 亿多元,有效加快了边疆地区的建设步伐。

西部大开发始终将支持少数民族和民族地区加快发展作为一贯方针,重点在政策、资金、体制机制上采取有力措施。这些政策举措,针对性、操作性都很强,含金量也很高,帮助西部地区建成了一批机场、公路、港口、水利枢纽等基础设施项目和重点产业项目,对加快少数民族和民族地区的经济社会发展发挥了至关重要的作用,注入了强大动力,促进了少数民族和民族地区经济社会的加快发展。"十一五"以来,民族地区的地区生产总值、财政收入每年均以两位数的速度增长,高于全国平均增速,综合经济实力有了大幅提升。

二、对口支援成果丰硕

实施对口支援政策,有利于全国共同发展,共同团结进步,有助于加快边疆民族地区发展,推进民族交往交流交融,集中资源建设重大工程,汇聚国家力量共克时艰,这彰显了中国特色社会主义制度的优越性。西部大开发战略实施以来,对口支援不断向纵深发展,东部省市对口帮扶西部省区市的机制不断完善,中央各部门对口帮扶贫困地区的力度不断加大。同时,有关省区市还结成了良好的扶贫协作关系,有力地推动了民族地区的开发建设。

国家先后组织 60 多个中央国家机关、18 个省市、17 家中央企业对口支援西藏。例如,根据对口援藏扶贫工作会上发布的数据,2018 年,18 个对口援藏省市和 17 家对口援藏中央企业投入帮扶资金超 90 亿元,其中直接投向 44 个深度贫困县的资金达 62 亿元;实施产业扶贫项目 108 个,投入资金 30 亿元。中央支持和全国对口援疆力度不断加大。2014 年至 2019 年,中央财政对新疆维吾尔自治区和新疆生产建设兵团转移支付从 2636.9 亿元增长到 4224.8

亿元,6年合计支持新疆2万多亿元。在新一轮对口援疆工作中,中央确定19个省市对口支援新疆维吾尔自治区和新疆生产建设兵团。2014年至2019年,19个援疆省市全面加强全方位对口支援,累计投入援疆资金(含兵团)964亿元,实施援疆项目1万余个,引进援疆省市企业到位资金16840亿元,央企投资超过7000亿元。中央第五次、第六次西藏工作座谈会和第二次中央新疆工作座谈会,又进一步完善了对口援藏、对口援疆办法,建立了援助资金稳定增长机制,实施干部、人才、经济、科技、教育、医疗卫生的全面支援。

2008年汶川大地震发生后,19个省市对口支援灾后重建,动用大量财力、物力、人力、智力资源,倾力支援灾后恢复重建,共实施对口支援省市确定的3668个援建项目。经过重建,截至2012年年底,共完成投资8650亿元。2010年,青海玉树发生强烈地震,中国建筑工程总公司、中国铁路工程总公司、中国铁道建筑总公司及中国电力建设集团有限公司等4家援建央企和北京、辽宁承担了灾后重建任务,援建者不畏艰险、恩洒玉树,帮助新玉树拔地而起、涅槃重生。对口支援在灾后重建中充分体现了东、中、西部经济的合作、文化的交流、理念的融合,对口支援促进了全国各族人民的团结,为我们贯彻落实"两个大局"的战略思想,探索先富帮后富,逐步实现共同富裕探索了成功之路。

三、开展兴边富民行动

西部大开发战略实施以来,国家大力推进开展兴边富民行动,边疆民族地区经济社会发展步伐明显加快。实施兴边富民行动计划是推动边境地区发展的一项重要举措,已经成为西部边疆地区具体落实西部大开发战略的重要载体,对加强边境地区民族团结、维护社会稳定、巩固边防发挥了积极作用。兴边富民行动重点帮助边境地区建设一批对带动当地经济社会发展起重大作用的基础设施项目,优先安排同各族群众生产生活密切相关的中小型公益性项目,重点支持通路、通水、通电、生态建设、广播电视、基础教育、文化卫生、民房改造、灾后重建等项目建设。西部大开发战略优先在边境地区安排资源开发和深加工项目,带动和促进当地经济社会发展,并充分考虑地方和群众的利益,积极支持民族地区的产业结构调整,发展特色农牧业基地建设,发展特色旅游业等;实施科教兴国战略,把全面贯彻党的教育方针同全面贯彻党的民族政策结合起来,切实解决边境地区教育事业发展面临的特殊困难和突出问题,大力提高边境地区的教育、卫生发展水平;加大对边境地区公共卫生体系和基本医疗服务的资金投入和技术支持,加强边境地区重大传染病和地方病的预防和控制,使得边境地区上学难、看病难等问题得到有效缓解;加强边境地区文化基础设施建设,实施了广播电视村村通工程和西新工程,使所有具备条件的自然村通广播电视;支持民族地区全面建立了农村最低保障制度。同时,实施兴边富民行动也带动了边疆省区创造性地开展工作。例如,广西从 2000 年开始采取"边境建设大会战"的方式推进兴边富民行动,云南重点实施了边境扶贫温饱工程、边境免费教育工程、边境科技推广工程、边境文化扶贫工程。

第十一章 深化改革:释放发展动力

在实施西部大开发的过程中,国家坚持以改革促开放,以开放促开发,大力推进经济体制改革,不断深化社会体制以及其他各方面的体制改革,积极融入"一带一路"建设,以新发展理念为指导,以高质量发展为目标,进一步扩大对内对外开放,对外开放格局不断优化,形成了富有生机活力的改革开放新局面。

一、改革开放步伐加快

如果说基础设施薄弱和生态环境脆弱是西部发展的"硬槛",那么,思想观念相对保守、改革开放相对滞后,则是制约西部地区经济社会发展的"软肋"。改革开放40多年来,西部地区在许多改革事项上是走在全国前列的。西部地区素来不缺乏敢为天下先的精神,从1978年关岭"顶云经验"在全国率先推行"定产到户",到1987年湄潭被纳入全国最早一批农村改革试验区,再到2011年甘肃在全国率先推行地方立法保护林业生态,西部地区已开创了很多改革先例。但总体来看,西部地区与沿海地区相比还有很大差距,通过改革开放来带动经济发展还有很大潜力。因此,要真正实现西部地区的跨越式发展,必须在发展理念和体制机制上有所突破。当前,改革已经进入攻坚阶段,西部地区还有很多体制机制难题亟须破解,必须以更大的决心和勇气推进改革。例如,垄断行业和国有企业占经济的比重高,经济活力没有得到有效释放;行政权力对经济干预过多,政府越位、缺位、错位现象仍频频出现;资源要素价格不合理,不能充分反映稀缺程度。

深化国有企业改革。国有企业改革始终是经济体制改革的重要内容和中心环节。西部大开发战略实施以来,西部地区国有企业改革、改组、改造步伐加快,公司制、股份制改革和现代企业制度深入推进,大企业、大集团不断成为新时代工业发展的龙头,以先进的技术、完善的管理制度、稳定的销售市场引领配套小微企业不断发展壮大成为规模企业、上市企业、集团企业。国家坚持鼓励、支持和引导非公有制经济加快发展,个体、私营经济和中小企业在繁荣城乡经济、扩大社会就业、优化经济结构等方面发挥了越来越重要的作用;积极营造有利于民营经济和中小企业发展的政策体制环境,进一步放宽市场准入,进一步减少审批事项,构筑多种所有制经济平等竞争、共同发展的新格局。

例如,近年来陕西积极推进国有企业改革,注重引入央企或国际知名企业作为战略投资者,国有经济的支撑和引领作用进一步增强。2019 年,陕西国有企业实现营业收入 1.24 万亿元,同比增长 11.23%;实现利润总额 444.56 亿元,同比增长 13.83%;混合所有制企业达到 768 家,占监管企业户数的 45.2%。北元化工、榆能化、陕钢集团、陕汽商用车入选国家"双百行动",提升了企业的国际影响力和经营管理能力;充分发挥中小股东在国有企业混改中的重要作用,12 户混改及员工持股试点企业任务基本完成,陕煤新型能源、北元化工员工持股试点形成典型经验。积极推进企业股改上市,研判确定 31 户企业为上市目标,18 户企业为重点培育对象,延长化建、陕建机等公司资产重组进展顺利。

又例如重庆加强国企改革的组织领导体系建设,政策体系基本建立,"1＋N"政策体系基本成型,试点工作全面铺开,现代企业制度工作全面提速,国有企业改制面超过 80%,供给侧结构性改革加快推进,以管资本为主加强国资监管的探索取得积极进展,国有企业党的建设得到新的加强。2021 年上半年,重庆国有企业实现利润总额 185 亿元,上缴税费 195 亿元,同比分别增长 13.6%和 28.1%。

加快行政体制改革。营商环境是建设现代化经济体系,促进高质量发展的重要基础。西部地区积极转变政府职能,提高政府服务能力和行政效率,重点在发挥政府作用、深化集中行政许可、落实减税降费要求、全面推行"双随机、一公开"、切实保障群众权益上下功夫、做文章,创造良好的企业投资营商环境、积极招商引资、承接产业转移。清理规范负面清单之外违规设立的市场准入许可、准入环节违规设置的隐形门槛、清单之外违规制定的其他形式的负面清单,确保"非禁即入"普遍落实。西部各地都加强了对优化提升营商环境工作的领导,层层夯实责任,抓好任务落实,确保各项工作有序推进。结合"不忘初心、牢记使命"主题教育,加强思想政治和宗旨意识教育,持之以恒地推进正风肃纪,强化监督,严肃问责。坚定开展供给侧结构性改革,鼓励创业创新,因地制宜培育优势产业、龙头企业、名牌产品。

例如,西安依托区位优势,积极搭建面向中亚、南亚、西亚国家的国际贸易通道。一方面,西安加快物流基础设施建设,优化物流节点空间布局,进一步改善西安空港与公路、铁路网的衔接,建设直达机场的货运专用高速通道,建设新筑铁路综合物流中心,建设空铁联运货物集散中心,做强西安陆港型国家物流枢纽建设,完善海铁联运、空铁联运、公铁联运。另一方面,西安以陕西自贸试验区建设为契机,推动服务贸易自由化和货物贸易便利化。强化西安港与沿边口岸、沿海港口的合作,建设国际贸易"单一窗口",全面推进"一站式作业",持续深化"放管服"改革,提升政务服务水平,坚持政务服务"一门、一次、一网"要求,打造审批项目最少、收费标准最低、办事效率最高、服务质量最优的营商环境。四川省探索推进综合行政执法改革试点,并将综合行政执法改革作为提升政府治理能力、加快法治政府建设的引领性工作进行谋划和推进,积累了经验,形成了深化改革的思路。

重点区域、重点领域改革步伐加快。国家在西部设立了重庆、成都市统筹城乡综合配套改革试验区,以及四川全面创新改革试验区、贵州内陆开放型经济试验区、甘肃省国家生态安全屏障综合试验区等,开启了西部改革发展的新篇章。此外,国家还积极推进西安统筹科技资源改革,率先构建创新型区域;积极开展重点城市、行业和园区循环经济试点,大力推进青海柴达木等循环经济试验区建设,启动三江源国家公园体制试点,推动三江源保护步入新阶段;以电力体制改革为重点深化要素市场改革,建设水电、光伏、风能消纳示范区;以西部陆海新通道为引领,不断深化对外开放合作。

对外贸易迅速增长。"十三五"期间,西部地区进出口总额由 2015 年的 2585.45 亿美元增长到 2019 年的 4025.09 亿美元,年均增速达 11.70%,比全国年均增速高 7.98 个百分点。2016—2019 年,西部地区对外贸易年均增速达 18.35%,在全国对外贸易的占比从 6.97% 提升至 8.80%。西部地区形成了以重庆、四川为龙头,广西、云南、陕西、新疆为高地的对外开放格局。2015—2019 年,西部地区外贸增速为 11.70%,高于同期全国平均水平的

3.72％,其中四川增速位列全国第一。西部地区对外贸易的商品结构进一步优化,资本和技术密集型商品的出口比重有了较大提升。目前,西部出口主要以电子产品和机械器具产品为主,进口以机电电气设备和矿产能源为主。

实际利用外资水平不断提高。西部地区进一步改善和优化了投资环境,拓展招商引资渠道,规范市场秩序,发挥西部地区资源、产业、劳动力等优势,积极承接产业转移。2019 年,西部地区外商投资额增长到 8740.04 亿美元;2015—2019 年,年均增速为 23.00％,高于全国平均水平(18.13％),占全国外商投资总额的比例仅为 9.89％,占比仍较小。总体来看,四川、重庆、陕西对外资企业吸引力相对较大,广西、云南、内蒙古、贵州等吸引的外商投资也较多。

二、重点区域加快发展

西部地区加快重点区域发展,将其打造成为区域经济增长极,依托中心城市和重点区域这些"点",优先促进要素资源集中布局和经济集聚发展,发挥其辐射作用和扩散效应,通过由"点"及"线"再扩散到"面"的方式,带动整个区域的共同发展。西部大开发相关文件也明确提出,要依托交通枢纽和中心城市,充分发挥资源富集、现有发展基础较好等优势,加快培育和形成区域经济增长极,带动周边地区发展。西部地区重点区域加快发展,取得了积极成效。

西部新区成效显著。西部大开发战略实施后,西部地区经济增长持续发力,与东部发达地区的差距逐渐缩小。2007 年,西部地区生产总值增速超过东部,并连续 12 年快于东部,改变了长期以来东部地区经济增长领跑全国的格局。党的十八大以来,西部地区经济获得了进一步发展,部分省份发展势头强劲。伴随着改革开放和西部大开发的进一步深入,国家级新区发展进入了快车道。从 2006 年 5 月成立天津滨海新区,到 2017 年 4 月设立河北雄安新区,截至 2021 年年底,国家批准国家级新区累计达到 19 个,遍布祖国大地。而在西部地区,从 2010 年 6 月设立重庆两江新区,到 2012 年 8 月设立兰州新区、2014 年 1 月设立陕西西咸新区、贵州贵安新区,再到 2014 年 10 月设立四川天府新区、2015 年 9 月设立云南滇中新区,这 6 个国家级新区为西部地区带来了发展新活力,成为西部地区深化改革、开发开放、创新发展的新引擎。如今,国家级新区均已成为西部地区新的经济增长极,承担着国家重大发展和改革开放的战略任务。

例如,重庆两江新区下辖江北区、渝北区、北碚区3个行政区的部分区域,规划占地总面积1200平方公里,居住人口超过220万。2019年,两江新区生产总值从2010年的1001亿元增长到3391亿元,年均增长17%;常住人口已达到350万人,有130家世界500强企业落户于此。

2014年1月,国务院批准在贵州省贵阳市和安顺市接合部设立贵安新区,规划到2030年,城镇人口达到200万左右,建设用地控制在220平方公里左右,重点培育新一代信息技术产业,发展电子信息制造业。截至2022年7月,贵安新区累计引进国内国际500强企业106家,中国移动、中国电信、中国联通三大运营商以及富士康数据中心已入驻建成并投入使用,腾讯贵安七星数据中心、华为数据中心、中国科学院上海生命科学研究院贵安新区生物医学大数据中心、贵州射电天文台,以及FAST科学研究与数据处理中心等标志性项目已基本建成,华为、腾讯、微软、IBM、苹果、浪潮、东软、泰豪、航天科工等一批企业已经落户。在贵安新区,电子信息制造业集群加快扩能扩产,软件信息服务业集群规模持续扩大,数据中心集群形成了示范引领效应,一批融合发展水平高的企业已成为大数据与工业融合典型示范项目。未来,贵安新区将加快培育发展现代高科技、高水平、高成长型产业,做大产业规模,提升经济总量,着力攻坚智能终端、高端显示屏、新能源汽车、数据中心、集成电路等核心产业集群,促进高端化、绿色化、集约化"三化"融入产业发展全过程,推动全产业链形成,增强产业核心竞争力,不断提高发展的质量和效益,加快打造全省发展战略的支撑和重要增长极。

重点经济区率先发展。西部地区一手抓重点经济区的培育壮大,一手抓老少边穷地区的脱贫致富,牢牢把握党中央、国务院推进的"一带一路"建设,构建开放型经济新体制。成渝地区、关中-天水地区、环北部湾地区、呼包银榆地区、兰西格地区、天山北坡地区、滇中地区、黔中地区、宁夏沿黄地区、藏中南地区等取得了积极进展,加强了统筹规划和协调,积极推进工业化、城镇化协调发展,促进产业集聚布局、人口集中居住、土地集约利用,已发展成为带动和支撑西部大开发的战略高地。

城市圈集聚发展。目前,西部地区仍处于高速城镇化阶段。截至2019年年底,我国城镇化率超过 60％。相较于东部地区,西部地区的城镇化率偏低,还有较大的上升空间。随着西部地区城镇化水平的不断提升,大量城市公共服务需求将被释放,这将带动基础设施等方面的数万亿元的投资。成渝城市群、关中平原城市群是西部地区的两大核心引擎,成渝城市群将带动整个大西南的发展,而关中平原城市群则将带动大西北地区的发展,进一步发挥西部两大城市群的综合优势,加快提高城市综合承载能力,逐步形成以重点城市为中心的经济圈。

资源富集区集约发展。西部地区按照着眼长远、统筹规划、加强勘探、合理开发的要求,在西部地区科学选择了一些资源赋存条件优良、国内外市场需求旺盛、大规模开发利用条件基本具备的重点区域,例如鄂尔多斯盆地、塔里木盆地、川渝东北地区、天山北部及东部地区、攀西-六盘水地区、桂西地区、河西地区、柴达木盆地等,建成了一批优势资源开发及加工基地,提高了能源矿产资源供应能力和产业风险应对能力,维护了国家的经济安全。

重点口岸跨越发展。西部大开发战略实施以来,西部地区充分发挥地缘优势,依托国际大通道,实施积极主动的开放战略,不断拓展新的开放领域和空间,全面提升了沿边开发开放水平。我国陆地边界线长约 2.2 万公里,西起北部湾,东至鸭绿江口,与 14 个国家接壤,沿边地区是面向东南亚、南亚、西亚、中亚及东北亚开放的重要门户,在对外开放大局中具有重要战略地位。随着"一带一路"建设的深入推进,沿边地区开放潜力很大,正处在跨台阶、上水平的关键时期,可能会为西部大开发带来新变化,注入新活力。沿边开放、向西开放将会与沿海开放、向东开放一起,形成遥相呼应的全方位开放新格局。为此,要贯彻"周边首要"的方针,把与周边国家在经济、技术、文化等方面的交流合作不断推向纵深。当前,要尽快制定实施沿边地区开发开放指导意见和规划,从政策层面对沿边地区开发开放进行统筹设计。同时要突出重点,加快推进重点口岸和外贸转型升级示范基地建设,支持广西东兴、凭祥、百色,云南瑞丽、磨憨,内蒙古满洲里、二连浩特,新疆塔城等重点开发开放试验区加快发展。沿边地区基础设施建设和招商引资环境有了明显改善,形成了一批集聚优质资源的商品市场和物流园区,以及一批边境经济合作区、互市贸易区和出口加工区。西部地区培育和形成了一批富有活力的边境重点口岸、边疆区域性中心城市,形成了边境地区要素集聚高地,带动了沿边地区的整体发展。

军民融合走在前列。西部地区是我国军工资源相对富集的区域,军民融合将对西部地区经济的发展起到极大的促进作用。一是西部国防工业实力雄厚,军事装备制造位居全国第一,集中了全国三分之一的军工企业、五分之二的国防科研院所、二分之一的军工固定资产、三分之二的军工人员,具备较强的国防科技工业优势。这既是西部装备制造业的特色,又是西部装备制造业最大的优势,为进一步推进军转民提供了雄厚的物质、技术基础。这种优势将成为西部进一步扩展军民融合的强大物质基础和技术支撑。以军民两用技术为支撑,可大大扩展军民融合的产业链,因此发展军民融合产业有很大的空间。二是西部地区国有经济成分比重大,大中型企业多是中央直属企业,便于任务的协调落实。西部地区是我国国有经济比重最高、国有大中型企业最多和最集中的地区之一,国有及国有控股工业企业所占比重近70%。其中不少企业已发展成为主业突出、核心竞争力较强的企业集团,例如二重、东方电气、西安电力机械制造、彩虹集团公司等,是西部装备制造业的中坚力量。西部地区初步形成了组团式布局,产业聚集度比较高。综合考虑资源、环境、经济、技术等多方面因素的影响与制约因素,组团式布局从空间范围和组织结构上易于协调管理,又便于集中和发挥各组团的技术力量及经济实力,提高了西部装备制造业的产业聚集度和综合经济效益。三是西部国防科技工业已发展成为覆盖航天、航空、兵器、核电、船舶等行业的较完整体系,在航空、航天、核电、电子等高新技术领域具有较强的研究和自主开发能力。同时,西部的中心城市,如西安、成都、重庆、兰州等也是高等院校、科研机构、高新技术产业园区的密集地,形成了高新技术产、学、研一体化的孵化基地。此外,西部装备制造业有了一定基础,西部大开发战略实施后更是积极引进、消化吸收,从仿制到自行设计和研制,大大提高了自主研发能力,使西部地区在发电设备研制、重型装备研制、军工装备研制、交通运输装备研制等方面走在了全国的前列。另外,一些专用技术、高新技术也填补了国内装备制造技术的空白。未来,西部地区将进一步加强军民融合,依托该地区的技术、人才、装备优势,推动地方企业与军队合作开发给予军工配套以及面向西部大开发的基础设施装备、技术装备、矿业装备等,这将对促进地方经济发展和西部大开发具有重要意义。

三、开放高地开局良好

国家实施了更加积极主动的全方位开放战略,全面推动西部地区发展内陆开放型经济。重庆、成都、西安、昆明、南宁、贵阳等打造内陆开放高地,有利于发挥区域经济的带动作用,在构建开放型经济新体制、内陆开放型经济发展新模式,以及建设法治化、国际化、便利化营商环境等方面,不断拓展开放的广度和深度,率先破解难题,深度融入共建"一带一路"大格局,加快形成面向中亚、南亚、西亚国家的国际贸易通道、商贸物流枢纽、重要产业和人文交流基地,为我国形成陆海内外联动、东西双向互济的开放格局提供有力支撑。重庆在西部地区带头开放、带动开放,在推动形成陆海内外联动、东西双向互济开放格局中跑出"加速度",内陆开放发展进入了"快车道"。

同时,西部地区加速完善东西南北四向的对外开放通道体系建设,尤其做大西部陆海新通道,推动交通物流经济深度融合的综合运输通道形成;建立了"战略平台＋园区平台＋功能平台＋活动平台"的开放平台体系,带动产业、金融、科技、人才等要素聚集,形成了平台引领、辐射带动、协同发展的良好局面。成都加快构建立体全面的开放新格局,积极推进自贸试验区建设,与东盟各国展开了深入合作,全面对接南亚、东南亚的巨大市场,拓展开放型经济发展新空间。2021 年,成都外贸进出口总值 8222 亿元,同比增长 14.8％,占四川省进出口总值的 86.4％。截至 2022 年 7 月,成都已与全球 228 个国家(地区)建立了经贸关系。同时,成都还是中国"领馆第三城",2023 年 2 月时,国际友城和友好合作关系城市达到 106 个,常住外国人约 3 万人。成都"蓉欧＋"东盟国际班列已经形成 7 条国际铁路通道和 5 条国际铁海联运通道,连接波兰罗兹、荷兰蒂尔堡、德国纽伦堡等境外 26 个城市。西安作为西北地区唯一的特大城市,在全面深化改革和新一轮对外开放进程中的战略地位更加凸显。西安积极构建"一带一路"国际贸易黄金通道,营造优质的营商环境,建设更高水平的开放型经济体系。2021 年,西安外贸进出口总值为 4400 亿元,同比增长 26.5％,创历史新高。

西部地区的两江新区、天府新区、西咸新区、贵安新区、滇中新区和兰州新区等城市新区建设不断推进,形成新的区域增长点,开放平台的带动效应不断显现。同时,宁夏、贵州内陆开放型经济试验区进展顺利,基本形成了我国面向阿拉伯国家的重要窗口。西部地区积极参加"一带一路"国际合作高峰论坛、中国国际进口博览会等国家重大开放活动,连续成功举办中国西部国际投资贸易洽谈会、中国西部国际博览会、中国-东盟博览会、中国-亚欧博览会、国际大数据产业博览会、生态文明贵阳国际论坛、中国(贵州)国际酒类博览会等系列开放活动,西部在国际社会的关注度和影响力日益增强。中欧班列快速发展,为西部地区开放型经济发展开辟出了一条新通道。随着中欧班列的发展,中国内陆地区的产业结构将迎来快速调整,招商引资将进一步拉动,将加快形成面向中亚、南亚、西亚国家的通道、商贸物流枢纽、重要产业和人文交流基地,形成内陆开放型经济高地。

四、区域互动合作双赢

西部地区积极对接京津冀协同发展、长江经济带发展、粤港澳大湾区建设等重大战略,依托陆桥综合运输通道加强西北省份与东中部省份的互惠合作,通过推动东西部自贸试验区交流合作来加强协同开放。西部地区深化各领域合作,建立了毗邻省份发展规划的衔接机制,推动空间布局的协调发展;加强了沟通协调,促进了基础设施互联互通,打通缺失路段,畅通瓶颈路段,提升了道路通达水平;以市场为导向,打破了行政区划的局限和市场分割,引导和支持东中部地区各类生产要素向西部地区的跨地区、跨行业、跨所有制流动,引导东中部地区产业向西部地区有序转移。西部地区在与周边地区产业融合、相互配套和市场深度融合方面取得了新进展,初步形成了区域产业链条上下游联动机制和统一开放、竞争有序的现代市场体系。东部地区和中央单位对口支援西部地区的工作和深入推进对口支援西藏、新疆和青海等省区的工作不断加大力度,对民族地区、革命老区、集中连片特殊困难地区以及相关库区的对口支援或帮扶力度不断加大。西部地区推进重点开发开放试验区、跨境经济合作区、跨境旅游试验区建设;与东中部地区交流合作日益密切,内陆开放、沿边开放发展加快。中国-东盟自贸区、上海合作组织等的国际区域合作深入推进,大湄公河次区域经济合作和中亚区域经济合作稳步发展,全方位对外开放新格局初步形成。

第十二章　锚定开放:融入"一带一路"

共建"一带一路"是习近平总书记亲自谋划、亲自部署、亲自推动的重大倡议。建设"丝绸之路经济带"的提出是新时期我国为进一步缩小区域发展差距、促进向西纵深开放以及维护我国经济安全与地区稳定所提出的重大举措;"一带一路"倡议的提出符合我国经济社会发展的需要。"十三五"规划纲要提出,要把深入实施西部大开发战略放在优先位置,更好地发挥"一带一路"建设对西部大开发的带动作用。西部大开发战略实施以来,西部地区的省份发挥区位优势,加快开发开放步伐,积极融入"一带一路"建设,有力地推动了经济社会的更好发展,取得了显著成效。

"六廊六路多国多港"是共建"一带一路"的主体框架,体现了空间布局,是"一带一路"建设的战略方向。"一带一路"陆上依托国际大通道,以沿线中心城市和港口形成"一带一路"的主骨架,主要包括新亚欧大陆桥、中蒙俄、中国-中亚-西亚、中国-中南半岛、中巴、孟中印缅经济走廊。六大经济走廊将相关60多个发展中国家和地区列为中国对外交往的优先和重点对象,有利于打造中国与"一带一路"沿线国家和地区的互利共赢新格局。

一、六大经济走廊进展顺利

新亚欧大陆桥、中蒙俄、中国-中亚-西亚经济走廊经过亚欧大陆东中部地区,不仅将充满经济活力的东亚经济圈与发达的欧洲经济圈联系在一起,更畅通了连接波斯湾、地中海和波罗的海的合作通道。中国-中南半岛、中巴、孟中印缅经济走廊以及中缅经济走廊经过亚洲东部和南部这一全球人口最稠密的地区,连接沿线主要城市和人口、产业集聚区。

新亚欧大陆桥经济走廊。1992 年 12 月,横贯亚欧两大洲的铁路大通道——新亚欧大陆桥开通运营。2011 年 3 月,重庆首列"渝新欧"班列开行。2013 年 9 月,在中哈两国元首的共同见证下,连云港市政府与哈萨克斯坦国有铁路股份公司签署了中哈国际物流合作项目协议,2014 年 5 月,中哈(连云港)物流合作基地项目一期工程正式启用投产。2015 年 5 月,中俄签署了丝绸之路经济带和欧亚经济联盟对接文件,同时双方在能源、交通、经贸等领域的合作项目进展顺利。2016 年 G20 杭州峰会期间,中哈两国元首见证签署了《"丝绸之路经济带"建设与"光明之路"新经济政策对接合作规划》。2016 年 6 月 8 日,中国铁路正式启用中欧班列统一品牌。2016 年 6 月 20 日,习近平主席访问波兰期间统一品牌的中欧班列首达欧洲仪式举行。2017 年 4 月,包括中国在内的 7 国签署了《关于深化中欧班列合作协议》,该协议被纳入首届"一带一路"国际合作高峰论坛成果清单。截至 2018 年 8 月,中国已经与新亚欧大陆桥经济走廊沿线 21 个国家签订了"一带一路"合作备忘录。2021 年 2 月 9 日,习近平主席在北京以视频方式主持中国-中东欧国家领导人峰会,发表了题为"凝心聚力,继往开来　携手共谱合作新篇章"的主旨讲话。他强调,中国-中东欧国家合作坚持共商共建、务实均衡、开放包容、创新进取,是多边主义的生动实践,是中欧关系的重要组成部分。中国愿同中东欧国家顺应时代大势,实现更高水平的共同发展和互利共赢,携手推动构建人类命运共同体。峰会上还发布了《2021 年中国-中东欧国家合作北京活动计划》和《中国-中东欧国家领导人峰会成果清单》,中国和中东欧国家"16+1"合作水平逐年提升。

　　中蒙俄经济走廊。2014 年 9 月 11 日,习近平主席在出席中国、俄罗斯、蒙古国三国元首会晤时提出,将"丝绸之路经济带"同"欧亚经济联盟"、蒙古国"草原之路"倡议对接,打造中蒙俄经济走廊。2015 年 7 月 9 日,习近平主席在俄罗斯乌法同俄罗斯总统普京、蒙古国总统额勒贝格道尔吉举行中俄蒙元首第二次会晤,批准了《中华人民共和国、俄罗斯联邦、蒙古国发展三方合作中期路线图》,三国有关部门签署了《关于编制建设中蒙俄经济走廊规划纲要的谅解备忘录》。2016 年 6 月 23 日,习近平主席在乌兹别克斯坦塔什干同俄罗斯总统普京、蒙古国总统额勒贝格道尔吉举行中俄蒙元首第三次会晤,三国元首共同见证签署了《建设中蒙俄经济走廊规划纲要》,这是共建"一带一路"框架下的首个多边合作规划纲要。同年 9 月 13 日,国家发展改革委公布《建设中蒙俄经济走廊规划纲要》,这标志着"一带一路"框架下的第一个多边合作规划纲要正式启动实施。

中国-中亚-西亚经济走廊。近年来,我国先后与哈萨克斯坦、沙特阿拉伯、伊朗、乌兹别克斯坦、吉尔吉斯斯坦、阿拉伯联合酋长国、塔吉克斯坦等国家建立了全面战略伙伴关系,与土库曼斯坦、约旦、卡塔尔、伊拉克、科威特等国家建立了战略伙伴关系,与土耳其、阿富汗建立了战略合作伙伴关系,积极推进"丝绸之路经济带"与哈萨克斯坦"光明之路"、塔吉克斯坦《2030 年前塔吉克斯坦国家发展战略》、吉尔吉斯斯坦《2013—2017 年可持续发展战略》、土库曼斯坦"强盛幸福时代"等发展战略对接,助推经济走廊建设。2014 年 6 月,中国在中国-阿拉伯国家合作论坛第六届部长级会议上提出构建以能源合作为主轴,以基础设施建设、贸易和投资便利化为两翼,以核能、航天卫星、新能源三大高新领域为突破口的中阿"1+2+3"合作格局。2015 年,中国与哈萨克斯坦签署了《加强产能与投资合作备忘录》等 30 多份合作文件;与阿塞拜疆、格鲁吉亚签署了《关于共同推进丝绸之路经济带建设的谅解备忘录》;与乌兹别克斯坦签署了《关于在落实建设"丝绸之路经济带"倡议框架下扩大互利经贸合作的议定书》,批准了《中乌战略伙伴关系发展规划(2014—2018 年)》。截至目前,推进《中亚区域运输与贸易便利化战略(2020)》运输走廊建设中期规划顺利实施。2015 年,在上海合作组织成员国元首理事会第十四次会议上《上海合作组织成员国政府间国际道路运输便利化协定》签署,上合组织六国将逐步形成国际道路运输网络,对中国倡导的丝绸之路经济带建设具有重要的推动作用。中国还开展了与中亚有关国家的国际道路运输协议谈判,签订了《中哈俄国际道路临时过境货物运输协议》并组织开展了试运行活动。

中国-中南半岛经济走廊。中国-中南半岛经济走廊以中国西南为起点,连接中国和中南半岛各国,是中国与东盟扩大合作领域、提升合作层次的重要载体。2015 年 9 月 18 日,中国-中南半岛经济走廊南宁-新加坡合作发展圆桌会议在南宁举办,标志着中国-中南半岛经济走廊建设进入实施阶段。2014 年 11 月,李克强总理在第 17 次中国-东盟领导人会议上倡议建立"澜沧江-湄公河合作机制",得到了湄公河流域各国的积极响应。2015 年 11 月,中国与湄公河流域国家共同启动了"澜沧江-湄公河合作机制",成员涵盖了中南半岛的主要国家。2016 年 5 月 26 日,中国-中南半岛经济走廊发展论坛发布了《中国-中南半岛经济走廊建设倡议书》。中国与越南"两廊一圈"、柬埔寨"四角"

战略、老挝从"陆锁国"迈向"陆联国"等战略进行对接,与老挝、柬埔寨等国签署共建"一带一路"合作备忘录,启动编制双边合作规划纲要。以中国-东盟博览会、中国-东盟商务与投资峰会、中国-东盟自贸区、大湄公河次区域经济合作等平台为依托,中国积极加强与中南半岛国家的"五通"建设。2017年,《大湄公河次区域便利货物及人员跨境运输协定》启动实施,推进了中越陆上基础设施的合作,启动了澜沧江-湄公河航道二期整治工程的前期工作,中老铁路开工建设,中泰铁路启动,昆(明)曼(谷)公路全线贯通,促进了基础设施的互联互通。中老磨憨-磨丁经济合作区设立,探索边境经济融合发展的新模式。中国-东盟(10+1)合作机制、澜湄合作机制、大湄公河次区域经济合作发挥的积极作用越来越明显。

中巴经济走廊。该走廊的起点在新疆喀什,终点位于巴基斯坦瓜达尔港,全长3000公里,北接"丝绸之路经济带",南连"21世纪海上丝绸之路",贯通"一带一路"关键枢纽,是一条包括公路、铁路、油气和光缆通道在内的贸易走廊,是"一带一路"建设的旗舰项目和重要抓手。2013年,李克强总理访问巴基斯坦,中巴签署《关于开展中巴经济走廊远景规划合作的谅解备忘录》。中巴两国共同设立了"中巴经济走廊远景规划联合合作委员会",并在当年8月召开了第一次会议,此后每年举行一次工作会议,截至2019年11月,该委员会已举行9次会议。2015年4月,中巴关系提升为"全天候战略合作伙伴关系"。2015年4月20日,中巴两国领导人出席中巴经济走廊部分重大项目动工仪式,签订了51项合作协议和备忘录,其中近40项涉及中巴经济走廊建设。2017年12月18日,中巴两国共同编制的《中巴经济走廊远景规划》在巴基斯坦伊斯兰堡发布,规划中指出中巴经济走廊是以中巴两国的综合运输通道及产业合作为主轴,以两国经贸务实合作、人文领域往来为引擎,以重大基础设施建设、产业及民生领域合作项目等为依托,以促进两国经济社会发展、繁荣、安宁为目标,优势互补、互利共赢、共同发展的增长轴和发展带。目前,瓜达尔港口生产生活基础设施的陆续完善使其航运功能显著提升,靠港货船频度大增;瓜达尔自由区正式运营;卡西姆港电站投入商业运行;瓜达尔东湾高速公路项目完工;白沙瓦至卡拉奇高速公路项目苏木段进入全面建设。

孟中印缅经济走廊。孟中印缅经济走廊惠及中国西南、缅甸、孟加拉国、印度等国家和地区16亿人口,辐射东南亚和印度洋沿岸的西亚、非洲地区等

22 亿人口的大市场,是连接中国和经济发展速度最快的南亚国家的便捷通道,是中国走向南亚和印度洋区域市场最便捷、最具经济吸引力的陆路大通道。2013 年 5 月,李克强总理与印度总理辛格共同正式对外提出建设孟中印缅经济走廊的倡议,并获得了孟加拉国和缅甸两国政府的积极响应。2013 年 5 月,中印联合声明首次共同倡议建设孟中印缅经济走廊后,中印曾同意成立联合工作组,加强该地区的互联互通,孟缅政府亦参与其中。2013 年 12 月,走廊四方联合工作组首次会议在昆明举行,强调建设该走廊将有助于提升复合式联系,利用经济上的互补性,促进投资和贸易以及协调人员间的接触。2014 年 12 月,联合工作组第二次会议在孟东南部沿海城市考克斯巴扎召开,四方承诺加快推进走廊建设,为维护地区和平稳定、促进经济发展做出贡献。联合工作组已召开过三次会议,但莫迪政府上台后,印度冷对中方"一带一路"倡议,孟中印缅经济走廊建设向前推进动力大为减弱,迄今未步入实质性阶段。突出亮点就是 2017 年 11 月,中方提出建设北起中国云南,经中缅边境南下至缅甸曼德勒,然后再分别向东西延伸到仰光新城和皎漂经济特区的"人字形"中缅经济走廊。此举得到了缅方的高度赞赏,双方于 2018 年 9 月签署经济走廊合作文件。

六大经济走廊主要涉及新疆、甘肃、内蒙古、云南、广西、西藏以及重庆、四川、贵州、陕西、青海、宁夏等西部地区的省区市。回看"一带一路"建设的发展历程,西部地区积极融入"一带一路",着力加大对外开放和推进六大经济走廊建设,从南到北亮点纷呈。

二、新疆建设丝路核心区

新疆位于亚欧大陆中部,与蒙古国、俄罗斯、哈萨克斯坦、吉尔吉斯斯坦、塔吉克斯坦、阿富汗、巴基斯坦、印度等 8 个国家接壤,陆地边界线长达 5700 多公里,有 29 个对外口岸(其中一类口岸 17 个,二类口岸 12 个),是我国西北的战略安全屏障和对外开放的重要门户。

第一,新疆作为丝绸之路经济带核心区和中国向西开放的桥头堡,抢抓机遇,将丝绸之路经济带核心区建设作为全方位扩大开放的总抓手,加大全方位开放力度,充分开拓国内国际两个市场,利用两种资源,着力推进"一港""两区""五大中心""口岸经济带"建设(即乌鲁木齐国际陆港区,喀什、霍尔果斯经济开发区,丝绸之路经济带的区域性交通枢纽中心、商贸物流中心、文化科教中心、区域金融中心和医疗服务中心,边疆口岸经济带),深入贯彻国家"一带一路"倡议,建立与周边及沿线国家发展规划、政策规则、产业发展的对接机制、合作平台,全面落实核心区建设重点任务,全力推进核心区建设在重点领域取得实质性突破。

第二,新疆加快推进丝绸之路经济带北、中、南三大通道建设和南北疆大通道建设。依托国内现有交通干线,自东向西贯穿沿线重要节点城市,经新疆通向周边国家及中亚、南亚、西亚和欧洲。北通道连接我国东中部地区,经伊吾、北屯、吉木乃、布尔津等地,西出哈萨克斯坦至俄罗斯,向西经准东—将军庙铁路、阿富准铁路、北屯至布尔津至吉木乃口岸通往哈萨克斯坦,经克拉玛依至塔城巴克图口岸通往哈萨克斯坦;经阿富准铁路和青河至塔克什肯口岸通往蒙古国,经将军庙(准东)至哈密(三塘湖、淖毛湖)至额济纳铁路和老爷庙口岸通往蒙古国;经准东—将军庙铁路、阿富准铁路、北屯至布尔津至喀纳斯口岸通往俄罗斯。中通道从我国东部地区沿第二座亚欧大陆桥横穿我国中原、西北诸省区,进入新疆再经哈密、吐鲁番、乌鲁木齐、精河,然后分别从阿拉山口和霍尔果斯出境直通中亚至欧洲,向西经阿拉山口口岸到达哈萨克斯坦阿斯塔纳,经精伊霍铁路霍尔果斯口岸到达哈萨克斯坦乌拉尔河的里海入口阿特劳。南通道连接华南、华中地区经重庆、四川、青海进入新疆,经若羌、和田、喀什,通往塔吉克斯坦,南下至印度洋沿岸的瓜达尔港,向西南经喀什地区通过吐尔尕特口岸到达吉尔吉斯斯坦卡拉苏和乌兹别克斯坦安集延(中吉乌铁路);经喀什地区通过红其拉甫口岸到达巴基斯坦瓜达尔港(中巴铁路);经阿克苏地区通过别迭里口岸到达吉尔吉斯斯坦。南北疆大通道包括吐鲁番—库尔勒—阿克苏—喀什—伊尔克什坦口岸段高速公路、乌鲁木齐—尉犁—若羌段等公路。新疆加快推进国际大通道建设。

2020年,新疆铁路营运里程达到7720公里,随着格库铁路、阿富准铁路、和若铁路、克塔铁路、博州支线铁路等建成通车,铁路将覆盖新疆80%以上的县级行政区,人们的交通出行越来越便捷,铁路对经济的拉动日益明显。新疆铁路建设的加快,改变了长久以来新疆铁路成线不成网的局限,形成了以兰新铁路、兰新高铁为主要进出疆通道,北疆铁路环线与南疆铁路环线为两翼的

"一主两翼"交通格局。截至 2021 年年底,新疆民用运输机场有 22 个;"十四五"规划建设机场包括阿拉尔、塔什库尔干、准东(奇台)、和静(巴音布鲁克)、和布克赛尔、轮台、巴里坤、昭苏、乌苏、且末(兵团)、皮山机场,其中昭苏、塔什库尔干机场已于 2022 年正式通航。可以说,目前新疆已经初步形成了以乌鲁木齐为中心,以铁路为主骨架,公路为骨干,民航和管道相配合,东连甘肃、青海,通往内陆,南接西藏,西出中西亚,北通蒙古国、俄罗斯的综合交通运输网络,这为新疆的跨越式发展和长治久安奠定了坚实的基础。

"十四五"期间,新疆将加快实施吐鲁番—小草湖—乌鲁木齐—奎屯、精河—阿拉山口、喀什—和田、梧桐大泉—下马崖—伊吾—巴里坤—木垒高速公路新建、改扩建项目。开工建设五彩湾—富蕴—阿勒泰—布尔津—吉木乃口岸、依吞布拉克—若羌—和田、喀什—红其拉甫、红山嘴口岸—阿勒泰—乌鲁木齐—库尔勒—若羌、独山子—库车高速(高等级)公路等项目。积极推进阿勒泰—奎屯、库车—阿克苏—喀什高速公路畅通。铁路大通道建设方面,积极推进乌鲁木齐—伊宁—霍尔果斯高速铁路、中巴铁路、中吉乌铁路、阿勒泰—吉木乃口岸铁路、富蕴—青河—塔克什肯口岸铁路等项目相关前期工作,力争早日开工建设。新亚欧大陆桥经济走廊的最大亮点是中欧班列的开通和运营。自 2011 年重庆首趟"渝新欧"班列开行,中欧班列安全顺畅稳定运行,开行数量逆势增长。2020 年,中欧班列累计开行 1.24 万列、发送 113.5 万标箱,同比分别增长 50%、56%,综合重箱率达 98.4%;年度开行数量首次突破 1 万列,单月开行均稳定在 1000 列以上,并且开行规模持续扩大。2021 年,新疆阿拉山口、霍尔果斯口岸开行中欧班列 1.2 万列,同比增长 21%。截至 2021 年 12 月,中欧班列累计开行 4.9 万列,运送货物 443.2 万标箱,通达欧洲 23 个国家的 180 个城市,开行范围持续扩大。开行的质量大幅度提升,基本实现了双向运输平衡,货物品种不断丰富。特别是在全球新冠疫情的影响下,海运、空运均受到了极大的限制,中欧班列承接了大量由海运、空运转移的出境货运业务。

新疆积极推进信息通道基础设施建设及互联互通,完善了面向周边国家的跨境陆地光缆,积极推进中国—中亚—西亚陆路光缆及卫星通信基础设施建设,建设中巴信息走廊;着力推进丝绸之路经济带亚欧国际数据保税区和云服务中心建设,加快云计算、大数据等基础设施建设,构建丝绸之路经济带国际通信枢纽和信息中心;加快推进能源通道建设,不断扩大"疆电外送"规模。

第三,积极推进与周边国家的经贸合作。跨境电子商务产业园区取得了积极进展,跨境电商发展呈现出良好态势。稳步推进国际产能合作,中国-亚欧博览会、境外新疆商品交易会等国内外展会成为国际产能合作的重要平台,对于经济发展发挥了积极作用。新疆积极实施引进来和"走出去",对外贸易、对外投资稳步扩大。2022年上半年,新疆外贸企业数量增幅明显,通过多证合一渠道备案外贸企业287家,同比增长56倍。随着丝绸之路经济带建设的不断推进,越来越多的新疆企业走出国门,走进"一带一路"沿线国家。特变电工、华凌集团、中泰集团等一批本土企业积极"走出去",在"一带一路"沿线国家实施了农业、纺织、能源、医药等领域的一系列项目。积极构建"新亚欧大陆桥纺织服装供应链"。2021年,新疆外贸进出口总值为1569.1亿元,同比增长5.8%。

第四,积极推进对外开放平台建设。不断完善和落实喀什、霍尔果斯经济开发区特殊扶持政策,乌鲁木齐、阿拉山口、喀什等现有综合保税区建设取得了明显进展,积极推进中国(新疆)自贸试验区申报工作。红其拉甫、都拉塔、红山嘴、老爷庙等口岸进一步扩大开放,完善了霍尔果斯、阿拉山口铁路口岸对外开放功能。以信息互换、监管互认、执法互助为导向,创新通关模式,营造中哈霍尔果斯国际边境合作中心便捷高效、低成本的购物通关环境。推进口岸"单一窗口"标准版建设,实现全区口岸全覆盖。

第五,资金融通迈上新台阶。从巴基斯坦哈比银行乌鲁木齐分行挂牌开业开始,截至2022年年末,新疆共有53家银行,保险公司登记已达33家。截至2022年8月,共有法人证券子公司2家、证券分公司28家、A股上市公司55家,位居西北五省区之首。新疆积极推进合作中心先行先试跨境人民币创新业务,在中哈大宗商品交易中开始使用人民币计价结算。2021年,新疆跨境人民币收付金额达492.7亿元,同比增长19.5%。截至2021年5月,新疆办理跨境人民币结算的企业总数达2115家,收付金额492.7亿元,同比增长19.5%。截至2021年年末,新疆与110个国家和地区发生了人民币跨境收付业务。

第六,民心相通不断深入。新疆积极推进多层次、多领域人文交流,科技、教育、文化旅游、医疗卫生等国际交流合作取得了积极成效。新疆与科技部、中科院、深圳市四方开展了共建丝绸之路经济带创新驱动发展试验区,配合实施了"一带一路"科技创新行动计划,建设了一批成果转移转化平台,实施了一批重大科技专项。乌鲁木齐、石河子等高新技术产业开发区被国务院批准为国家自主创新示范区;截至 2018 年,在北京、上海等地启动建设了 7 家离岸孵化器(基地);设立了科技创新产业引导基金。先后举办了丝绸之路经济带国际研讨会、丝绸之路经济带相关国家媒体负责人研修班等国际论坛活动。新疆坚持办好中国-亚欧博览会、亚欧商品贸易博览会、中国新疆喀什·中亚南亚商品交易会、周边国家中国(新疆)商品展览会等重大展会,发挥新疆东引西出、向西开放的地缘优势,将其打造成区域的国际交流平台。多次举办中国新疆国际民族舞蹈节、新疆发展论坛、走进丝绸之路经济带核心区主题采访、丝路名人中国行、中国-亚欧博览会"中外文化展示周"以及周边国家智库交流等大型活动,促进了不同文明、不同文化的交流互鉴。积极推进与"一带一路"沿线国家的教育交流与合作。"留学中国新疆计划"取得了积极成效。2015 年 1月—2019 年 5 月,新疆累计招收外国留学生 1.25 万人,在周边 6 个国家建成孔子学院 10 所。积极实施国际医疗服务,累计接诊外籍患者 2 万余人次,建立了跨境远程医疗服务平台,加强医疗卫生国际交流,组织"中医关怀团"赴周边国家开展健康咨询和义诊活动。大力实施"旅游兴疆"战略,完善旅游公共服务体系,大力发展全域旅游和"旅游+",稳步发展跨境、边境旅游,旅游业整体发展水平不断提升。截至 2022 年,新疆已成功举办了 16 届冬季旅游产业交易博览会,连续 12 年举办了"中国旅游日"等活动。旅游业快速发展,充分展示了"新疆是个好地方"。

三、陕西打造丝路新起点

陕西是我国地理位置的中心,区位优势明显。陕西是古丝绸之路的起点,是内陆改革开放的新高地,是融汇亚欧丰富多元文化的重要平台,具有带动西北地区发展的重要作用。汉武帝建元元年(公元前 140 年),张骞从长安出使西域,开辟了由长安经甘肃、新疆,到中亚、西亚,并连接地中海各国的陆上通道,古丝绸之路让东西方的文明交融交汇,留下了诸多的文化遗存。2013 年 9月 7 日,习近平主席在哈萨克斯坦纳扎尔巴耶夫大学演讲时说:"我的家乡陕西,就位于古丝绸之路的起点。站在这里,回首历史,我仿佛听到了山间回荡的声声驼铃,看到了大漠飘飞的袅袅孤烟。这一切,让我感到十分亲切。"①陕西作为古丝绸之路的起点,要充分发挥自身在丝绸之路经济带中的地理区位优势、交通枢纽优势、历史文化优势、科教资源优势,积极融入,主动作为,奏响合作共赢、全面发展的协奏曲,跃升为我国对外开放的前沿。

第一,着力打造通江达海的立体化交通枢纽。陕西交通基础设施互联互通取得了明显成效,进一步加快了铁路、公路、机场和信息网络建设,加快建设国际航空枢纽、"米"字形高铁网和高速公路网,着力完善现代综合交通运输体系,横贯东西、纵贯南北的综合交通运输大通道基本形成。交通建设以提等升级、通畅瓶颈、加强区域联通、打通省际通道为重点,综合运输体系建设取得了重大突破,交通网络日益完善,为陕西成为"一带一路"的重要节点、向西开放的前沿和门户奠定了坚实基础。建成宝兰、西成、银西高铁和浩吉、神靖、宝麟等普速铁路。截至 2021 年年底,陕西铁路营业里程达到 6500 公里,"两纵五横八辐射"铁路骨架网基本形成。2021 年,中欧班列(西安)开行达 3841 列,中欧班列(西安)以西安国际港站为依托,中欧班列"长安号"加速驰骋,向西已开通西安至中亚、欧洲的 15 条线路,覆盖"一带一路"沿线 44 个国家和地区,成为国际物流中陆路运输的重要方式。完成了汉江安康至白河段国家高等级航道整治,汉江黄金水道日趋成形。继续强化西安咸阳国际机场的门户枢纽地位,形成了"一主四辅"民用机场体系,2021 年,西安咸阳国际机场旅客吞吐量达到 3017 万人次。开通了西安—阿拉木图、西安—莫斯科、西安—巴黎等航线,构建了以西安为中心、连通国内外重要城市的空中丝绸之路。形成了以国家在西安建设互联网骨干直联点、跨境电子商务以及三大移动通信运营商数据中心、三星电子闪存芯片项目为重点的信息产业和电子商务基地。

第二,经贸合作成效明显。"十三五"期间,陕西外贸进出口额连续跨越2000 亿元和 3000 亿元大关,年均增长 14.8%,外贸依存度达到 14.4%。2021年,在复杂严峻的国际经贸形势下,陕西外贸逆势上扬,全年进出口总值创历史新高。据西安海关统计,2021 年陕西省进出口总值达 4757.8 亿元,同比增长 25.9%。其中,出口 2566.1 亿元,同比增长 33%;进口 2191.7 亿元,同比

---

① 习近平的丝路情缘. (2017-05-16)［2021-09-23］. https://news. 12371. cn/2017/05/16/
ARTI1494915126603888. shtml.

增长 18.6%；同期贸易顺差 374.4 亿元。其中对"一带一路"沿线国家进出口 810.2 亿元，同比增长 28.2%。进一步推动口岸营商环境的持续优化，积极与"一带一路"沿线海关共建大通关合作，简化通关流程，提高通关效率，为企业进出口提供高效便捷的通关服务。

第三，产能合作不断拓宽。陕西自贸试验区和辽宁、浙江、河南、湖北、重庆、四川自贸试验区共同商定了"以 1＋3＋7 自贸区为骨架、东中西协调、陆海统筹的全方位和高水平区域开放"协议。陕西自贸试验区"铁路运输方式舱单归并新模式"改革试点经验、杨凌现代农业国际合作中心经验、"创新推进中欧班列发展、推动西向国际物流通道建设"经验以及西咸新区国际高层次人才"一站式"服务平台、"一带一路"语言服务及大数据平台等经验在全国复制推广，陕西率先在自贸试验区实行了"线上税银模式"。中国西安出海产业园已揭牌成立，将构建优质互联网出海平台；西安高新区数字经济产业园正式运营，西安国家新一代人工智能创新发展试验区启动建设。西安中欧合作产业园聚集了德国博世、法国阿尔斯通等世界 500 强企业的 9 个项目。陕西积极推进建设中俄、中哈等国际合作园区，持续深化与"一带一路"沿线国家的务实合作。西安粮油企业爱菊粮油工业集团在哈萨克斯坦北哈州投资建设的中哈爱菊农产品加工园区被列入"中哈产能与投资 52 个合作项目清单"。中国（陕西）自贸试验区杨凌自贸片区设立了年度规模 1500 万元的现代农业国际合作专项资金，西安经开功能区与中国兵器集团合作设立了总规模 100 亿元的军民融合产业基金，为助推陕西省企业开展国际产能合作奠定了坚实基础。

第四，人文合作不断深入。陕西发挥丰富的科教资源优势，与 40 多个国家和地区建立了全方位、多层次、宽领域的国际科技交流合作关系，建立了国际科技合作基地联盟。截至 2021 年 5 月，陕西共建设国家级国际科技合作基地 24 个，省级国际科技合作基地 109 个，通过"项目—人才—基地"相结合的国际科技合作模式，推进国际科技资源协同创新，有效提升了陕西国际科技合作的质量和水平。杨凌示范区以"一带一路"海外农业国际合作园区为载体，努力培育海外农业园区服务体系，积极推动国际农业投资、科技、贸易和人文交流，先后与全球 60 多个国家在现代农业领域建立了合作关系。同时，人文交流合作亦日趋活跃。陕西在葡萄牙、德国、澳大利亚举办了"欢乐春节·国风秦韵"陕西文化周系列活动，与悉尼中国文化中心举行了秦兵马俑线上艺术展,建立了丝绸之路考古中心,打造丝路文化旅游高地。陕西加强了国际化教育培训基地和文化交流传播平台建设,培养国家急需的非通用语种人才和国别区域研究人才,强化人才支撑和储备;支持沿线国家青年学者、专家教授来陕培训、研修、交流,创新开展对外宣传和人文交流。陕西积极开展国际抗疫合作,抽调了 14 名专家组成中国(陕西)赴塔吉克斯坦联合工作组赴塔协助开展疫情防控工作;西安交大第一附属医院等医疗机构先后与美国、加拿大、意大利、澳大利亚等 28 个国家的医务人员、华侨同胞、中资机构开展网络视频学术交流,向国际社会分享抗疫经验。

第五,出台优惠政策。自 2013 年"一带一路"倡议提出以来,陕西抓住这一重大历史机遇,积极融入"一带一路"建设。2013 年,陕西发布了《共建丝绸之路经济带西安宣言》;2016 年,出台了《陕西省推进建设丝绸之路经济带和21 世纪海上丝绸之路实施方案》;2018 年,出台了《陕西省推进绿色"一带一路"建设实施意见》《陕西省标准联通共建"一带一路"行动计划(2018—2020年)》。2020 年,陕西印发了《陕西省国际科技合作基地评估实施细则》《西安丝绸之路金融中心建设规划》及行动计划。2020 年,陕西又印发实施《"一带一路"建设 2020 年行动计划》,不断加大力度,积极统筹推进新冠疫情防控和"一带一路"建设,抓好重点工作落实,聚焦重点企业、重大项目、重要通道的疫情防控和风险防范,集中力量推进"一带一路"建设高质量发展。

四、甘肃打造丝路黄金段

甘肃位于西北地区的中心地带,素有"丝绸之路三千里,华夏文明八千年"的美誉,是多民族交汇融合聚集区,是东中部联系新疆、青海、宁夏、内蒙古乃至中亚的桥梁和纽带。古丝绸之路贯穿甘肃境内 1600 多公里,驼铃声声,丝路漫漫,"驰命走驿,不绝于时月;商胡贩客,日款于塞下","使者相望于道,商旅不绝于途"。这里曾有过隋朝时期在张掖焉支山举办万国博览会的传奇,这里诞生了敦煌这个绝无仅有的中国、印度、希腊、伊斯兰四大文明体系的交汇地。甘肃是多民族交汇融合聚集区,是东中部联系新疆、青海、宁夏、内蒙古乃至中亚的桥梁和纽带,在保障国家生态安全、促进民族团结繁荣发展和边疆稳固等方面,都具有不可替代的战略地位,是国家向西开放的重要门户和次区域合作的战略基地。甘肃抢抓"一带一路"建设机遇,在加大向西开放的同时,积极融入和服务"一带一路"倡议,提出并着力打造丝绸之路经济带黄金段;向西开放的纵深支撑和战略平台、丝绸之路的综合交通枢纽和黄金通道、经贸物流合作的区域中心、产业集聚和合作示范区、人文交流合作的桥梁和枢纽等,都取得了明显的阶段性成效。

第一,加快推进中新互联互通项目南向国际贸易物流通道建设,不断拓展向南开放渠道,在完善交通物流基础设施、搭建通道管理运营平台、促进沿线地区经贸联动、形成跨国跨区域信息互通、推进通关一体化建设等方面取得了积极进展。南向出海大通道以重庆为运营中心,以广西、贵州、甘肃为关键节点,利用铁路、公路、水运、航空等多种运输方式,由重庆向南经贵州等省,通过广西北部湾等沿海沿边口岸,通达新加坡及东盟主要物流节点,进而辐射南亚、中东、大洋洲等区域;向北与中欧(渝新欧、兰州号)班列连接,利用兰渝铁路及甘肃的主要物流节点,连通中亚、南亚、欧洲等地区,通过国际合作打造有机衔接"一带一路"的复合型国际贸易物流通道。兰渝铁路全线通车运营,打通了我国西南与西北一条最便捷的通道,实现了我国西南与西北、中亚与东南亚、"一路"与"一带"的三个联通。南向通道物流运营平台逐步完善,兰州新区中川北站作为中亚班列发运地、兰州港务区作为南亚班列和南向通道货运班列发运地的基础设施进一步加强,为货运班列营运能力的提升奠定了坚实基础。同时,兰州铁路口岸、兰州新区综合保税区已经建成运营,兰州进口肉类查验场、进口冰鲜及水产品指定口岸已通过国家质检总局验收,甘肃(武威)国际陆港进境木材检验检疫监管区投入运营。积极推进通道和枢纽经济发展,出台了南向通道班列实施优惠政策,着力构建西北有色金属服务平台。

第二,经贸合作逐步扩大。甘肃着力增进口扩出口稳外贸,积极扩大出口、稳定存量、扩大增量,确保外贸进出口稳定增长,多元化开拓市场。2020年,甘肃与"一带一路"沿线国家和地区实现进出口外贸总值165.2亿元,占全省外贸进出口总值的比重达44.3%,上百种农产品分批销往85个国家和地区,对外贸易的"朋友圈"越扩越大。同时,甘肃加快推进兰州、天水跨境电商综合试验区和海外仓建设,成为外贸新增长点。

第三,国际产能合作深入推进。目前,一批重大国际产能合作项目顺利实施。金川集团印度尼西亚红土镍矿冶炼项目、白银集团首信秘鲁尾矿综合利用项目顺利达标投产;海默科技在美国、沙特、阿联酋、哥伦比亚等国家建立了境外营销机构;天水华天科技并购马来西亚上市公司友尼森公司,提升了在欧美地区的市场份额;兰州广通并购了塞尔维亚伊卡布斯汽车工厂。对外承包工程业务不断拓展,中国甘肃国际经济技术合作总公司、八冶公司、中铁二十一局、中国电建甘肃能源公司、甘肃建投集团等实力雄厚的国有企业在境外承揽了埃塞俄比亚 OMO Kuraz Ⅲ 糖厂、埃塞俄比亚公务员社保基金总部大楼、蒙古国扎门乌德区域物流开发、巴基斯坦卡西姆港燃煤电站、白俄罗斯总部基地等一批工程项目,对外承包工程建设有序推进。

第四,人文交流不断拓展。甘肃是上古神话中华民族人文始祖伏羲、女娲的诞生地,源远流长的华夏文明和丰富多彩的丝绸之路文化,让这里蕴藏了众多的历史文化遗存,也让这里成为人文走廊。多年来,甘肃与沿线地区在教育、卫生、文化等领域开展合作交流,经典舞剧《丝路花雨》《大梦敦煌》等先后赴 20 多个国家演出,促进了沿线人民对中国的了解和认知。古代敦煌是中西文化交流的十字路口,商业贸易繁荣,宗教文化兴盛,不同文明在此交汇,历经沧桑,几度盛衰。敦煌研究院传承、发展了丝绸之路(敦煌)文化遗产及研究成果,成为国际上具有重要影响力的敦煌学研究基地,为开展对外文化交流与合作、传播丝绸之路精神、助力共建"一带一路"做出了独特贡献。甘肃以办好文博会、兰洽会、药博会为重点,不断扩大影响力,与各方一道传承丝路精神。

五、青海打造丝路重要节点

青海地处青藏高原,与川、藏、新、甘为邻,历来是戍边守关、经略西北、治藏安疆、维护统一的战略要地,是丝绸之路经济带的十字要冲,是沟通我国西北西南的枢纽。古代,丝绸之路南线三分之一在青海,横穿东西,史称"青海道",曾盛极一时。青海很久以来就与中亚国家和阿拉伯世界形成了深厚绵长的人脉情缘。唐蕃古道一半以上路段在青海,穿越南北,被誉为"汉藏金桥"。党的十八大以来,青海认真贯彻落实习近平总书记"把青藏高原打造成为全国乃至国际生态文明高地"的重要指示要求,紧扣党中央部署,筑牢国家生态安全屏障,确保"一江清水向东流",全力打造丝绸之路经济带的战略基地和重要支点。

第一，牢牢把握"一带一路"建设推进基础设施互联互通和"兰西经济一体化"的机遇，加快实施重要基础设施的升级改造和项目建设。加强物流基础设施和物流服务的跨区域衔接和资源整合，完善多元的综合交通运输体系，努力把青海打造成联通东西、辐射南北的物流、资金流、技术流、信息流的重要节点。经过多年建设，青海已形成了较为完备的公路网；兰新铁路第二双线、格尔木至库尔勒等重点铁路工程建成通车和西宁机场改造完善，使铁路和空中交通也趋于成熟；地下输气输油管道、光缆及空中输电线路向不同方向延伸，正在形成丝绸之路经济带上承东启西、联通南北的交通网，为青海大发展注入新动力。"十四五"期间，青海将积极打通周边省际运输大通道，促进高速公路贯通联网，不断构建互联互通快速网，打通国省干线"断头路""瓶颈路"，促进国省干线贯通衔接、提质升级，构建衔接高效的干线网。

第二，体制机制创新进一步深化。积极探索完善资源配置、利益分配、服务共享、制度保障等合作新机制，强化体制机制创新，综合施策，突出重点，着力解决区域合作发展中的主要问题，努力破解制约区域合作的体制障碍，创造一个规范、开放、有序的市场环境，推动区域经济合作和谐发展。

第三，产能合作取得成效。青海着力加强与沿线地区和中亚国家在新能源、新材料、特色农牧产品、生物医药等领域的合作，促进循环经济技术与相关产业的交流，进一步推动绿色产业发展壮大。制定相关政策，鼓励外商投资传统产业的技术改造和升级，提高传统产品的竞争力，积极培育具有潜在竞争优势的高科技产业。着力加强能源产业转移承载区和进口资源加工区建设，形成全国重要的能源储备基地。积极发展太阳能、风能等新能源，建设国家清洁能源基地和国家清洁能源示范省，开工建设青海至河南±800千伏特高压直流工程等一批重大项目，外送清洁电量超过100亿千瓦时。截至2021年年底，青海省清洁能源装机3853万千瓦，清洁能源装机占总发电装机的90.83%，其中新能源装机占总发电装机的61.36%。

第四，对外开放合作平台取得突破性进展。青海深化区域经济合作，加快推动"兰西经济一体化"；探索推进向西开放的青新藏经济圈，打造丝绸之路经济带的重要增长极；西宁综合保税区取得积极进展；集中有限资源发展"小而特、小而专、小而精"产业，走出了一条有自己特色的对外开放发展之路。

第五，人文交流不断拓展。青海通过搭建平台、拓宽渠道、整合资源等手段,扎实推动青海文化旅游"走出去"。西部大开发战略实施以来,截至 2020年 2 月,青海先后派出 20 多批次人员赴韩国、西班牙、泰国等国家开展对外文化交流活动,在泰国泰亚洲旅运集团设立了第一个青海海外文化旅游推广中心,充分展示了青海文化、青海魅力、青海韵味。开展"大美青海走进日本"系列对口交流合作,与东京中国文化中心开展旅游推介交流活动。数百年来,青海黄南唐卡"藏画之乡"、果洛"格萨尔文化"、互助"土族文化"、循化"撒拉族文化"都享誉中外。依托丰富的文化资源,青海通过办好"青洽会""藏毯展"等展会和"热贡六月会""藏戏会演""五彩神箭"等一大批文化交流活动,吸引中外游客,拓展文化交流渠道。

六、宁夏建设重要战略支点

宁夏位于古丝绸之路东段北道,是古丝绸之路的重要通道,丝路文化、阿拉伯国家的文化与华夏黄河文明在此交织。宁夏牢记习近平总书记的殷切嘱托,坚持用总书记考察宁夏时的重要讲话精神统一思想、统揽全局、统领发展,团结带领全区各族人民奋发有为、拼搏进取,积极融入丝绸之路经济带建设。宁夏在丝绸之路经济带的定位是:以阿拉伯国家为重点,以实现习近平主席提出的"五通"为目标,加快建设中阿空中丝绸之路、中阿互联网经济试验区、中阿金融合作试验区和中阿博览会战略平台,促进中阿全方位的交流合作和产业发展,构建中阿合作的桥头堡,打造丝绸之路经济带的战略支点。[①]

第一,加快建设宁夏内陆开放型经济试验区。宁夏是中国唯一全域开放的内陆开放型经济试验区,并将内陆开放型经济试验区融入丝绸之路经济带建设的整体之中,以面向阿拉伯国家为重点,以构建开放型经济新体制为支撑,促进中阿全方位交流合作,构建中阿合作桥头堡,积极构建丝绸之路经济带重要战略支点。宁夏深化与福建、北京、天津、浙江等地的合作,加强与中东、中亚地区的合作与联系,建立了与沿线省区市及欧亚国家交流合作的新机制,加快"走出去、引进来",不断深化和巩固与"一带一路"沿线国家和地区的经贸务实合作,外向型经济迈上了新台阶。

---

① 徐运平,朱磊,周志忠. 宁夏:打造"丝绸之路经济带"战略支点. 人民日报,2014-03-05(22).

第二,交通基础设施建设迈上新台阶。宁夏乘势而上,突出交通"上下游畅通、左右岸联通",打通出口路,提升干线路,建好农村路,紧紧围绕建设交通强区、黄河流域生态保护和高质量发展先行区的总目标,建设"横贯东西、沟通南北"的快速运输通道,打造区域性航空枢纽。宁夏已建成具有广泛国际影响力、客货运中转节点和西进西出航空货运的重要集散中心,为高质量发展提供了强力支撑。

第三,对外经贸合作进展明显。目前,宁夏已成为中国与阿拉伯国家和地区交流合作最密切的省(区、市)之一,开放合作通道增多,在交通基础设施、能源通道建设、投资金融合作等方面都取得了积极进展,对外投资和经济合作保持了良好发展的势头,主要投资目的地为沙特、阿联酋、哈萨克斯坦、开曼群岛等国家,投资领域为商务服务业、批发零售业、制造业、建筑业等。

第四,区域合作再上新台阶。宁夏抓住国家完善区域协调发展的机遇,盯住发达地区。2020 年以来,宁夏多次组织党政代表团赴京津冀、长三角、粤港澳大湾区等地区开展经贸考察和产业转移承接系列活动,推动与上述重点区域建立合作机制,推动与浙江、广东等省签订商务领域合作协议,对接重点目标企业,积极扩大招商范围。宁夏黄河流域生态保护和高质量发展先行区与粤港澳大湾区、深圳中国特色社会主义先行示范区建设对接,在葡萄酒、枸杞、牛奶、肉牛、滩羊、冷冻蔬菜、新型材料、清洁能源、装备制造、数字信息、轻工纺织、文化旅游、现代物流、中药材等领域开展合作。

第五,文化软实力进一步深化。以人文交流合作为突破口,宁夏积极发展优势特色产业,文化软实力促使中阿经贸交流合作进一步深化。宁夏充分发挥中阿博览会的平台作用,以中阿"空中丝绸之路"和中阿"网上丝绸之路"为纽带,建设中阿人文交流合作示范区、中阿贸易投资便利化示范区和中阿金融合作示范区。近年来,越来越多的阿拉伯国家访问学者、留学生到宁夏交流学习;越来越多的宁夏人远赴沙特、埃及、巴基斯坦等国传播中华文化。阿拉伯学院、宁夏大学迪拜大学孔子学院、宁夏国际阿拉伯语学校、中阿国际学院的合作项目纷纷落地,为中阿教育合作增添了光彩。宁夏多次举办"阿拉伯艺术节""丝绸之路国际民歌歌会暨中国西部民歌(花儿)歌会""丝绸之路文化之旅""丝绸之路艺术节",以及宁夏文化艺术周、阿拉伯知名艺术家中国行等活动,扩大人文交流。舞剧《月上贺兰》已远赴埃及、阿尔及利亚、卡塔尔等多个阿拉伯国家演出,旅游、饮食、广播电视等各领域的合作处处生花、流光溢彩,促进了民心相通。

七、内蒙古打造向北开放桥头堡

内蒙古地处祖国北疆,北与俄罗斯和蒙古国接壤,横跨东北、华北、西北地区,内与黑龙江、吉林、辽宁、河北、山西、陕西、宁夏、甘肃等 8 省区为邻,是祖国的"北大门"、首都的"护城河",在维护国家安全和边疆安宁、筑牢祖国北疆安全稳定屏障方面具有重要地位。

第一,着力打造我国向北开放的重要桥头堡。2014 年,习近平总书记考察内蒙古时强调,"要通过扩大开放促进改革发展,发展口岸经济,加强基础设施建设,完善同俄罗斯、蒙古合作机制,深化各领域合作,把内蒙古建成我国向北开放的重要桥头堡"①。内蒙古认真贯彻落实习近平总书记重要讲话精神,发挥地理位置、经济基础、人文魅力及历史渊源等方面的优势,探索自身在丝绸之路经济带中战略目标实现的路径,深度融入"一带一路",全面参与中蒙俄经济走廊建设,确立了进一步打造我国向北开放重要桥头堡的战略方针,努力把区位优势转化为开放优势、发展优势,在坚持扩大内需、合理扩大有效投资、促进扩容提质、健全现代物流体系、深化国内区域合作、推进高水平对外开放、打造全域开放平台、全方位服务和融入国内国际市场、争创发展新优势等方面迈出了新的坚实步伐。

第二,着力推进中蒙俄经济走廊建设。2015 年 7 月,中蒙俄三国元首批准了《中俄蒙发展三方合作中期路线图》,三国有关部门签署了《关于编制建设中蒙俄经济走廊规划纲要的谅解备忘录》,并基于此在 2016 年 6 月正式签署了《中蒙俄经济走廊规划纲要》,这是"一带一路"框架下第一个多边合作规划纲要,实现了经济走廊规划的落地。2018 年 5 月,中国与欧亚经济联盟正式签署经贸合作协定,进一步推动"一带一路"建设与欧亚经济联盟对接。中蒙俄经济走廊有两个通道,一是华北通道,从京津冀到呼和浩特,再到蒙古国和俄罗斯;二是东北通道,沿着老中东铁路从大连、沈阳、长春、哈尔滨到满洲里

---

① 奋进新征程 书写内蒙古发展新篇章.（2021-05-10）[2021-09-23]. https://m. gmw. cn/baijia/2021-05/10/34830932.html.

和俄罗斯的赤塔。中蒙俄经济带的建设对中国华北地区和东北地区的拉动作用最为直接。《中蒙俄经济走廊规划纲要》包括交通基础设施发展及互联互通、口岸建设和海关、产能与投资合作、经贸合作、人文交流合作、生态环保合作、地方及边境地区合作共七大方面。内蒙古全方位深化与俄罗斯、蒙古国的合作，积极推动《中蒙俄经济走廊规划纲要》的落实，推进与俄罗斯、蒙古国等国的交通、跨境输电、国际通信等方面的基础设施互联互通，深入开展在教育、科学、文化、体育、旅游、卫生等领域的合作，不断提升对外开放水平。

第三，着力推进基础设施互联互通。中蒙俄经济走廊在基础设施互联互通建设方面，形成了以铁路、公路和边境口岸为主题的跨国基础设施联通网络。内蒙古着力建设"北开南联、东进西出"重要枢纽，统筹口岸、通道和各类开放载体，优化口岸资源整合配置，着力贯通陆海空网络联运主通道，推进重要枢纽节点城市、货物集疏中心和资源转化园区建设，大量发展泛口岸经济，形成口岸带动、腹地支撑、边腹互动格局。京呼高铁、赤喀高铁、包银高铁进一步密切了内蒙古与周边地区的联系。中蒙之间，白阿铁路、长白铁路、策克口岸跨境铁路、二连浩特—锡林浩特铁路通道如期建成贯通。中蒙俄完成了《沿亚洲公路网政府间国际道路运输协定》的签署工作，并组织开展了三国卡车试运行活动。已建成中国境内与蒙古国相连的四条线路，即二连浩特—蒙古国—俄罗斯—欧洲、满洲里—俄罗斯—欧洲、包头—额济纳—哈密—霍尔果斯（阿拉山口）—欧洲、阿尔山—蒙古国—俄罗斯—欧洲，完成满洲里至俄罗斯红石公路改造、甘其毛都口岸—临河等一批公路。蒙古国乌兰巴托新国际机场高速公路于 2018 年 10 月全线贯通，极大改善了蒙古国西部地区的交通状况，为当地经济社会发展创造了有力保障，为中蒙两国推进"一带一路"建设与"草原之路"计划的对接做出了应有的积极贡献。2020 年，经二连浩特铁路口岸进出境中欧班列 2384 列，同比增长 60%，集装箱满载率达 99.54%。满洲里、二连浩特、甘其毛都和策克等口岸基础设施进一步完善。满都拉口岸建成"五进五出"货运专用通道，实现常年开放。二连浩特试行"三互"大通关建设试点，建成旅检自助通关通道，人员、车辆通关时间减少了 40% 以上，通关便利化大幅提升。

第四，着力加强产能合作。产业园区建设、各类平台稳步建设。满洲里综合保税区、中俄互市贸易区运营平稳，满洲里和二连浩特国家重点开发开放试验区、二连浩特-扎门乌德跨境经济合作区、呼伦贝尔中俄蒙合作先导区建设取得了显著进展,中俄林业合作第六期规划项目俄罗斯木材加工园区取得了阶段性成果,向北开放重要桥头堡作用进一步凸显。

第五,着力推进民心相通。内蒙古充分发挥地缘相邻、文缘相通、人缘相亲等方面的优势,坚持传承和弘扬丝绸之路友好合作精神,不断拓宽与蒙古国、俄罗斯的人文交流合作。2000 年,中蒙两国签订了《利用中国无偿援助款项培养蒙古留学生项目执行计划》;2005 年和 2011 年,两国签署了《教育交流与合作计划(2005—2010)》、《教育交流与合作计划(2011—2016)》;2015 年,两国教育部门签署了关于合作设立中蒙交流专项奖学金项目备忘录,进一步推进两国在教育领域的合作。根据 2005 年中蒙签署的《教育交流与合作计划(2005—2010)》,中国每年接受 100 名蒙古国大学生,他们可享受中国政府奖学金到内蒙古留学;2014 年中方又向蒙方提供了 1000 个培训名额,增加了 1000 个中国政府全额奖学金名额。蒙古国现在每年有约 8000 名自费或公费留学生来中国学习,来自蒙古国的留学生是内蒙古留学生的主要群体。2018 年年底,内蒙古在校的蒙古国留学生达 1700 多人,占自治区留学生总人数的 73%,内蒙古每年为蒙古国来自治区就读的留学生提供各类奖学金 1200 多万元。

内蒙古积极办好"中国·内蒙古草原文化节""中国·内蒙古文化旅游周",让蒙俄民众亲身感知中华文化,推动三国人文交流互动,增进三国人民的互相了解和友谊。积极推进内蒙古文化旅游、科技教育、经济贸易的发展,为草原文化"走出去"提供了内在动力。"吉祥春节""中蒙网络春晚"等文化交流活动丰富多彩,边邻地区的文化日、"口岸那达慕"、艺术节等活动日益活跃、长年不断,极大地拉近了中蒙两国人民的心灵距离。内蒙古还举办了"一带一路"中蒙俄合作论坛、"海赤乔"区域经济发展论坛、"海满阿"协同发展论坛、中蒙新闻论坛等,探讨中蒙俄三国区域经济合作新路子。内蒙古电视台蒙古语卫视、内蒙古人民广播电台第九套节目"中国草原之声"、中蒙合资桑斯尔有线电视公司、中俄合资贝加尔有线电视信息网络有限公司以及《索伦嘎》杂志和斯拉夫蒙古文索伦嘎新闻网等已经成为对外介绍内蒙古的新平台。

八、云南建设辐射中心

云南与缅甸、老挝、越南接壤，是中国连接南亚东南亚的国际通道，拥有肩挑两洋、面向三亚（东南亚、南亚、西亚）、通江达海、民心相通的地区合作优势，素有"省垣门户、迤西咽喉、川滇通道"之称。2015 年 1 月，习近平总书记在云南考察工作时提出，希望云南努力成为面向南亚东南亚辐射中心，谱写好中国梦的云南篇章。云南各族干部群众牢记习近平总书记的殷殷嘱托，正抢抓"一带一路"建设、新一轮西部大开发、云南自贸试验区等重大战略机遇，着力深化全方位、多领域、深层次的高水平对外开放，推动经济迈入高质量跨越式发展快车道。国家发展改革委印发了《关于支持云南省加快建设面向南亚东南亚辐射中心的政策措施》，政策支持涵盖与周边国家农业合作、基础设施互联互通和产能合作、经贸合作、金融合作和人文交流等内容。彩云之南开放之风正劲，开放潮涌奔腾。

第一，推动构建通往周边国家的陆路通道建设。云南着力加快"七出省、五出境"公路、铁路通道建设，昆明—河口—河内、昆明—磨憨—曼谷、昆明—瑞丽—皎漂 3 个高速公路出境通道已全线贯通，另外 2 条经猴桥口岸和清水河口岸通往缅甸的公路通道实现了高速化；形成了昆明—玉溪—河口、大理—临沧、大理—瑞丽、昆明—磨憨出境铁路通道。中老铁路建成通车，芒市—猴桥铁路已纳入国家铁路网规划，正在开展前期工作。

第二，推动与周边国家的综合运输合作。云南积极落实国家层面与老挝和越南分别签署的国际道路运输协定，截至 2022 年 6 月，分别开通了 19 条和 10 条客货运输线路，基本建成了以沿边重点城市为中心、边境口岸为节点，覆盖沿边地区并向周边国家辐射的国际道路运输网络；持续推动"两出省、三出境"水路通道中澜沧江—湄公河国际航运健康持续发展，实现了互利共赢。2016 年 12 月投运的昆明南站，已成为我国辐射南亚东南亚国家最重要的国际陆路客运枢纽。云南积极打造昆明国际航空枢纽，依托昆明长水国际航空枢纽机场、省内 18 个干（支）线机场和国际、国内、省内三级航线网络，逐步形成面向南亚东南亚的空中运输通道布局，基本实现了南亚东南亚国家首都的全覆盖。中缅油气管道的全线贯通，构建了多元化的能源互通格局。云南积极建设面向南亚东南亚的国际通信枢纽,国际通信网、电力网连接周边国家,国际通信服务范围可覆盖周边国家。

第三,经贸合作取得积极成效。瑞丽、勐腊国家级重点开发开放试验区,河口、瑞丽等国家级边境经济合作区,红河、昆明综合保税区,中老磨憨—磨丁等跨境经济合作区建设有序推进,开放平台建设取得积极进展。云南25个口岸基础设施进一步完善,电子口岸大通关服务平台建设取得了积极进展。开展了"跨境电商+边民互市"转型升级模式,推行"电子交易+区块链存证溯源+跨境结算业务"改革试点。经贸合作不断扩大,2020年,云南省外贸进出口总额2680.4亿元,较2019年增长15.4%,高于全国整体增速13.5个百分点。其中,对"一带一路"沿线国家进出口1680.9亿元,增长3.2%,外贸整体形势向好,为进一步扩大开放奠定了坚实基础。

第四,资金融通力不断提高。云南首批试点个人经常项下跨境人民币业务,开展了跨国企业集团境内外成员企业之间开展跨境人民币资金余缺调剂和归集业务,推出全国首例人民币对泰铢银行间市场区域交易,银行柜台挂牌币种已涵盖周边国家货币,搭建了云南省两个越南盾现钞直供平台和西南地区第一个泰铢现钞直供平台,实现中老双边本外币现钞跨境调运历史性突破。截至2021年年末,云南跨境人民币累计收付6581.55亿元,已同106个国家和地区建立了跨境人民币业务。金融机构深入开展跨境金融交流合作,驻滇银行机构设立沿边金融合作服务中心、泛亚业务中心、泛亚跨境金融中心等区域性功能性机构,开展跨境清算的新渠道。富滇银行、太平洋证券到老挝分别设立了老中银行、老中证券;中国人民银行昆明中心支行与老挝、泰国央行建立了紧密合作关系。

第五,人文交流合作不断深化。云南省高校加大了与国外院校的合作力度,增强留学云南的吸引力。2020年年底,云南省高校有留学生1.8万多人,留学生来自148个国家。其中,南亚东南亚国家留学生有1.6万人,约占全省外国留学生总数的85%,云南成为南亚东南亚国家学生来华留学的重要目的地。云南在边境地区开展了传染病联防联控国际合作,并举办了两届中国云南-南亚东南亚国家医院院长论坛。云南在柬埔寨、缅甸合作共建海外中国文化中心,由云南文投集团投资的大型音乐舞蹈史诗剧《吴哥的微笑》在柬埔寨落地并实现本土化。在中国-东盟、大湄公河次区域旅游合作框架协议下,区域旅游合作稳步推进,边境旅游试验区和跨境旅游合作区建设得到了积极推动。云南成功举办了 6 届中国-南亚博览会、3 届中国-南亚合作论坛,中国昆明进出口商品交易会、中国国际旅游交易会等大型国际展会成效显著。

九、广西形成"三大定位"

广西南濒北部湾,面向东南亚,西南与越南毗邻,从东至西分别与广东、湖南、贵州、云南接壤,是华南经济圈、西南经济圈与东盟经济圈的接合部,是西南乃至西北地区最便捷的出海通道,也是联结粤港澳与西部地区的重要通道。2015 年 3 月全国两会期间,习近平总书记参加广西代表团审议时给广西提出了"三大定位":构建面向东盟的国际大通道,打造西南中南地区开放发展新的战略支点,形成 21 世纪海上丝绸之路和丝绸之路经济带有机衔接的重要门户。[①] 这为广西加快形成面向国内国际的开放合作新格局指明了方向。2017 年 4 月,习近平总书记到广西考察,要求"立足独特区位,释放'海'的潜力,激发'江'的活力,做足'边'的文章,全力实施开放带动战略"[②]。广西认真贯彻落实习近平总书记的重要指示精神,抢抓机遇,充分发挥区位优势,积极融入"一带一路",做好对外开放这篇大文章,加快构建"辐射东盟、拓展 RCEP、走向世界"的立体开放发展新格局,坚定不移地落实党中央决策部署,取得了显著成效。

第一,着力建设西部陆海新通道。西部陆海新通道在区域协调发展格局中具有重要战略地位。广西作为西部陆海新通道的重要门户和核心枢纽,具有"一湾相挽 11 国、良性互动东中西"的独特区位优势。广西把共建西部陆海新通道作为落实习近平总书记赋予广西"三大定位"新使命的牵引工程,作为构建"南向、北联、东融、西合"全方位开放发展新格局的"新引擎",协同重庆、四川、贵州等省区市及新加坡、越南等东盟国家,共同谋划推动落实重大合作事项和基础设施建设,于 2017 年 9 月开通了中新互联互通框架下的国际物流新通道,着力构建西部陆海新通道综合立体交通运输体系,实现"贯边通海,畅

---

① 坚定履行"三大定位"新使命. (2015-12-10)[2021-09-23]. http://www. gxzf. gov. cn/zt/sz/gxjdlxsddwxsm/dzxnzndqkffzxdzlzd/t982273. shtml.

② 胡光磊. "干渠""灌区"同发力 "跳板""支点"促开放. (2022-04-28)[2021-09-23]. http://www. nanning. china. com. cn/2022-04/28/content_41955171. html.

内联外"。

第二,着力海上互联互通。以建设北部湾国际门户港为目标,广西着力打造港口核心竞争力,建设西部陆海新通道(平陆)运河、湘桂运河,开辟江海联运新通道,加快建设一批 10 万—40 万吨级航道和码头。积极完善中国-东盟港口城市合作网络,加快临港产业建设,谋划发展好向海经济。

第三,畅通陆路国际大通道。广西积极与新加坡以及重庆市等对接,加快渝桂新"南向通道"建设,建立跨国跨省合作机制,打通关键瓶颈,构建多式联运,培育国际物流线路,促进中国-中南半岛经济走廊建设。加快打通瓶颈,形成自重庆、成都经贵阳、南宁至北部湾,重庆经怀化、柳州至北部湾,以及成都经泸州(宜宾)、百色至北部湾的 3 条公铁综合交通出海大通道。开工建设黄桶至百色铁路、南防铁路钦州至防城港段增建二线、黔桂铁路增建二线、湘桂铁路南宁至凭祥段升级改造等一批铁路项目。

第四,贸易产能合作迈上新台阶。2017 年 12 月 28 日,马中关丹产业园年产 350 万吨联合钢铁项目试产成功;2012 年 4 月 1 日,中马钦州产业园开园,共同开创了"两国双园"国际产能合作新模式。近 20 家境外合作区在泰国、柬埔寨、越南等国落地。广西对外贸易持续增长。据海关统计,2020 年,广西外贸进出口总值达 4861.3 亿元人民币,比 2019 年增长 3.5%,增幅较全国高1.6 个百分点。其中,出口 2708.2 亿元,增长 4.3%;进口 2153.1 亿元,增长2.6%;贸易顺差 555.1 亿元,增加 11.2%。

第五,人文交流取得新进展。广西积极办好中国-东盟博览会、中国-东盟商务与投资峰会,大力推动广西自贸试验区、西部陆海新通道、面向东盟的金融开放门户、中国-东盟信息港、防城港国际医学开放试验区、百色重点开发开放试验区、南宁临空经济示范区等重大开放平台的建设,与东盟文化交流方面的桥梁作用不断提升,对推进中国与东盟的文化交流发挥了积极影响。截至 2019 年 12 月,广西高校已与周边国家近 200 所院校建立了合作关系,约 1 万名东盟国家留学生在广西求学,广西已经成为全国招收东盟国家留学生最多的省区市之一。广西每年承办中国-东盟文化论坛,以及中国-东盟(南宁)戏剧周、中国-东盟(南宁)戏曲演唱会等活动,取得了丰硕的成果。精心打造的"广西文化周"、《印象刘三姐》《八桂大歌》《碧海丝路》等一批文化产品在东盟传播,展示了中国和东盟特色的文化形象、旅游文化、演艺文化、创意文化产品、期刊出版物、动漫游戏及相关产业等，进一步推动了中国与东盟国家在文化、动漫和游戏产业领域的交流合作，积极培育文化领域新业态。

十、西藏建设重要通道

西藏地处中国西南边陲，被誉为"地球第三极"，南面与印度、尼泊尔、不丹、缅甸接壤，有着独特的区位优势和地缘优势，历史上就是中国与南亚各国交往的重要门户。习近平总书记强调，"坚持党的治藏方略，把维护祖国统一、加强民族团结作为工作的着眼点和着力点，坚定不移开展反分裂斗争，坚定不移促进经济社会发展，坚定不移保障和改善民生，坚定不移促进各民族交往交流交融，确保国家安全和长治久安，确保经济社会持续健康发展，确保各族人民物质文化生活水平不断提高"①。西藏全面贯彻落实中央的决策部署和习近平总书记关于西藏工作的重要论述，推动新时代"一带一路"建设和西藏高质量发展，建设面向南亚开放重要通道，取得了明显成效。

第一，在设施联通方面，青藏铁路、拉日铁路全线贯通，川藏铁路项目稳步推进，不断补齐发展短板，完善公共服务设施。截至 2020 年，公路通车里程达11.88 万公里，高等级公路通车里程达 688 公里，川藏铁路全线开工，其中拉林段建成通车。青藏、川藏、藏中、阿里 4 条"电力天路"先后建成。西藏积极推进口岸基础设施建设，连接中尼边境贸易的吉隆已建成国际性公路口岸，樟木口岸恢复货运功能，里孜口岸开放；中尼两国签署了跨境铁路合作协议，2016 年 5 月至 2020 年 5 月，"兰州号"南亚公铁联运国际货运列车和粤藏中南亚班列已累计开行 380 列；中尼陆上跨境光缆开通，尼泊尔正式接入中国互联网服务；西藏航空企业在尼泊尔投资组建喜马拉雅航空公司，已完成股权调整。截至 2021 年年底，西藏已开通航线 150 多条，通航国内外城市 68 个，打造了一条跨喜马拉雅的"空中走廊"。

第二，在贸易畅通建设方面，西藏近年来成立了南亚标准化（拉萨）研究中心，探索设立拉萨综合保税区，启动中尼跨境经济合作区建设，鼓励企业参与

---

① 习近平在中央第六次西藏工作座谈会上强调：加快西藏全面建成小康社会步伐. (2015-08-26)［2021-09-23］. https://www.neac.gov.cn/seac/xwzx/201508/1002556.shtml.

"一带一路"投资合作项目。2020 年西藏外贸进出口总值达 21.33 亿元,其中出口 12.94 亿元,进口 8.39 亿元;一般贸易进出口 11.01 亿元,边境小额贸易进出口 9.67 亿元,一般贸易已超过边境小额贸易成为最主要的贸易方式。

第三,在民心相通方面,近年来,西藏已成功举办中国西藏旅游文化国际博览会、环喜马拉雅"一带一路"合作论坛、南亚标准化论坛等国际交流活动,举办了"天路文华——西藏历史文化展""茶马古道——八省区文物联展""祥云托起珠穆朗玛——藏传佛教艺术精品展"等,开展了"冬游西藏·共享地球第三极"活动,加强了文化交流。同时积极组织代表团参与"中国西藏文化·加德满都论坛"等境外活动,拉紧了西藏自治区与"一带一路"沿线国家的友谊纽带。

第四,在稳边固边方面,西藏牢牢把握工作的着眼点和着力点,树牢总体国家安全观,按照屯兵和安民并举、固边和兴边并重的工作思路,全方位开展边境建设。西藏大力实施兴边富民行动,加强边境小康村建设,推进边境公路建设、农网改造升级、移动通信覆盖等基础设施建设,推动人口抵边、设施抵边、产业抵边、服务抵边;着力推进军民融合,做到经济社会和边防建设统筹推进、人民生活和边防实力同步提升,筑牢国家安全屏障。

十一、重庆打造开放高地

重庆地处"一带一路"和长江经济带交汇点,是长江上游地区的中心枢纽和中西部开发开放的重要战略支撑点。重庆深入贯彻落实习近平总书记对重庆提出的重要指示要求,坚定不移贯彻新发展理念,全面融入共建"一带一路"和长江经济带发展,培育内陆开放新优势,在西部地区带头开放、带动开放,推动成渝地区双城经济圈建设,打造内陆开放战略高地,为加快形成陆海内外联动、东西双向互济的开放格局做出新贡献。

第一,着力建设内陆开放高地。重庆发挥在国家区域发展和对外开放格局中独特而重要的作用,融入"一带一路"、长江经济带和西部大开发,走出了一条体现内陆特点的开放发展新路子。重庆牢牢把握开放内涵,统筹内与外、陆与海、东与西、南与北,利用国内国际两个市场、两种资源,推动全方位、宽领域、高水平开放,着力提升开放平台,中新(重庆)战略性互联互通示范项目、自贸试验区和两江新区、重庆高新区等国家级开放平台能级持续提升,智博会、西洽会等影响力不断增强,不断塑造具有国际竞争力的产业集群,提升城市综合服务功能。

第二,着力拓展开放通道。重庆统筹东西南北 4 个方向、铁公水空 4 种方式、人流物流资金流信息流 4 类要素,构建内陆国际物流枢纽支撑。到 2020 年 7 月,重庆打通了 3 条出海通道,已形成重庆、成都分别经贵阳、怀化、百色至广西港口出海的 3 条铁路运输线路,集装箱班列每日开行。2020 年铁海联运班列、跨境公路班车、国际铁路联运班列开行量分别同比增长 40％、125％、149％。2021 年西部陆海新通道开行铁海联运班列 2059 列,通达 107 个国家、315 个港口。以重庆果园港为核心连接航空、铁路、公路物流基地所构成的物流网络,是重庆打造内陆开放高地的重要支撑。2021 年,果园港的货物吞吐量超过 52.65 万标箱,同比增长 56％,其中重庆陆海新通道货运量 11.2 万标箱;中新(重庆)战略性互联互通示范项目累计签约 162 个,签约额达 480 亿美元,自贸试验区全面完成 151 项改革试点任务。

第三,着力发展开放型经济。重庆着力构建现代产业体系,优化外贸结构,提高外资质量,深化合作交流,全面提升对外开放的质量和水平。重庆以"一带一路"为重点深化国际合作,壮大一般贸易,稳定加工贸易,全面深化服务贸易创新发展试点,建设"一带一路"进出口商品集散中心,促进内外贸一体化发展。2020 年,重庆外贸进出口超过 6500 亿元,同比增长 12.5％。2021 年一季度,铁海联运班列、跨境东盟班车和国际铁路联运班列运量同比分别增长了 130％、84％和 55％。重庆加强外商投资全流程服务体系建设,创新对外投资合作方式。2020 年重庆利用外资稳定在 100 亿美元以上,在渝世界 500 强企业达 296 家,与重庆开展经贸往来的国家和地区达 224 个。重庆小康、国际复合材料等 121 家本土企业"走出去"投资经营,投资领域拓展到 40 多个细分行业,带动 5000 多家企业的产品供应海外市场。

第四,着力深化交流合作。重庆扩大国际交往"朋友圈",提升友城合作含金量,打造人文交流新亮点,架起了连接"一带一路"的友谊之桥、合作之桥、民心之桥。2016 年,重庆成功举办 2016 中国共产党与世界对话会、2016 中国国际友好城市大会、世界旅游城市联合会重庆香山峰会等大型国际会议。重庆与维也纳等"一带一路"沿线城市合作,轮流举办"海陆丝绸之路国际文化节",

加强与各国的文化、艺术、教育等领域的交流合作。截至 2019 年 5 月,重庆在市内 5 所高校设立了"丝绸之路"奖学金,上万名留学生在渝学习,其中 4000 多名来自"一带一路"沿线国家。

十二、四川打造重要节点

四川位居长江上游,地处西南内陆,北通陕甘,南接云贵,东邻重庆,西靠西藏,是支撑"一带一路"和长江经济带联动发展的战略纽带,是连接我国西南西北、沟通中亚南亚东南亚的重要交通走廊,是内陆开放的前沿地带和西部大开发的战略依托。习近平总书记多次对四川工作做出重要指示批示。2018 年春节前夕,习近平总书记到四川调研,提出推动治蜀兴川再上新台阶的要求。四川深入学习贯彻习近平总书记对四川工作系列重要指示精神,积极融入"一带一路"和国家对外开放战略,加快形成"四向拓展、全域开放"新态势,构建开放型经济体系,全力推动四川由内陆腹地变为开放前沿,融入全球经济格局。

第一,积极参与西部陆海新通道建设。2019 年 10 月,成都出台了《成都市推进西部陆海新通道建设,促进南向开放合作三年行动计划(2019—2021年)》,提出从加快通道建设、创新供应链体系、发展枢纽经济、增强国际交往能力等方面,推进西部陆海新通道建设。四川与广西签署了共同推进南向开放通道建设框架协议、共同推进西部陆海新通道建设行动计划以及海关、多式联运等 10 个专项协议;与贵州、云南分别签署了战略合作框架协议,加强在共建西部陆海新通道等领域的合作;加强了与"一带一路"沿线国家和地区等的交流合作,截至 2021 年 6 月,四川已结成国际友城和友好合作关系 367 对,在川落户世界 500 强企业达 364 家。四川深化与重点区域的合作,加强成渝城市群与京津冀、长三角、粤港澳大湾区、长江经济带沿线以及北部湾经济区合作,加大与港澳、广东等的合作力度,共同拓展国际市场。

第二,积极推进开放通道建设。统筹推进开放通道、开放平台、开放环境等的建设,积极建设完善的铁公水空立体交运体系。成贵铁路四川段开通运营,川藏铁路、成渝中线高铁、成自宜高铁、成达万高铁等铁路和一批高速公路项目有序推进,自贸试验区和各类开放平台、口岸加快建设。截至 2021 年 2

月,四川进出川大通道已增至 38 条,四川对外开放平台数量居中西部省区市之首。截至 2021 年 10 月,成都国际班列累计开行超过 1.5 万列,全省进出口总额连续 4 年保持两位数增长,四川正加快从内陆腹地变成开放前沿。2021年 6 月 27 日,成都天府国际机场正式投运,成都迈入双机场时代。

第三,积极推进投资经贸合作。高水平开放平台带动投资贸易作用明显。2013 至 2019 年 7 月,四川对"一带一路"沿线国家的货物进出口总值累计达8028 亿元。据海关统计,2020 年四川货物贸易进出口总值达 8081.9 亿元,规模位列全国第八,与 2019 年相比增长 19%,增速位列全国第二。其中出口4654.3 亿元,增长 19.2%;进口 3427.6 亿元,增长 18.8%。实际利用外资达到 100.6 亿美元。同期,全国货物贸易进出口增长 1.9%,其中出口增长 4%,进口下降 0.7%。

第四,积极推进国际产能合作。加快推动海外重大项目、合作园区建设和重点行业产业链拓展,与塞内加尔政府签署国际产能投资合作框架协议,塞内加尔加姆尼亚久工业园区二期项目纳入第二届"一带一路"国际合作高峰论坛成果清单,中国-乌干达农业合作产业园、成都新筑中白工业园超级电容、科伦药业哈萨克斯坦关键性输液技术等项目建成投运。东电集团已在瑞典等 70个国家和地区承建 100 多个项目,四川路桥承建了挪威第二大跨径桥梁——挪威哈罗格兰德大桥、缅甸泛亚铁路西线、尼日利亚阿布贾城铁、尼泊尔马相迪梯级水电站、埃塞俄比亚至吉布提标准轨距铁路、阿根廷国家铁路改造工程等,这些项目使得四川企业名声远扬。2021 年,四川新增落户世界 500 强企业 13 家,数量居西部第一,四川国际友城和友好合作关系数量居中西部第一。

第五,积极推进民心相通。四川成都、内江、自贡、泸州、攀枝花等城市吸纳高等教育和科技创新资源,推动了与东盟国家的人文交流与教育合作。2019 年,四川省高校接收留学生 1.4 万余名,创办了 12 所海外孔子学院及 9个孔子课堂。截至 2019 年年底,四川与 220 多个国家和地区建立了经贸关系,在川设领事馆的国家有 17 个,居全国第三位。四川于 2016 年成功承办了G20 财长和央行行长会议,2018 年举办了第五届中非民间论坛和首届中国大熊猫国际文化周,2021 年成功举办了第十八届西部国际博览会等重大活动,搭建起与世界各国交流合作的重要平台;积极推动巴蜀文化走向世界,"熊猫走世界·美丽四川""川灯耀丝路""吴哥王朝"等活动享誉世界。

十三、贵州建设开放试验区

贵州是中国西南地区连接发达的华南地区的前沿,处于西南南下出海的交通枢纽位置。贵州东接湖南,西联云南"桥头堡",南下广西北部湾、广东珠三角,是经济带承东、联南、启西的重要接合部。党的十八大以来,习近平总书记两次到贵州考察调研,多次对贵州工作做出重要指示批示。贵州广大干部群众牢记习近平总书记嘱托,抢抓发展新机遇,积极融入"一带一路"建设,守好发展和生态"两条底线",加快推进传统经济向开放型经济转型,闯出了一条符合西部特色、贵州特点的后发赶超新路。

第一,着力建设国家内陆开放型经济试验区。贵州紧紧抓住国家推动形成陆海内外联动、东西双向互济的全面开放新格局的战略机遇,以西部陆海贸易新通道建设为契机,加快推进国家内陆开放型经济试验区建设;以"三区一环境"建设为支撑,加快"1+8"国家级开放创新平台建设,聚焦"五通",加大与"一带一路"六大经济走廊、长江经济带、粤港澳大湾区等区域的全面对接,积极利用国内国际两个市场、两种资源,积极融入"一带一路"建设;深入实施参与"一带一路"建设三年行动计划,加强重大项目储备,建立完善参与"一带一路"建设重大项目库、重点企业库、重要产品库,推动重大合作项目建设,在更深层次、更宽领域,以更大力度推动全方位对外开放。

第二,着力建设交通基础设施。贵州发挥西南陆路交通枢纽优势,打造西部地区"一带一路"陆海连接线。强力推进交通强国西部示范省建设,提升公路、铁路、水运、民航、邮政综合交通运输发展水平,加快构建与"一带一路"沿线国家和地区互联互通的便捷大通道。全力参与西部陆海新通道建设,株六复线、内昆、水柏线、渝怀线、隆黄线和黔桂铁路扩能改造已经投入运营,2021年12月贵阳至重庆高铁开通,黄桶至百色铁路、黔桂铁路增建二线、南昆铁路百色至威舍增建二线等项目稳步推进前期工作。推动中欧班列、陆海新通道班列常态化运营,积极推广国际陆海多式联运,畅通物流大通道,助推"黔货出山""海货入黔"。

第三,着力打造数字丝路跨境数据枢纽。贵州抢占机会加快发展大数据,将大数据发展提到全省战略高度,打出了一系列推动大数据发展的组合拳,在全国探索了一系列首创之举,成为贵州新的名片和标签。近年来,贵州利用国家大数据综合试验区先行先试优势,推进数字产业化、产业数字化。借力"一带一路"发展机遇,加强与"一带一路"沿线国家和地区在数字经济等前沿领域的合作,加快建设数字丝路跨境数据枢纽港,推动跨境数据存储、处理和应用基地建设,打造数字丝路的重要节点。办好大数据主题博览会,加强大数据领域产业政策、技术标准等的国际合作交流,中国国际大数据产业博览会在国内外的影响力越来越大。贵州省平塘县的"中国天眼"——500 米口径球面射电望远镜(FAST)已正式向世界各国科学家开放。预计未来 10 年,FAST 数据中心的数据存储将达到 100 PB,计算能力将达到 1000 TFLOPS。

第四,着力推动绿色丝绸之路建设。贵州充分发挥生态文明贵阳国际论坛作用,着力打造绿色"一带一路"国际合作窗口。截至 2021 年年底,贵阳连续成功举办 8 届生态文明贵阳国际论坛和 10 届中国-东盟教育交流周活动,积极推动中瑞清洁技术交流中心和黔瑞环保产业基地建设;强化国家生态文明试验区引领,强化生态环保合作平台建设,深化绿色发展国际交流合作,把生态文明贵阳国际论坛办成弘扬生态文明理念、推动生态文明实践、促进国际交流合作的窗口,持续发出建设美丽中国的贵州声音;强化与有关国家和地区在大气污染防治、水环境保护利用、生态环保农业等领域的合作;积极引进国内外优质企业来黔投资建设节能环保技术装备研发和生产基地,打造"一带一路"的环保技术和产业合作示范基地。

第五,着力推进经贸产能合作。贵州积极开拓国际市场,推动优势产能、企业、产品"走出去";进一步加强与"一带一路"沿线各省区市的合作,加速提升全省开放发展水平,推动全省深度参与"一带一路"建设。2021 年贵州货物贸易进出口额为 654.16 亿元,同比增长 19.7%。贵州的传统商品中轮胎、化肥、水泥、茶叶、太阳能、铝矾土等特色产品远销东南亚、中亚和中东等地区。截至 2021 年年底,贵州经贸合作伙伴国家和地区达 190 多个,在境外设立了贵州驻东非(肯尼亚)、瑞士、柬埔寨、俄罗斯等多个商务代表处,国际友好城市或友好省州达到 69 个。

第十三章　认清形势:凝聚开发力量

西部大开发战略实施以来,特别是党的十八大以来,在以习近平同志为核心的党中央坚强领导下,西部地区广大干部群众艰苦奋斗,全国人民大力支持,西部地区经济社会发展取得了历史性成就,为决胜全面建成小康社会奠定了坚实的基础,也扩展了国家发展的战略回旋空间。

西部大开发战略实施以来,国家在规划指导、政策扶持、资金投入、项目安排、人才交流等方面逐年加大了对西部地区的支持力度,有力地推动了西部地区的经济社会发展。这是新中国成立以来西部地区经济增长最快、发展质量最好、综合实力提高最为显著、城乡面貌变化最大、人民群众得到实惠最多的时期。西部地区生产总值从 1999 年的 15354 亿元提升到 2019 年的 205185亿元,增长了 12 倍多,占全国的比重由 17.5% 提高到 20.7%,提高了约 3.2个百分点。地区生产总值年均增长 10.9%,高于全国平均水平,其中,前 10 年年均增长速度为 12.1%,居四大板块之首。2019 年西部地区经济总量超过20.5 万亿元,人均地区生产总值从 1999 年的 4171 元增加到 2019 年的 55455元,增长了约 12 倍。建成了一批国家能源、资源深加工、装备制造业和战略性新兴产业基地,以大数据、大健康、大旅游、大物流为代表的新产业和新业态蓬勃发展。

西部大开发战略实施以来,西部地区各族群众得到了与切身利益息息相关的实惠,真真切切地感受到了党中央、国务院的关怀温暖,感受到了社会各界的帮助支持,看到了光明的发展前景,进一步坚定了走中国特色社会主义道路的信心和决心,凝心聚力开创西部大开发新局面,形成了风清气正、力争上游、民族团结、边疆稳定、社会和谐的良好发展氛围。2019 年西部城镇和农村居民人均可支配收入分别达到 3.5 万元和 1.3 万元,是 1999 年的 6.5 倍和7.8 倍。实践充分证明,党中央、国务院关于实施西部大开发的战略决策是完全正确的,顺民心,得民意。

西部大开发战略实施以来,除了上述物质成果外,西部大开发还凝聚了党心民心,激发和调动了西部地区广大干部群众的积极性、主动性和创造性。各族群众对中央的决策由衷拥护和支持,焕发出空前高涨的热情,形成了共同的价值理念、强大的精神支柱,涌现出一批投身西部大开发的先进集体和先进个人。各族群众积极投身到实施西部大开发的伟大实践中,从城市到农村、从内陆到边疆呈现出热火朝天、百业俱兴的动人场面。各族群众奋发图强的坚强意志和昂扬向上的精神风貌,成为推动西部大开发的不竭动力,展现了西部地区再铸辉煌的美好前景,有力地增强了中华民族的向心力和凝聚力,形成了民族团结、社会稳定的良好局面。

总之,西部大开发使西部地区发生了巨大变化。基础设施实现了从"严重滞后"向"更加完善"的转变,生态环境实现了从"持续恶化"向"遏制好转"的转变,产业实现了从发展"一般加工业"向"形成特色优势产业体系"的转变。西部地区正处在历史上最好的发展时期,已经站在了一个新的历史起点上。西部地区已进入工业化、城镇化的加速发展时期。第一产业比重明显下降,占地区生产总值的比重由 23% 下降到 15%,工业加速推进。农村劳动力加速向非农产业转移,城镇化水平不断提高。西部地区经济正在由工业化初期向中期过渡,形成快速发展趋势,全面建成小康社会经济发展迈上了新台阶。我们还必须看到的是,西部大开发取得的巨大成绩,并不是以牺牲东部乃至全国的发展速度和效益为代价的。恰恰相反,正是西部的崛起,有效地扩大了内需,有效地缓解了资源瓶颈问题,有效地扩大了环境容量,有效地改善了民生,不仅形成了东西互动、优势互补的良好局面,有力地支持了国民经济发展,更重要的是,使我们赢得了全局上和战略上的主动,这才是西部大开发真正的贡献和意义所在!

但是,我们必须清醒地看到,西部大开发是一项艰巨的历史任务,需要几代、几十代人的不懈努力。我们目前取得的成绩仅仅是万里长征的第一步。首先是相对差距缩小,绝对差距还在扩大。尽管西部大开发战略实施以来,西部地区发展提速,与东部地区相对差距有所缩小,但是绝对差距仍在扩大。1999—2019 年,西部地区人均生产总值与东部地区的差距从 6100 元扩大到 45500 元,城镇居民可支配收入的差距从 2239 元扩大到 11120 元,农民人均纯收入的差距从 1361 元扩大到 6954 元。2019 年,西部地区的人均生产总值、城乡居民收入只相当于东部地区的 51.49%、75.88% 和 65.21%。其次是发展的总体水平仍然落后。例如,基础设施方面,西部地区铁路客运专线数量较少、密度低、建设步伐滞后。截至 2019 年年底,西部地区高速铁路总里程达 0.96 万公里,占全国的 27.5%;而东中部地区高速铁路总里程约为 2.54 万公里,占全国的 72.5%。具体来看,西部地区每小时 160—200 公里、200—250 公里、300—350 公里的铁路客运专线分别占全国的 31.95%、41.09%、17.58%,与东中部地区的差距分别为 17.82%、36.1%、64.84%,这使得西部地区在高速交通网中的地位进一步下降。西部地区平均机场密度为每 5.78 万平方公里 1 个机场,东中部地区这个数据为 2.11,全国这个数据为 3.84。社会事业方面,西部地区教育事业稳步发展,但成人文盲率仍然较高,教育仍较落后;医疗卫生条件有了显著改善,但医疗水平、服务质量远远落后于东中部地区,基本公共服务的差距还很大。因此,《中共中央　国务院关于新时代推进西部大开发形成新格局的指导意见》文件用了"四个依然和一个仍然"对西部大开发面临的问题和困难进行了集中概括,西部地区发展不平衡不充分的问题依然突出,巩固脱贫攻坚任务依然艰巨,与东部地区发展差距依然较大,维护民族团结、社会稳定、国家安全任务依然繁重,西部地区仍然是全面建成小康社会、实现社会主义现代化的短板和薄弱环节。

综上所述,我们既要充分肯定西部大开发前 20 年取得的巨大成绩,坚定西部大开发前景光明、大有可为,打造升级版的信心和决心,又要清醒认识到西部大开发的长期性、艰巨性和复杂性,做好长期艰苦奋斗的思想准备。从 2022 年上半年经济发展形势看,西部地区经济经历了新冠疫情频发、俄乌冲突、大宗商品价格上涨等因素带来的内外部环境冲击,经济增速与 2021 年同期比较出现了下滑,稳就业压力较大,消费需求趋弱,经济面临的风险与挑战增多。但从二季度来看,西部地区生产总值增长 2%,经济增速快于全国。上半年西部地区规模以上工业增加值同比增长 7.3%,快于东部地区。上半年西部地区固定资产投资增长 8%,快于东部地区 3.5 个百分点。宁夏、贵州、陕西等省区的经济增长在 4.0% 以上,高于全国平均经济增速。从上半年公布的统计数字看,与东部多地受疫情较大程度的影响相比,西部地区受疫情影响较弱,特别是近年来,国家围绕西部大开发、成渝地区双城经济圈等出台的一系列规划正在产生效应,西部地区经济潜力正在逐步释放。但我认为国内外环境冲击和疫情对脆弱的西部经济潜在影响更大。其一是在经济发展面临需求收缩、供给冲击、预期减弱的情况下,加上疫情反复掣肘,全国经济增速可能会放慢,必然会对西部地区的经济增长带来直接或间接的影响。其二是在外需对经济贡献趋弱的情况下,东部地区企业势必转而主攻国内市场,会使国内市场竞争空前激烈,西部地区企业的生存空间受到挤压。其三是地产投资持续下行,基建投资缺乏符合条件的项目储备,特别是西部地区对传统的基建和新基建的投入更加困难,缺口更大。经济发达、人口密度大的东中部地区大规模基础设施建设已基本完善,新基建中这种布局惯性和倾向依然存在,这对西部地区的发展极为不利。其四是西部地区巩固脱贫攻坚成果任务艰巨,疫情使已脱贫人口返贫和边缘户致贫压力加大。其五是西部地区经济增长基础还很脆弱,产业结构单一,经济内生动力不足,发展稳定性较差问题依然突出。因此,西部地区能否成功跨过这道坎,强化举措抓重点、补短板、强弱项,实现转型升级,关键在于进一步解放思想,深化改革,打造开发开放升级版。西部大开发的第三个 10 年,重点则在于积极落实"一带一路"倡议,加大向西开放的力度,发展外向型经济,西部地区与东部地区都是"一带一路"建设的主战场。西部大开发兼具外向型经济扩大内需的两种功能:一是减少国际大环境对外向型经济的冲击,降低中国经济的对外依赖度;二是开拓外向型通道,与东部地区对外开放互补。西部地区在积极承接产业转移的同时,也在加快培育新动能,例如贵州的大数据产业、重庆的电子信息产业正处于高速发展时期,有望成为中西部地区转型升级的新样本。

总之,西部地区要始终保持顽强拼搏、不屈不挠、开拓进取、求真务实的精神状态,乘势而上,始终坚持西部大开发战略不动摇,努力把西部地区的经济社会发展推向新的阶段,形成新的格局。

第十四章　厘清认识:把握开发方向

西部大开发的第一个 10 年,目的是夯实基础,开好局,起好步,重点聚焦在两个方面:一是基础设施建设;二是生态环境保护。第二个 10 年的重点是在继续夯实基础的前提下,发挥各地的比较优势,积极承接产业转移,构建现代产业体系作为该阶段的重要任务,实现上三个大台阶的目标(即综合经济实力上一个大台阶、人民生活水平和质量上一个大台阶、生态环境保护上一个大台阶)。现在,西部大开发已进入第三个 10 年,中央出台了《关于新时代推进西部大开发形成格局的指导意见》(简称《指导意见》),标志着西部大开发进入了全新的阶段。

一、坚定正确指导思想

中国特色社会主义进入新时代,标定了我国发展新的历史方位,为实现中华民族伟大复兴标明了新起点;应对百年未有之大变局对西部大开发提出了新要求。今后 10 年是推进西部大开发的关键时期。要坚持以习近平新时代中国特色社会主义思想为指导,学习贯彻习近平总书记一系列重要讲话精神,贯彻落实党中央、国务院决策部署,立足新发展阶段、贯彻新发展理念、构建新发展格局,以高质量发展为目标,有效保护生态环境,加大对外开放,统筹发展和安全,不断增进民生福祉,形成西部大开发新格局。

《指导意见》明确提出,要强化举措抓重点、补短板、强弱项,形成大保护、大开放、高质量发展的新格局。根据"两个一百年"奋斗目标,《指导意见》确定了西部大开发分"两步走"的目标部署,确保到 2020 年西部地区生态环境、营商环境、开放环境、创新环境明显改善,与全国一道全面建成小康社会;到 2035 年,西部地区基本实现社会主义现代化,基本公共服务、基础设施通达程度、人民生活水平与东部地区大体相当,努力实现不同类型地区的互补发展、东西双向开放协同并进、民族边疆地区繁荣安全稳固、人与自然和谐共生;清晰擘画了加快西部大开发新格局的时间表、路线图。这是指导西部大开发第三个 10 年发展的重要的纲领性文件。"大保护""大开放""高质量发展"是新时代推进西部大开发形成新格局的三个关键词。

大保护:新时代西部大开发着眼于中华民族的长远发展和子孙后代的切身利益,把生态环境保护放到至关重要的位置上,强调抓好大保护。践行"绿水青山就是金山银山"的理念,牢牢守住"两条底线",统筹山水林田湖草沙冰系统治理,高举绿色发展大旗,加大美丽西部建设力度,保护和建设好西部地区生态环境,优化国土空间开发格局,促进西部地区经济发展与人口、资源、环境相协调。

大开放:新时代西部大开发要以共建"一带一路"为引领,紧紧抓住"一带一路"建设这一伟大历史机遇,积极参与并融入其中,强调抓好大开放,需要更多的支撑点和驱动力,需要更强的制高点和桥头堡,需要更广的平台和腹地。强化开放大通道建设,构建"一带一路"内外联通的国际大通道和六大经济走廊;开放各个领域,构建内陆多层次开放平台;加大沿边地区开放,发展高水平开放型经济,打造内陆开放型经济高地,拓展区际互动合作,形成东西互动、海陆并进、多层次、多渠道的开放新格局。

高质量发展:新时代西部大开发坚持以供给侧结构性改革为主线,深化市场化改革,强调抓好高质量发展。强调要提升创新发展动力,加强创新开放合作,打造区域创新高地;充分发挥西部地区比较优势,推动具备条件的产业集群化发展,在培育新动能和传统动能改造升级上迈出更大步伐,推动现代化产业体系形成;大力促进城乡融合发展,强化基础设施规划建设;支持西部地区加快新旧动能转换,推动经济发展实现量的合理增长和质的稳步提升;加大中国经济发展纵深空间,打造西部地区新的增长极。

大保护、大开放、高质量发展三者之间的关系是:大保护是绿色发展的现实要求,强调经济发展与人口、资源、环境相协调;大开放是开放发展的直接体现,强调西部开放在升级;高质量发展是西部开放的中心主题,强调把创新摆在发展全局的核心位置。大保护是发展前提,大开放是发展动力,高质量发展是战略支撑。同时,无论是大保护还是大开放,抑或是高质量发展,都蕴含着协调发展和共享发展的理念。所以说，党的十九大提出强化举措推进西部大开发形成新格局，体现了以习近平同志为核心的党中央对西部大开发工作的高度重视，为新时代西部大开发工作指明了前进方向，提供了根本遵循。新时代推进西部大开发形成新格局，对于增强防范化解各类风险的能力，促进区域协调发展，决胜全面建成小康社会，开启全面建设社会主义现代化国家新征程，具有重要的现实意义和深远的历史意义。

二、牢牢把握核心要点

《指导意见》总结了西部大开发20年的经验，再一次就形成新格局部署新一轮西部大开发工作，为新时代西部大开发指明了前进方向。在"十四五"时期，西部大开发进入新发展阶段，面对更多逆风逆水的外部环境，要形成国内国际双循环的良性互动，探索形成新格局的有效路径，强化举措，顺应新时代，构建以创新、协调、绿色、开放、共享为特征的新格局。

第一，坚持新发展理念。习近平总书记指出，"高质量发展就是体现新发展理念的发展"①。所以，加快形成西部大开发新格局，必须更加突出新发展理念，自觉将新发展理念贯穿西部大开发全过程，将其摆在首要位置。

要让"创新"成为新时代西部地区发展的第一动力，打造西部创新高地。建立健全产学研一体化创新体制，完善国家重大科研基础设施布局，建设国家级创新平台，打造"双创"升级版。

要让"协调"成为新时代西部地区发展的内在要求，推动西部地区高质量发展，必须着力拓展区际互动合作。积极对接京津冀协同发展、长江经济带发展、粤港澳大湾区建设等重大战略，推动自贸试验区交流合作，加强东西互动、协同开放，加快推进重点区域一体化进程。

要让"绿色"成为新时代西部地区发展的鲜明底色，着力建设美丽西部。深入实施重点生态工程，稳步推进重点区域综合治理，筑牢国家生态安全屏障。

要让"开放"成为新时代西部地区发展的必由之路，加大西部开放力度。对外开放是西部大开发的强大动力，要以"一带一路"为引领，积极参与和融入

---

① 习近平. 习近平谈治国理政（第三卷）. 北京：外文出版社，2020：238.

"一带一路"建设,强化开放大通道建设,构建内陆多层次开放平台,加快沿边地区的开发开放,实现西部开放再升级。

要让"共享"成为新时代西部地区发展的根本目的,持续增进人民福祉。共享发展是推动西部大开发高质量发展的根本目的。要坚持以人民为中心,把增强人民群众获得感、幸福感、安全感放到突出位置,着力支持教育高质量发展,提升医疗服务能力和水平,完善多层次广覆盖的社会保障体系,健全养老服务体系,改善住房条件,促进区域协调共同富裕。

第二,坚持以高质量发展为目标。实施西部大开发战略之初,中央就明确要求立足全面协调可持续发展,避免盲目追求生产总值增长。一方面,西部地区面临的最主要问题是发展滞后,必须实施赶超战略,加快发展,缩小差距。另一方面,西部地区必须解决发展方式相对粗放、产业结构不合理的问题。有的同志认为,西部地区环境容量大,可以搞点污染的东西,而在实际工作中,经济增长付出巨大环境代价的例子已不鲜见。例如 2017 年甘肃发生的祁连山环境事件、2018 年发生的秦岭生态事件,不仅造成了巨大的经济损失,对环境的破坏更是难以估量。因此,新时代深入推进西部大开发,必须以科学发展为主题,提高"增长是有代价的"意识,把加快经济结构战略性调整摆在特别突出重要的位置,把推动高质量发展作为新时代形成西部大开发新格局的目标,坚持在高起点上加快发展,强化基础设施规划建设,结合西部地区发展实际打好污染防治标志性重大战役,把后发赶超与加快转型有机结合起来;以创新能力建设为核心,加快创建国家自主创新示范区、科技成果转移转化示范区,在培育新动能和传统动能改造升级上迈出更大步伐;优化煤炭生产与消费结构,推动煤炭清洁生产与智能高效开采,加强可再生能源开发利用;深入实施乡村振兴战略,加快特色农业发展,促进城乡融合发展,走出一条具有中国特色、西部特点的道路。西部地区一旦走出这条新路来,对全国转变经济发展方式具有重要的标志意义。

第三,坚持高水平对外开放。要更加注重大开放是西部大开发新的引擎。《指导意见》强调,要以共建"一带一路"为引领,加大西部开放力度。要强化开放大通道建设,构建内陆多层次开放平台。鼓励重庆、成都、西安等加快建设国际门户枢纽城市,提高昆明、南宁、乌鲁木齐、兰州、呼和浩特等省会(首府)面向毗邻国家的次区域合作支撑能力,夯实内陆腹地开发开放的基础。加快沿边地区开放发展,打造一批向西开放的桥头堡。发展高水平开放型经济,建设一批优势明显的外贸转型升级基地。推动西部地区对外开放由商品和要素流动型逐步向规则制度型转变。拓展区际互动合作,积极对接京津冀协同发展、长江经济带发展、粤港澳大湾区建设等重大战略,促进陆海内外联动、东西双向互济的大开放。同时,西部地区一方面要巩固好脱贫攻坚成果,另一方面要抓重点经济区的培育壮大,着力推动北部湾、兰州-西宁、呼包鄂榆、宁夏沿黄、黔中、滇中、天山北坡等城市群互动发展,充分发挥这些地区的辐射、带动作用。我认为,西部地区更重要的是要建立区域之间的开放型经济体系,使中西部之间的要素能够流动,东部的产业可以向西部转移,才能实现比较优势的转换。西部地区既要立足资源、市场优势,积极承接东部产业转移,促进东中西区域间的经济内循环,也要发展高水平开放型经济,拓展国际产业链供应链,促进中国与"一带一路"沿线国家和地区的国际经济循环,努力构建国内国际双循环相互促进的新发展格局。

第四,坚持绿色低碳发展。要加大美丽西部建设力度,筑牢国家生态安全屏障。坚定贯彻"绿水青山就是金山银山"的理念,坚持在开发中保护、在保护中开发,走绿色可持续发展道路。以大保护为主题,促进西部地区经济发展与人口、资源、环境相协调发展。按照全国主体功能区的建设要求,保障好长江、黄河上游生态安全,保护好冰川、湿地等生态资源。深入实施重点生态工程,稳步开展重点区域综合治理。大力推进黄河生态环境保护综合治理和高质量发展、青海三江源生态保护和建设、祁连山生态保护与综合治理、岩溶地区石漠化综合治理、京津风沙源治理等,加快推进西部地区绿色发展。落实市场导向的绿色技术创新体系建设任务,推动西部地区绿色产业加快发展。大力发展循环经济,推进资源循环利用基地建设和园区循环化改造,加强跨境生态环境保护合作。

第五,坚持深化重点领域改革。解决中国一切问题的关键是发展,发展面临的最大的瓶颈制约在体制机制障碍。当前,改革已经进入攻坚阶段,西部地区还有很多体制机制难题急需破解,必须以更大的决心和勇气推进改革,通过改革完善制度环境,以完善社会主义市场经济体制为突破口,充分发挥市场机制的作用,提高要素资源配置效率。深化要素市场化配置改革。探索集体荒漠土地市场化路径,深化资源性产品等要素价格形成机制改革,建立健全定价成本信息公开制度。建立健全市场化、多元化生态保护补偿机制,进一步完善生态保护补偿市场体系。积极推进科技体制改革。加快科技人员薪酬制度改革,扩大高校和科研院所工资分配自主权,健全绩效工资分配机制。建立健全地方信用法规体系。努力营造良好营商环境,加快建设服务型政府。落实全国统一的市场准入负面清单制度。强化竞争政策的基础性地位,进一步落实公平竞争审查制度,形成优化营商环境的长效机制。

第六,坚持人民利益至上。要坚持以人民为中心,把增强人民群众的获得感、幸福感、安全感放到突出位置,围绕"两个一百年"奋斗目标,不断推进西部经济社会发展,最终实现共同富裕。着力强化公共就业创业服务,完善城乡劳动者终身职业技能培训政策和组织实施体系,积极引导农村劳动力转移就业和农民工返乡创业就业;支持教育高质量发展,加快改善贫困地区义务教育薄弱学校的基本办学条件,发展现代职业教育,支持西部地区高校"双一流"建设;提升医疗服务能力和水平,改善医疗基础设施和装备条件,提高医护人员专业技术水平;完善多层次广覆盖的社会保障体系,加快推进养老保险省级统筹,推进落实城乡居民基本养老保险待遇确定和基础养老金正常调整机制,建设统一的社会保险公共服务平台;健全养老服务体系,加快构建以居家为基础、社区为依托、机构为补充、医养相结合的养老服务体系;强化公共文化体育服务,完善公共文化服务设施网络;改善住房保障条件;增强防灾减灾与应急管理能力。

三、深刻认识重大意义

新时代深入推进西部大开发,是提升防范化解各类风险的能力,保持国民经济持续平稳健康发展的有效途径。当今世界正经历百年未有之大变局,大国战略博弈全面加剧,特别是叠加新冠疫情的冲击,国内外环境依然复杂严峻,各种不确定因素不断增加,严重冲击了经济社会发展。2020 年,我国在最短的时间内控制住了疫情的蔓延,用最短时间迅速地恢复了经济社会的正常秩序,促使经济企稳回升,经济运行稳中加固,就业形势向好,经济发展动力进一步增强,充分展示了我们国家社会主义制度的优越性,可以集中力量办大事,可以有效调动国家力量、集中资源、人力做大事。

但是,我国是一个发展中大国,工业化进程尚未完成,人均 GDP 刚刚突破 1 万美元,一方面要实现现代化,另一方面要实现碳达峰、碳中和,压力和挑战前所未有。保持经济长期平稳较快发展,必须解决好两大问题:一个是始终坚持把扩大内需作为经济发展的长期战略方针,进入"十四五"新的发展阶段,扩大内需成为我国经济发展的战略基点;另一个是能不能很好地破解资源和环境的硬约束。西部地区正处在工业化、信息化、城镇化的初中级阶段,城镇化率低于全国约 10 个百分点,社会投资和消费市场潜力巨大。拥有 3 亿多人口的西部地区正是中国潜力最大的内需市场,西部地区是我国发展的巨大战略回旋余地。

当前,随着我国外部地缘形势的复杂化,外部市场的紧缩风险大增,在原来外向型经济的受益区域,经济发展空间可能受到挤压,这就让中国的发展重点不得不进行较大的调整,在未来更多地转向内地市场,转向西部市场,加快构建国内国际双循环的新发展格局。中国东西部地区的地区生产总值增加值的差距在 25 万亿元左右,存在明显的"2 倍差"现象。发展差距也带来了政策空间,一旦东西部地区实现了基本的均衡发展,西部地区的市场空间则将迸发出巨大的发展动能。因此,面对国内外环境的新变化,西部地区要按照向高质量方向发展、解决发展不平衡不充分问题的要求,紧紧依靠改革开放创新,促进地区发展动力增强、产业结构升级、民生不断改善,为全国经济保持稳中向好拓展空间。构建西部大开发格局,就要把国家扩大内需的积极财政政策与改善西部地区投资发展环境、推进城镇化进程、扩大消费的需求结合起来,这样有利于进一步激发西部地区的发展潜能,扩大国内的有效需求,有利于进一步扩大我国经济的发展回旋空间,构建国内国际双循环的新发展格局,增强防范和抵御世界经济风险的能力。

新时代深入推进西部大开发,是切实保障和改善民生,促进区域经济协调发展的客观需要。促进区域经济协调发展,一直是我国推动经济持续健康发展进程中需要解决的现实问题。增强西部地区综合经济实力,逐步缩小与东中部地区的发展差距,是关系我国发展全局的重大问题。随着产业集聚效应的发生,资源和人才都向东部集聚,西部地区仍然是"塌陷地带",与东部地区的差距越来越大,区域经济发展极不平衡。2019 年,西部地区居民人均收入相当于东部地区的 54%;东部地区人均地区生产总值是西部地区的 2 倍多,其中,最高的上海市是甘肃省的 3.5 倍。西部地区集中了全国大多数老少边穷地区,经济社会发展水平与沿海地区相比还有不小差距,是实现"两个一百年"奋斗目标的重点和难点。西部地区仍是我国区域经济发展的短板。同时,近年来西部地区内部分化开始显现,内部差距有所扩大。新时代推进西部大开发形成新格局,就是要破解区域发展不平衡不充分问题,使西部地区的比较优势得到有效发挥,区域间经济发展和人均收入水平差距保持在合理区间,基本公共服务、基础设施通达程度、人民生活水平等方面达到大致均衡。还应该看到,西部地区资源富集,比较优势明显,发展潜力巨大。经过多年的发展,西部地区的经济总量有了明显的提高,增速较为平稳。借助"一带一路"倡议,将西部地区置于对外开放的前沿,积极融入其中,大力发展西部地区特色优势产业,提高对外开放水平,构建新的发展格局,将有利于实现东中西优势互补,从整体上提高国民经济效率。因此,只有继续深入实施西部大开发战略,方能有效遏制区域发展差距扩大的势头,形成区域协调发展的局面。那么如何理解区域协调发展?我认为,衡量协调发展与否的主要标准有四条。第一,地区间人均生产总值差距保持在适度的范围内。地区人均生产总值是衡量地区之间发展差距的重要指标,在一定程度上反映着地区间发展的协调性。不能把促进区域协调发展,简单地理解为缩小地区间生产总值的差距,这实际上也是做不到的。第二,各地区的人民都能享有均等化的基本公共服务。在经济差距缩小前,要率先实现基本公共服务均等化,这种服务不应因地区的不同、人群的不同而有明显的差异,同时,这也是政府职责之所在。第三,各地区比较优势能得到合理有效的发挥。只有各地区的比较优势充分发挥了,实现了区域间的优势互补、互利互惠,才能实现全国整体利益的最大化,才能处理好公平与效率的关系。第四,人与自然的关系处于协调和谐状态。经济的发展必须充分考虑本地区的资源环境承载能力,以不破坏生态环境为前提,做到开发有度、开发有序、开发可持续,切实保护好生态环境。用这四条标准来衡量,我们会看到,在四大区域板块中,西部地区缩小人均地区生产总值的任务最繁重,提供基本公共服务的能力最低下,资源、市场等潜在资源优势最明显,生态地位最重要但又最脆弱。也就是说,面临困难和问题最突出的是西部地区,发展潜力最大的是西部地区,进而实现区域协调发展的重点和难点都在西部地区。

新时代深入推进西部大开发,是筑牢国家生态安全屏障,促进西部地区可持续发展的重大举措。西部地区的生态地位极其重要，生态的状况极其脆弱。我国地貌最明显的特征就是平地少，山地多，西高东低，呈现三大阶梯级的特征。西部地区是我国大江大河的主要发源地，水资源分布呈现南多北少的特征，是森林、草原、湿地和湖泊等的集中分布区，是国家重要的生态安全屏障。同时，西部地区又是水土流失、土地荒漠化、石漠化严重的地区，生态环境也十分脆弱，保护和修复任务艰巨。全国25度以上陡坡耕地面积的70％以上在西部地区，水土流失面积的80％在西部地区，每年新增荒漠化面积的90％以上也在西部地区。西部地区平均森林覆盖率仅有17％，比全国低3个百分点以上；草原面积占全国草原总面积的84％；石漠化面积超过1亿亩，是造成西部地区农民贫困的重要根源，对长江、珠江上游地区的生态安全构成严重威胁。西部地区许多城市的大气污染以及河流、湖泊的水环境污染问题十分严重。西部地区的生态退化已影响到大江大河安澜和流域地区人民群众生产生活，沙尘暴、水土流失等自然灾害已波及全国广大地区。新时代推进西部大开发形成新格局，就是要筑牢国家生态安全屏障，这具有不可替代的重要作用。

　　新时代深入推进西部大开发，是促进陆海内外联动和东西双向互济，提升西部地区开放水平的必然要求。党的十九大的召开标志着我国从此进入了新时代，迈上了新台阶。从全面建成小康社会到基本实现社会主义现代化，再到全面建成社会主义现代化强国，是新时代中国特色社会主义新发展的战略安排。党的二十大报告提出，"深入实施区域协调发展战略""推动西部大开发形成新格局"，又一次吹响了西部地区发展的新号角。如今，在国家深入推进西部大开发、西部加速融入"一带一路"倡议布局的背景下，西部大开发正处于加快发展阶段。但按照党的十九大、二十大总体要求、战略安排和宏伟目标，西部大开发需要强化举措，需要认真研究西部地区基本实现现代化将大体经历哪几个发展阶段、每个阶段有什么特点、目标和任务是什么，把西部大开发同全国产业结构调整和地区经济结构调整结合起来，有步骤分阶段地逐步实现现代化。我国现代化的困难点不是在东部，而是在西部，现代化的落脚点最终可能也是在西部。事实上，我国西部地区开发开放正在发生重大变化，从出口通道而言，西部地区的产品不仅可以通过沿海地区连接海外市场，在西部地区纳入丝绸之路经济带后，还可以向西（中亚和欧洲）开放，通过新亚欧大陆桥出口货物，西部区位优势开始显现。新时代推进西部大开发形成新格局，就是要把加大西部开放力度置于突出位置,使西部地区进一步融入共建"一带一路"和国家重大区域战略,加快形成全国统一大市场,并发展更高层次的外向型经济,也是我国迈向高质量发展阶段的必然要求。

新时代深入推进西部大开发,是维护民族团结和边疆稳定,筑牢国家安全的重要保障。西部地区与周边 13 个国家接壤,陆地边界线长达 1 万多公里。我国 55 个少数民族中有 50 个主要分布在西部地区,西部地区少数民族人口占全国少数民族人口的 70% 以上。同时,西部地区是全国城乡差距最大、城乡二元矛盾最突出的区域,也是巩固脱贫攻坚成果最突出的地区。2019 年西部地区城乡收入比缩小到 3.2∶1,仍高于全国 2.7∶1 的水平,有些特殊贫困地区甚至高达 4∶1 或 5∶1。西部地区民族文化多元,宗教问题复杂,是反分裂、反渗透、反颠覆的重点地区和前沿阵地,维稳任务相当繁重。近年来,西方一些国家插手西藏、新疆事务,支持和怂恿达赖分裂主义集团和"三股势力"加紧进行分裂和破坏活动,对我国国家安全和核心利益构成现实威胁。中央第五次西藏工作座谈会和第三次中央新疆工作座谈会提出,西藏和新疆存在两个基本矛盾,主要矛盾和全国一样,是人民日益增长的物质文化生活需要同落后的社会生产之间的矛盾,同时还存在一个特殊的矛盾,就是分裂与反分裂的斗争,这种斗争是长期的、尖锐的、复杂的,有时甚至是很激烈的。新时代推进西部大开发形成新格局,就是要坚持以人民为中心,改善西部地区特别是民族地区的城乡基础设施条件,有效提供优质教育、医疗等公共服务资源,提高就业、养老等公共服务水平,逐步缩小城乡发展差距,推进少数民族和民族地区跨越式发展,特别是着力改善民生,才能为稳定发展打下坚实的物质基础,巩固和发展平等团结互助和谐的社会主义民族关系,促进各民族团结奋斗和共同发展,共同抵御敌对势力的西化分化企图,更好地维护边疆稳定,确保国家长治久安。

第十五章　强化举措：做好"五篇"文章

中央对第三个 10 年西部大开发的各项战略任务做出了部署，《指导意见》进一步明确了方向，提出了五大领域重点任务，主要任务概括为五句话：做好大开发文章，推动经济高质量发展；做好大保护文章，筑牢绿色生态安全屏障；做好大开放文章，促进西部开放再升级；做好大变革文章，解放思想闯新路；做好大安全文章，确保国家长治久安。

一、做好大开发文章

新时代形成西部大开发新格局，必须坚定不移贯彻创新、协调、绿色、开放、共享的新发展理念，推动经济高质量发展。西部地区经济社会发展水平与沿海地区相比还有不小差距，是实现"两个一百年"奋斗目标的重点和难点。特别是科技创新能力不足，高水平创新人才、复合型人才严重缺乏，人才结构性矛盾突出，"一岗难得"与"一人难求"的错位现象严重。新时代我们要立足西部实际，发挥自身比较优势，围绕新发展理念打造西部发展新引擎，推动西部地区产业现代化、制度与治理现代化，探索高质量发展的西部特点路径。

第一，努力提升创新发展能力。西部大开发是一项前无古人的伟大壮举，没有现成的经验可遵循，也不能沿用传统的发展模式，要有革故鼎新、与时俱进精神，实践永无止境，创新永无止境。我们要认真学习领会中央对形势的科学判断，不断适应国内外发展大形势，用新思路、新方法、新机制深入推进西部大开发。坚定实施创新驱动发展战略和人才强国战略，打造和培育全国及区域性科技创新高地，提升企业科技创新能力，加强开放创新合作，加快实施一批事关产业发展核心技术与重大民生保障的科技创新行动，全面提升西部地区创新能级，形成与西部大开发相适应的"中心带动、多点支撑、开放合作、协同创新"的区域创新格局,为西部大开发和建设创新型国家提供有力支撑。加快建设成渝科技创新中心、西安全国重要科研和文教中心,以及综合性国家科学中心等,打造区域各具特色的创新高地。加快建设成都国家新一代人工智能创新发展试验区、重庆及成都的自主创新示范区、成渝西部科技城,提升重庆科学城、成都科学城、绵阳科技城的建设水平。发挥西宁、南宁、昆明、贵阳、银川、呼和浩特、拉萨等创新型城市的带动作用,创建一批创新型城市、创新型县(市),构建各具特色的区域创新高地。加快提升企业创新能力,加大科技型企业培育力度,支撑西部地区现代产业技术体系加快发展。加快完善西部地区技术转移体系建设,支持新建一批国家科技成果转移转化示范区,加大对国家技术转移西北中心、国家技术转移西南中心的支持力度。实施西部地区现代农业与民生保障科技创新行动,支持四川、贵州、广西等地区开展山地特色高效农业技术攻关与示范推广,支持甘肃、陕西、宁夏、内蒙古、新疆等地区开展干旱半干旱地区农业技术攻关与示范推广,继续推进杨凌示范区建设。探究在西部地区设立可持续发展议程创新示范区的可能性,提升国家可持续发展实验区的建设水平。构建多层次科技合作平台,创新东西合作机制,提升西部地区的开放创新能力。

第二,加快形成现代化产业体系。"十三五"期间,西部地区生产总值平均增幅为 7.2%,其中第一产业综合生产能力进一步增强,占全国比重上升了3.4%;第二产业增速有所放缓,占全国的比重下降;第三产业比重进一步上升。西部地区部分高端制造业,尤其是陕西、重庆、四川的通信设备、计算机设备、化学产品、电器机械和器材得到了快速发展,说明西部产业呈现出向中高端水平发展的趋势。科技进步对经济增长的贡献率明显提升,企业创新主体地位得到进一步确立,创新和创业平台建设系统基本建立,以关中、成渝为代表的创新型城市群基本形成。但是,西部地区产业发展不平衡、不充分问题较之前更为突出,工业投资规模回落、增速放缓,传统产业优势弱化但存量大,新旧动能转换比较慢,创新要素有待再配置再优化,提升发展质量和效益的任务仍然艰巨。

促进西部地区产业发展,推动形成现代化产业体系。一方面,必须正确认识和把握其阶段性特征,我把它概括为三条:一是总体发展水平不高,还处于工业化初中期阶段。根据国际通行方法,判断工业化水平采用 5 个指标,即人均地区生产总值、制造业比重、三次产业结构、城市化率和第一产业就业比重，配以不同权重进行计算。据我们初步测算，西部地区仍处在工业化初期向中期的过渡阶段，与东部地区的发展差距大体为 15—20 年。二是结构性矛盾突出，产业整体素质偏低。西部地区产业结构比较单一，工业以能源、电力、化工、原材料和资源加工为主，长期"倚重倚能"的结构未能改变，且多处于产业链上游，经济效益总体不高，自我调节能力不强。三是增长方式仍然粗放，资源投入和能源消耗大、污染物排放强度高。西部地区万元 GDP 能耗及废水、废气、固体废弃物排放量仍然较高。显然，这种粗放的增长方式是不可持续的，必须加以转变。在东部地区快速发展的时期，绿色发展、高质量发展的任务还没有提出来，而现在，时代的要求变了，西部地区必须在实现赶超跨越的同时，完成转变增长方式的任务，实现从"高速增长"到"高质量发展"的蜕变。另一方面，要始终把发展作为第一要务，充分发挥资源比较优势和市场机制作用，加快经济增长。要坚持新发展理念、高质量发展的目标要求，加快调整经济结构，切实转变增长方式，推动产业结构优化和技术升级，在培育新动能和传统动能的改造升级上迈出更大步伐。

西部地区的生态和基础设施明显改善，能源、资源工业及其深加工体系已基本形成，大中城市工业基础较好，智力资源比较密集，在成套机械装备、通信电子、航空航天、生物医药、新材料等领域产业发展具有一定基础，加快发展特色优势产业的条件已经具备，时机已经成熟，有条件推动产业集群化发展，可以在培育新动能和传统动能改造升级上迈出更大步伐，提升产业核心竞争力，进一步构建具有特色、体现优势、富有竞争力的现代化产业体系。加快发展西部地区特色产业要紧紧围绕建设国家能源、资源深加工、装备制造业和战略性新兴产业基地的战略定位，提升产业整体技术水平和竞争力，坚持在高起点上加快发展，走资源节约型和环境友好型的新型工业化道路。同时，要积极培育和发展一批战略性新兴产业，推动全产业链整体跃升。积极发展大数据、人工智能和"智能＋"产业，大力发展工业互联网。大力优化能源供需结构，着力提升传统能源高效清洁利用、可再生能源规模化利用、国家能源安全保障等能力。

大力实施传统产业改造提升工程。传统产业是西部经济增长的"稳定器"。要充分运用老工业基地调整改造政策，开辟传统产业成长新空间，重塑传统产业竞争新优势。要做大做强装备制造、有色冶金、石油化工等传统优势工业,形成以炼油、化工、机电、冶金、军工、能源、轻纺、建材为主的工业体系。在传统产业改造上,要重点促进工业化与信息化深度融合,加快产业和产品向价值链中高端跃升。要大力培育新兴产业,重点发展大数据和信息化、先进装备制造、新材料、精细化工、新能源汽车、生物医药、商贸物流、文化旅游等。要抓住未来 2—3 年全球产业链重构的窗口期,积极补链、扩链,打造区域性产业链集群。大力发展新型化工,建设西部重要的新型化工基地。要实施一批新能源项目,建设西部综合能源开发转化消纳基地。

加快培育战略性新兴产业。以体制机制创新和技术创新为动力,着眼于破解高端制造业的发展瓶颈,整合区域科技资源,以先进装备制造、新能源、新材料、生物和节能环保等行业为重点,以现有的产业集群为基础,引导生产要素集聚,加快建设以龙头企业为主导的研发中心和创新平台,加快关键核心技术攻关,加速科技成果产业化,将战略性新兴产业培育成引领产业发展的新兴力量,实现制造升级、创新升级、消费升级。要提升重庆物联网和智能终端产业、成都航空装备和显示器件产业、西安智能电气与半导体产业在全国乃至世界范围内的产业竞争力。甘肃、宁夏、青海、新疆、内蒙古等省区应充分利用自身资源优势,在新能源、新材料、生物医药等领域形成市场竞争力较强的产业品牌和产业集群,提升青海、甘肃、新疆、内蒙古新能源、新材料,新疆铍锂材料和多晶硅、内蒙古稀土、中医药等战略性新兴产业的市场竞争力,培育壮大经济发展新动能,推动经济高质量发展。

加快特色优势产业发展,一个很重要的途径是通过有选择地承接产业转移,实现产业聚集和技术水平提升。当前,西部地区发展正面临着承接产业转移的历史性机遇。随着"一带一路"建设的高质量发展和全球产业格局的调整驱动,东部沿海地区产业向西部地区转移、国外投资西进的趋势明显,同时呈现出转移速度明显加快、规模明显扩大、层次明显提高、境外企业明显增多等新特点。西部地区可以顺势而为,主动出击,以实现承接产业转移为重要切入点,促进新时代西部大开发的高质量发展。西部地区要积极加强与东中部地区省市以及相互之间的互动交流,开展城市间全方位、宽领域、多层次、多形式的经济联合和技术协作,实现各要素的跨地区流动和合理配置,以国家级新区为重点,加快产业承接基地建设,探索建设"飞地产业园区"、跨省合作园区等合作模式。探索跨省毗邻地区协同开放发展机制,整合资源,实现优势互补,推进区域一体化进程,逐步形成若干新的城市群、城市带和城乡结合型综合经济区。西部地区现有 100 多个城市,都是各类要素资源集聚、交通和市政等基础设施相对较好、经济技术实力相对最强的区域,是在西部地区各个不同层次区域内组织经济社会活动的中心。西部地区要致力于不断改善投资环境,按照市场导向、优势互补、生态环保、集中布局的原则,促进产业转移和集聚发展。

加快现代特色农业发展。当前西部地区面临的"三农"问题仍然比较严峻,最重要的就是要改善农牧民生产生活条件,在特色农牧产业上做文章。要进一步发挥西部地区的自然条件优势,因地制宜地发展特色农产品和产业,培育具有西部特色的农业产业带和产业群,以实现农业资源多层次、多途径的开发利用,满足多样化、优质化的市场需求,开辟新的市场空间,促进西部地区农业结构的优化和升级。加快推进高标准农田、现代化生态牧场、粮食生产功能区和棉油糖等重要农产品生产保护区建设,支持发展生态集约高效、用地规范的设施农业。科学发展平原和山区种植业,建设特色种植业体系,加快建设特色农牧产品生产基地,重点培育西南茶产业带、辣椒产业带,西北西南马铃薯产业带,西北葡萄、枣产业带,广西、云南甘蔗产业带,陕西、甘肃苹果产业带,新疆棉花、番茄产业带等。要加强生态保护,加强草原建设和保护,提高可持续发展能力。加快西北农牧区现代农牧示范区发展,加强优良牧种繁育,积极发展舍饲半舍饲,促进国内畜产品供应基本平衡。要强化基础,支持农业基础设施和物质装备建设,大力推广先进适用技术,积极发展旱作节水农业,着力提高西部地区农业综合生产能力。大力培育西部地区农产品优质品牌,创建特色农产品优势区,按照"一县一业""一村一品"战略,积极申报地理标志产品,着力发展具有地域独特性的杂粮、瓜果、茶叶、花卉、中药材、特色经济作物等农产品,稳步发展冷凉蔬菜和高原夏菜产业。在西北荒漠化、西南石漠化地区发展生态农业,实行耕地轮作休耕、农牧结合等发展模式。加强农产品深加工产业发展,推动农村一、二、三产业深度融合,促进农牧业全产业链、价值链转型升级。努力健全农产品市场和农业服务体系,扶持发展农产品加工业,促进西部地区特色农牧产业又好又快发展。要加强农民技能培训、基层农技人员培训和农民转移就业培训,推动农业科技进村入户,提高农民种养致富和就业增收能力。

加快现代服务业快速发展。以促进区域经济社会全面发展为导向,优化服务业内部结构,大力发展生产性服务业,强化产业融合发展,着力推进服务业与农业、工业在更高水平上的结合,促进产业结构调整升级,逐步形成以商贸物流、旅游与文化产业、金融和科技服务业为重点的现代服务体系。成都、重庆、西安等有条件的可发展金融、软件信息、互联网等新兴服务业,同时兼顾物流、商贸、会展、居民服务等传统服务业,发挥南宁在中国-东盟金融合作中的枢纽地位,支持成都、重庆、西安依托较为发达的高等教育资源发展软件服务业和科技服务业。依托西部丰富的旅游和特色文化资源,加强资源整合,积极推进旅游与文化、生态、休闲产业融合,做大做强西部旅游产业。依托风景名胜区、边境旅游试验区等,大力发展旅游休闲、健康养生等服务业,打造区域重要支柱产业。支持西部发挥生态、民族民俗、边境风光的优势,深化旅游资源开放、信息共享、行业监管、公共服务、旅游安全、标准化服务等方面的国际合作,打造跨境旅游合作区和精品跨境旅游线路,形成"一带一路"高端旅游产品。重点打造二连浩特-扎门乌德跨境旅游合作区、德天-板约跨境旅游合作区、贝加尔湖自驾游、环阿尔泰山自驾游、"万里茶道"自驾游、中老缅泰国际跨境旅游环线、中哈吉探秘世界遗产跨境自驾游等。加快发展现代服务业,特别是专业服务业,加强现代物流服务体系建设。促进农村电商与农村寄递物流融合发展。依托"互联网+",加强城市市场、物流企业与农户农场、农民合作社等的衔接,发展专业化农产品寄递服务和冷链仓储加工设施,助力农产品销售,特别是促进脱贫地区的乡村特色产业发展。发挥邮政在末端寄递中的基础性作用,加强与快递、供销等的合作,扩大"快递进村"的覆盖范围。

第三,推进能源形成新格局。新时代西部大开发的能源发展,要积极适应国内国际形势的新发展新要求,走高质量发展新道路,更好地服务经济社会发展,更好地服务美丽中国建设,更好地推动清洁美丽世界建设。

优化能源供需结构。优化煤炭生产与消费结构,完善能源消费总量管理,强化能耗强度控制,把节能贯穿于经济社会发展的全过程和各领域。大力发展低能耗的先进制造业、高新技术产业、现代服务业,推动传统产业智能化、清洁化改造。推动工业绿色循环低碳转型升级,全面实施绿色制造,建立健全节能监察执法和节能诊断服务机制,开展能效对标达标。坚持绿色发展导向,大力推进化石能源清洁高效利用,优先发展可再生能源。统筹光伏发电的布局与市场消纳,集中式与分布式并举开展光伏发电建设。完善光伏发电分布式应用的电网接入等服务机制,推动光伏与农业、养殖、治沙等综合发展,形成多元化光伏发电发展模式。加快风电、光伏发电就地消纳。加强可再生能源开发利用,开展黄河梯级电站大型储能项目研究,培育一批清洁能源基地。以西南地区主要河流为重点,可以有序推进流域大型水电基地建设,推进小水电绿色发展。推动煤炭清洁生产与智能高效开采,有序发展先进产能,加快淘汰落后产能,推进煤炭清洁高效利用,提升油气勘探开发力度。推进大型煤炭基地绿色开采和改造,发展矿区循环经济,加强矿区生态环境治理,建成一批绿色矿山,全面提升资源综合利用水平。积极推进煤炭分级分质梯级利用,稳步开展煤制油、煤制气、煤制烯烃等升级示范。推进煤电油气产供储销体系建设,完善能源输送网络和储存设施,推动共建"一带一路"能源绿色可持续发展,促进能源基础设施互联互通。积极参与全球能源治理,加强能源领域国际交流合作,畅通能源国际贸易,促进能源投资便利化,共同构建能源国际合作新格局,维护全球能源市场的稳定和共同安全。

大力提升油气勘探开发力度,提升石油勘探开发与加工水平。加强西部地区的勘探开发,深化体制机制改革,促进科技研发和新技术应用,加大低品位资源勘探开发力度,推进原油增储上产。发展先进采油技术,提高原油采收率。以新疆地区、鄂尔多斯盆地等为重点,推进西部新油田增储上产。推进炼油行业转型升级,建设一批石油天然气生产基地,加快煤层气等勘探开发利用,打造国家重要的能源综合生产基地、储备基地、输出基地和运输通道。

继续加大西电东送等跨省区重点输电通道建设,提升清洁电力的输送能力。加强电网调峰能力建设,有效解决弃风弃光弃水问题。积极推进配电网改造行动和农网改造升级,完善城市配电网架,提高偏远地区的供电能力。加快北煤南运通道和大型煤炭储备基地建设,加强油气输送管网建设,推进油气管网互联互通,加快油气支线、终端管网建设。构建多层次天然气储备体系,在符合条件的地区加快建立地下储气库。支持符合环保、能效等标准要求的高载能行业向西部清洁能源优势地区集中。

第四,强化基础设施规划建设。西部大开发"十三五"规划中明确的基础设施重大项目基本完成了既定目标,为西部陆海新通道建设和新时代西部大开发形成新格局奠定了基础。但是,西部地区的交通区位条件在全国高速交通重塑中呈现出下降趋势,综合交通优势仍低于全国平均水平,与东中部地区差距明显,制约了基础设施通达程度的提升。

继续加强交通基础设施建设。西部大开发战略实施以来,西部地区交通基础设施发生了翻天覆地的变化,但依然是制约西部发展的主要瓶颈。按照现代物流理论,运输能力的发展可以分为四个阶段:第一阶段是不同运输方式各自独立运行与发展,第二阶段是综合运输体系逐步形成,第三阶段是运输一体化,第四阶段是综合运输体系与经济发展、土地使用、环境改善等高度协调和一体化发展。西部地区目前正从第一阶段向第二阶段过渡。我们既要"补课",加快铁路、公路、机场、水运等运输方式的建设,特别是通道和路网建设,又要统筹协调,着力构建综合交通运输体系,实现各种运输方式从分散独立发展向综合一体发展转变,加强经济社会发展的交通保障。当前,西部地区交通基础设施建设面临的突出问题是资金紧张,例如铁路客运专线等不少项目建设速度放慢,建设步伐滞后。

构建国内运输通道,加强与重点区域的联系。要加强西北地区与京津冀的联系,积极融入京津冀协同发展。依托京包客运专线、临哈高速铁路、南疆铁路干线以及喀伊高速铁路,构造西部北部运输通道。加强西南地区与京津冀的区域联系,以成都、重庆、贵阳为重要枢纽,构造北京至昆明的运输通道。依托成贵高速铁路、贵广高速铁路、广昆高速铁路、汕昆高速公路、西江航运通道构筑额济纳至广州、汕头至昆明等的运输通道,积极融入粤港澳大湾区发展。加强西北地区与粤港澳大湾区的区域联系,依托二广高速公路,加快建设二湛高速铁路,构筑额济纳至广州、二连浩特至湛江等的运输通道。依托沪汉蓉快速客运专线、沪蓉高速公路等重要干线,构建沿江运输通道,加强西部地区与长三角的区域联系。依托福银高速公路,以西安、银川等为运输枢纽,构建福州至银川的运输通道。推进渝武、福银高速铁路等重点工程建设。加强西南地区与长三角的区域联系,依托沪昆高速铁路、沪昆高速公路等重要干线,构建上海至瑞丽的运输通道。

构筑跨境运输通道,加快对外开放。积极融入"一带一路"建设,构筑跨境国际运输大通道,对接六大经济走廊。推进西部陆海新通道高质量建设,畅通西线通路,扩能中线通路,完善东线通路,加强通道内联辐射和推进通道对外联通。依托连霍高速公路、兰新高速铁路等建设中亚—西亚通道。加快建设精河—阿拉山口高速公路,推进伊乌高速铁路建设。建设自乌鲁木齐经喀什至红其拉甫进入巴基斯坦至瓜达尔港的跨境运输通道;建设自西安经重庆、成都、贵阳、昆明至磨憨进入老挝的跨境运输通道;建设自昆明经瑞丽进入缅甸的跨境运输通道;建设广西、云南面向东南亚的国际通道,推进西南地区与东南亚各国的铁路运输通道建设;加快中老铁路、中越泛亚等跨境铁路建设;建设自俄罗斯乌兰乌德经二连浩特至中国其他地区、自俄罗斯赤塔经满洲里至中国其他地区、自蒙古国乌兰巴托经阿尔山至中国其他地区的跨境运输通道。依托张呼高速铁路、北京至通辽铁路、滨洲铁路等,加强内蒙古与京津冀、东北的区域联系。建设一批重要跨境运输口岸和北海、钦州、防城港等水运口岸。

提升区域内连通水平,促进陆海联运。以重庆、成都、北部湾出海通道为重要运输枢纽,依托南钦防高速公路、成宜高速公路、包海高速铁路、渝怀铁路、焦柳铁路等干线,提升西北、西南地区与沿海港口的联系和陆海联运水平,构筑包头、重庆、成都至北部湾等的运输通道。推进包茂高速公路、隆百铁路和渝柳铁路、渝怀二线等工程规划建设。加强西北与西南地区的联系,构筑临河至磨憨运输通道,加快银昆高速公路、渝昆高速铁路、玉磨铁路等的建设,推进川藏铁路建设。

构建多层次综合交通枢纽体系。发挥重庆、成都、西安、乌鲁木齐的区位优势,着力打造国际性综合交通运输枢纽,加强西部陆海新通道与中欧班列、长江航运的衔接,继续完善公路、铁路枢纽建设,实现公铁水空联运互通。加强西安国际陆港建设和新疆丝绸之路经济带核心区建设,打造中欧班列集结中心,将西安、乌鲁木齐建设成为面向中亚、西亚地区的国际门户枢纽。围绕综合运输通道,提升西南地区运输效率,打造昆明、贵阳、南宁等全国性综合运输枢纽。完善西部综合运输通道建设,打造呼和浩特、西宁、拉萨、兰州、银川等区域性综合运输枢纽。积极建设大型物流节点,优化物流园区、物流中心和货运枢纽等。

加强城乡基础设施建设。积极推动成渝城市群、关中城市群综合交通运输系统集约高效发展,拓展腹地范围,以中心城市为核心,连通邻近的城市与中心城镇,建设公交化的城际客运轨道系统。统筹城乡市政公用设施建设,促进中心城市公共基础设施向周边地区延伸。有序推进重庆、成都、西安、昆明、兰州、南宁、贵阳、乌鲁木齐等城市的地铁建设。提升农村地区基础设施通达水平,打通断头路、瓶颈路,改造国省道干线,实现县县通高速,具备条件的县城通二级及以上等级公路。全面推进县域路网改造工程,具备条件的乡镇和建制村通沥青水泥路,重视农村公路养护。全面推进县县通班车、建制村通汽车。提高农村、边远地区的信息网络覆盖水平。加强农村人居环境和公共服务设施建设。

继续加强水利设施建设。水利是现代农业建设不可或缺的首要条件,是经济社会发展不可替代的基础支撑,是生态环境改善不可分割的保障系统。对西部地区而言,发展最大的制约因素就是水,水利建设更是具有特殊重要性。要开源与节流并重,挖潜和降耗兼顾,促进水资源的优化配置和节约利用。推进城乡供水一体化和人口分散区域重点小型标准化供水设施建设,加强饮用水水源地规范化建设,重点解决县城以上城市无应急备用水源问题。加强黄河生态环境保护和高质量发展建设。推进南水北调西线工程前期工作。合理规划建设一批重点水源工程、江河湖泊骨干治理工程和大型灌区工程,加强大中型灌区续建配套与现代化改造。西部地区也是灾害发生频次高、受灾面积大、重复受灾情况多的地区,要加强中小河流治理和病险水库除险加固、抗旱水源工程建设和山洪灾害防治,加强山洪防治、避险搬迁和救灾物资储备,尽快完善水文监测站网。这些工作既有利于防灾减灾,也有利于提高用水效率。此外,要加大工作力度,尽快解决农村饮水安全问题。同时,饮水工程的后续管理要提到日程上,不能只建不管。

加强新型基础设施建设。西部地区要"后发制人",只能依靠技术创新驱动实现弯道超车,例如新基建项目中传统基建的"补短板"——5G基建、大数据中心、人工智能等热门技术领域,运输业的冷链运输、消费基建的医疗信息化等领域。西部地区应抓住机会,加大投入,创造良好环境,将高科技企业留在西部,方能在"一带一路"建设中后来居上,更有所为。要大力推进5G通信网络、物联网等基础设施建设,以"一带一路"信息港建设为依托,构建覆盖城镇密集区、技术先进、安全可靠的5G信息基础设施。支持大数据、人工智能等技术在基础设施中的应用,推进城市大脑、智慧交通等平台建设,推进先进、安全、高效的信息化基础设施体系建设,提升数据治理能力,强化信息系统安全防护能力。

第五,大力促进城乡融合发展。乡村振兴战略是党的十九大提出的一项重大战略,是关系到全面建设社会主义现代化国家的全局性、历史性任务,是新时代"三农"工作的总抓手。坚持农业农村现代化发展方向,做好乡村振兴战略这篇大文章,必须走城乡融合发展之路。推进城乡共建共治共享,以城乡融合发展为重点深化农村改革,促进城乡有机融合、农业高质高效、乡村宜居宜业、农民富裕富足,加快农业农村现代化。一是应充分发挥规划的引领作用,推进"多规合一",在编制国土空间总体规划等各项规划时,将城市和乡村地区空间、基础设施建设、公共服务、生态环境等方面融合统筹安排,指导乡村振兴发展,打造一批乡村振兴先行示范区。二是加快城乡融合发展,必须破除体制机制弊端,推动城乡要素双向自由流动,加快城市公共资源向农村延伸、城市人才和资本向农村流动,实现城乡要素双向融合互动和资源优化配置。三是加快城乡融合发展,要推动新型工业化、信息化、城镇化、农业现代化同步发展,加快形成工农互促、城乡互补、全面融合、共同繁荣的新型工农城乡关系。四是建设美丽宜居村庄,要推进生产、生活、消费绿色化,因地制宜推进乡村人居环境整治,加大环境整治,使乡村成为农民安居乐业的美好家园。五是加强乡风文明建设。要以加强乡风文明建设为重要抓手,让社会主义核心价值观在乡村落地生根,使好习俗、好习惯、好风尚的文明乡风和良好家风蔚然成风。

二、做好大保护文章

西部地区是我国主要的生态功能区,也是生态极为脆弱的区域。新时代推进西部大开发形成新格局,要牢固树立"绿水青山就是金山银山"的理念,守住发展和生态"两条底线",努力走出一条生态优先、绿色发展的新路子。必须加快推进西部地区绿色发展,坚持在开发中保护、在保护中开发,按照全国主体功能区建设要求,保障好长江、黄河上游生态安全,保护好冰川、湿地等生态资源,为国家生态安全和中华民族可持续发展做出应有贡献。

第一,深入实施重点生态工程。"十三五"期间,西部地区系列重大生态工程总体取得了明显成效,但区域差异明显,以国家公园为主体的自然保护区体系尚未形成,自然资源利用与生态保护矛盾突出;生态环境保护建设仍处于应急治理阶段,缺乏综合治理规划和长效机制等。新时代推进西部大开发形成新格局,要持续实施国家重大生态工程,进一步加大水土保持、天然林保护、退耕还林还草、退牧还草、重点防护林体系建设等重点生态工程实施力度,开展国土绿化行动,稳步推进自然保护地体系建设和湿地保护修复,展现大美西部新面貌。坚持"山水林田湖草沙冰是一个生命共同体"的理念,统筹考虑自然地理单元的完整性、生态系统的关联性、自然生态要素的综合性,对区域内山水林田湖草沙冰等各类自然生态要素进行整体保护、系统修复、综合治理。在生态空间,加大自然保护地核心区的封育力度,实施重要生态修复工程,恢复野生动物重要栖息地,实现山水林田湖草沙冰的整体保护修复;在农业空间,结合村庄整治、工矿废弃地治理,维护农田原有生境,将耕地、林地、草地整治与建设用地布局优化相结合,打造规模相对集中连片的耕地、草地、湿地、林地等生态系统复合格局;在城镇空间,依托现有山水脉络,建设生态廊道,打通城市内部水系,绿地与城市外围河湖、森林连通,形成完整的生态网络。加大水、大气、土壤污染防治力度,系统推进环境治理与生态修复,确保环境质量稳步提升。加快推进国家公园体系建设。尽快制定西部地区国家公园总体规划,重点部署青藏高原国家公园群,在内蒙古高原、云贵高原、秦巴山区、西北荒漠绿洲区等地区布局一批国家公园。推动建设青海湖、昆仑山、若尔盖、普达措、六盘山等国家公园,并对各类自然保护区进行梳理和调整,形成西部地区以国家公园为主体的自然保护地网络体系。

第二,稳步开展重点区域综合治理。实施青藏高原生态屏障区生态保护和修复工程,大力推进青海三江源生态保护和建设、祁连山生态保护与综合治理,若尔盖草原湿地、甘南黄河重要水源补给区、藏东南森林草原生态保护和修复,西藏"两江四河"造林绿化与综合修复、青藏高原矿山生态修复工程等。开展对冰川、雪山的保护和监测。实施黄河中上游重点生态区生态保护和修复工程,开展黄土高原水土流失综合治理、秦岭生态保护和修复、贺兰山生态保护和修复、黄河重点生态区矿山生态修复工程。实施长江上游重点生态区生态保护和修复工程,开展横断山区水源涵养与生物多样性保护、长江上游岩溶地区石漠化综合治理、大巴山生物多样性保护与生态修复、三峡库区生态综合治理、河湖湿地生态保护和恢复、黔渝武陵山区生物多样性保护工程。实施北方防沙带生态保护和修复工程,京津风沙源治理、内蒙古高原生态保护和修复、河西走廊生态保护和修复、塔里木河流域生态保护和修复、天山森林草原保护、北方防沙带矿山生态修复工程等。实施内蒙古东部森林带生态保护和修复、新疆北部森林草原带生态保护和修复、西南丘陵山地带生态保护和修复、广西南岭山地森林及生物多样性保护、北部湾海岸带生态系统保护和修复工程。以内蒙古高原、汾渭平原、成渝地区、乌鲁木齐及周边地区为重点,加强区域大气污染联防联控,提高重污染天气应对能力。开展西部地区土壤污染状况详查,积极推进受污染耕地的分类管理和安全利用,有序推进治理与修复。

第三,加快推进西部地区绿色发展。西部大开发战略实施以来,西部地区经济社会发展取得了巨大成就,同时仍存在一系列生态环境问题有待破解,发展方式相对粗放、产业结构不合理,这些都是西部经济社会持续健康发展的明显短板。新时代西部大开发必须转向高质量发展阶段,提高"增长是有代价的"意识,把转变发展方式、优化经济结构、转换增长动力摆在重要位置,迫切需要围绕绿色发展做文章。要以绿色发展理念为引领,以推动产业绿色转型为抓手,以构建绿色发展体系助力西部地区绿色发展,加快形成人与自然和谐发展的新格局。积极构建生态产业体系,落实市场导向的绿色技术创新体系建设任务,推动西部地区绿色产业加快发展。加快形成节约资源和保护环境的空间格局、产业结构、生产方式、生活方式,把经济活动与人的行为限制在自然资源和生态环境能够承受的限度内,留出自然生态休养生息的时间和空间。西部地区要抓住"一带一路"建设及新一轮西部大开发的重大机遇,及时调整发展思路,以供给侧结构性改革为主线,大力培育新产业、新业态与新模式,坚持走生态优先、绿色发展的新路子。实施国家节水行动以及能源消耗总量和强度双控制度,全面推动重点领域节能减排。重点是调整经济结构和能源结构,由高污染、高耗能、高排放的粗放型生产向低污染、低耗能、低排放的集约型生产转型,逐步培育壮大节能环保产业、清洁生产产业、清洁能源产业。大力发展循环经济,推进资源循环利用基地建设和园区循环化改造,鼓励探索低碳转型路径。加快文化旅游产业、循环农业、通道物流产业、中医中药产业等绿色生态产业发展。积极推进"互联网＋",大力培育产业新业态、新模式,促进三次产业融合发展,从而形成一批与东中部区域有差异可互补的、能够带动群众致富且增强西部地区经济实力的特色产业集群。全面推进河长制、湖长制,推进绿色小水电改造。加快西南地区城镇污水管网建设和改造,加强入河排污口管理,强化西北地区城中村、老旧城区和城乡接合部污水截流、收集、纳管工作。要以完善的产权制度和要素市场化配置为重点,激活主体、激活要素、激活市场,构建多元化的社会化服务体系和现代化经营体系。加强跨境生态环境保护合作。

三、做好大开放文章

"十三五"期间,西部地区积极融入"一带一路"建设,对外开放平台不断完善,对外开放格局不断优化,外向型经济发展取得了较大进展。但其对外开放水平仍然较低,对外开放经济体系建设仍然相对滞后,与东中部地区对外开放的互动性、协同性也有待增强。新时代推进西部大开发形成新格局,就是要把加大西部开放力度置于突出位置,使西部地区进一步融入"一带一路"建设和国家重大区域战略,加快形成全国统一大市场,并发展更高层次的外向型经济,积极参与国际产业链、供应链、价值链分工,深度融入全球经济体系,促进中国与"一带一路"沿线国家和地区的国际经济循环,努力构建国内国际双循环相互促进的新发展格局。

第一,积极参与和融入"一带一路"建设。必须以共建"一带一路"为引领,加大西部开放力度。充分发挥西部地区地缘优势,对接新亚欧大陆桥、中蒙俄、中国-中亚-西亚、中国-中南半岛、中巴、孟中印缅等六大经济走廊,进一步深化与周边国家合作,支持新疆加快丝绸之路经济带核心区建设,形成西向交通枢纽中心、商贸物流中心、金融中心、文化科教中心及医疗服务中心等。建设北、中、南三条跨越新疆的交通通道,其中,北通道自京津唐经山西、内蒙古,进入新疆后,经伊吾、布尔津等地西出哈萨克斯坦至俄罗斯;中通道自长三角地区,沿新亚欧大陆桥横穿中原地区进入新疆后经哈密、吐鲁番、乌鲁木齐等地,分别从阿拉山口和霍尔果斯出境通向中亚至欧洲;南通道自珠三角地区,经湖南、重庆、四川、青海,进入新疆后经若羌、和田、喀什等地,通往塔吉克斯坦,南下至印度洋沿岸。支持重庆、四川、陕西发挥综合优势,打造内陆开放高地和开发开放枢纽。进一步深化开放合作,打造一批重大合作平台,落实一批重大合作项目,举办一批重大合作活动,共同推进"一带一路"建设。加快云南建设面向南亚东南亚辐射中心,构建区域立体交通枢纽、区域能源合作中心、国际旅游集散地、区域跨境物流中心和合作建设产业园区。广西构建面向东盟的国际大通道,打造西南中南地区开放发展新的战略支点,形成丝绸之路经济带和21世纪海上丝绸之路有机衔接的重要门户。支持甘肃、陕西充分发掘历史文化优势,发挥丝绸之路经济带的重要通道、节点作用。支持贵州、青海深化国内外生态合作,推动绿色丝绸之路建设。建设宁夏、贵州等内陆开放型经济试验区。支持内蒙古深度参与中蒙俄经济走廊建设,打造向北开放的桥头堡。提升云南与澜沧江-湄公河区域开放合作水平。

第二,强化开放大通道建设。加快建设西部陆海新通道,畅通中南半岛通道、中缅陆水联运通道、孟中印缅国际大通道,提升区域内连通水平。积极实施中新(重庆)战略性互联互通示范项目。推动中尼铁路日喀则至吉隆坡段、中蒙铁路、川藏铁路建设。西南地区加快推进与周边国家的道路连接,推进南向通道建设,完善北部湾港口建设,建设钦州大榄坪南作业区自动化集装箱泊位、30万吨级油码头,北海铁山港东港区及西港区打造具有国际竞争力的港口群泊位,加快培育现代海洋产业,积极发展向海经济。积极发展多式联运,加快铁路、公路与港口、园区的连接线建设。强化沿江铁路通道运输能力和港口集疏运体系建设。依托长江黄金水道,构建陆海联运、空铁联运、中欧班列等有机结合的联运服务模式和物流大通道。支持在西部地区建设无水港。优化中欧班列的组织运营模式,加强中欧班列枢纽节点建设。进一步完善口岸、跨境运输和信息通道等开放基础设施,完善东兴、凭祥、瑞丽、河口、磨憨、霍尔果斯、阿拉山口、二连浩特、满洲里等边境口岸基础设施,加快建设开放物流网络和跨境邮递体系。加快中国-东盟信息港建设。

第三,构建内陆多层次开放平台。完善对外开放平台,提升参与国际合作竞争的层次。鼓励重庆、成都、西安等加快建设国际门户枢纽城市,重庆积极推动两江新区、中新互联互通项目、重庆自贸试验区、重庆高新区、西部(重庆)科学城、重庆经开区等各类开放平台提档升级、协同发力,建设"一带一路"对外交往中心;成都建设国际空港和国际铁路港,拓展国内国际陆上物流网、空中物流网和空中人流网;西安充分发挥全面创新改革试验区、"一带一路"综合试验区、自贸试验区、临空经济示范区的作用,建设功能完善、高度开放、内外畅通的各类对外开放平台。提高昆明、南宁、乌鲁木齐、兰州、呼和浩特等省会

（首府）城市面向毗邻国家的次区域合作支撑能力。支持西部地区自贸试验区在投资贸易领域依法依规开展先行先试，探索建设适应高水平开放的行政管理体制，打造支撑高质量发展的体系和环境，包括营商环境、投资环境、市场环境，以及完善的金融体系和多层次资本市场。加快内陆开放型经济试验区建设，在内陆地区增设国家一类口岸，按程序设立成都国际铁路港经济开发区。有序推进国家级新区等功能平台建设，整合规范现有各级各类基地、园区，加快开发区转型升级。重点引进加工制造、跨境电商、国际贸易、仓储物流、高端制造等企业。围绕南亚、东南亚、中亚及东欧、西欧、非洲重点地区，以重大投资合作项目为抓手，加快建设境外经贸合作园区，为持续对外合作与布局创造载体平台。鼓励国家级开发区实行更加灵活的人事制度，发展优质医疗、教育、金融、物流等服务。办好各类国家级博览会，提升西部地区影响力。

第四，加快沿边地区开放发展。"十三五"期间，西部地区的重点开发开放试验区建设进程相对较快，边境经济合作区经济实力显著提升，边境口岸建设布局不断优化。但西部沿边地区大多为老少边穷地区，经济发展水平相对较低，社会发展相对滞后，基础设施条件较差，已经不能满足新时代国家在对外贸易合作和沿边开放等方面发展的要求。进一步强化对沿边地区的优惠政策，完善沿边重点开发开放试验区、边境经济合作区、跨境经济合作区布局，支持在跨境金融、跨境旅游、通关执法合作、人员出入境管理等方面开展创新合作，培育和建设一批富有活力的边境重点口岸、边境经济合作区、边境中心城市，形成边境地区要素聚集高地，带动沿边地区整体发展。大力完善口岸和跨境通道软硬件设施建设，提升口岸检疫、保税、仓储能力，提供口岸管理水平、服务质量、通关效率。推动沿边公路、铁路建设，打通向西、向南的跨境运输通道。整合境内外资源，着力发展边境加工贸易，建立健全产品加工及转口贸易体系，促进国内国际双循环。扎实推进边境旅游试验区、跨境旅游合作区、农业对外开放合作试验区等的建设。统筹利用外经贸发展专项资金支持沿边地区外经贸发展。完善边民互市贸易管理制度。研究考虑在有条件的重点口岸，设立一批县级市。深入推进兴边富民行动，促进边疆稳固，经济繁荣。

第五，发展高水平开放型经济。推动西部全方位对外开放，要适应新形势，把握新特点，继续推动商品和要素流动型开放，更加注重推动西部地区对外开放由商品和要素流动型逐步向规则制度型转变。改革开放 40 多年的经验表明,制度型开放是更加深入的开放、更加全面的开放、更加系统的开放、更加公平的开放,强化开放与改革的良性互动,可以让开放在消除边界壁垒、促进国家治理现代化方面发挥更大的作用。要加大向西开放,着力解决开放不平衡问题,形成陆海内外联动、东西全面开放的新格局。西部地区要以制度创新为核心,努力打造高水平的开放新平台。落实好外商投资准入前国民待遇加负面清单管理制度,有序开放制造业,逐步放宽服务业准入,提高采矿业开放水平。全面推行"国民待遇原则＋负面清单"管理模式,推进投资贸易管理制度、工商制度变革,建设法治化、国际化、便利化的营商环境等。支持西部地区按程序申请设立海关特殊监管区域,支持区域内企业开展委内加工业务。

西部地区要利用好自身的区位特点和资源禀赋,将西部的产能优势、技术与资金优势、经验与模式优势转化为市场与合作优势,积极探索西部地区与"一带一路"沿线国家分享优质产能、共商项目投资、共建基础设施、共享合作成果的新路径,共同参与国内国际双循环,在更宽领域、更深层次、更高水平上实现合作共赢。西部地区融入"一带一路"建设,要找准西部产业发展的对接点。我们先要认识到西部产业发展与"一带一路"沿线国家相比较,特别是与周边国家相比较,我们到底有哪些比较优势? 从工业发展阶段来看,与"一带一路"沿线国家总体上处在工业化早期或中期的情况相比,西部地区有的省区当前的工业化进程处于中前期阶段,以原材料、重工业、装配工业、基础工业为重心,处于资源加工工业化向高深加工工业化转变的时期,逐步由低层次劳动、资源密集型产业向以机械制造业为主的资本密集型和技术密集型产业转变。由此可见,西部地区的工业发展阶段略先于"一带一路"沿线国家的工业发展阶段。因而西部地区可以充分发挥自身的比较优势,同"一带一路"沿线国家找到对接点,深入推进国际产能合作,积极承接国内外优势产业,积极探索建设"一带一路"经贸合作园区,建设一批优势明显的外贸转型升级基地,打造面向欧亚、对接周边的现代国际贸易聚集平台。同时,要建立东中西部开放平台对接机制,共建项目孵化、人才培养、市场拓展等服务平台,在西部地区打造若干产业转移示范区。对向西部地区梯度转移的企业,按原所在地区已取得的海关信用等级实施监督。

第六,拓展区际互动合作。经过 20 年发展,西部地区与东中部地区的发展水平仍有差距,其内部各省区市的发展水平也差异较大。目前,从西部区域发展来看,两种情况共存:一是区域发展的协调性增强是基本面和主流;二是出现了区域(或地区)经济分化的新状况。在西部地区 12 省区市中,西南的态势比较好,西北的问题和困难比较多。西北 5 省区和内蒙古经济发展增速全部低于西部平均增速,其中问题比较多的是甘肃和内蒙古。西部地区直辖市、省会(首府)城市中,第一梯队是重庆、成都、西安,第二梯队是昆明、南宁、贵阳、乌鲁木齐、兰州、呼和浩特,第三梯队是银川、西宁、拉萨。2019 年中国百强城市中,进入前 10 名的西部城市只有成都,重庆排 11 位,呼和浩特排 53 位,兰州排 61 位。我们看到,凡是资源加工型和以传统产业为主的地方,凡是市场化程度低、体制机制改革滞后的地方,结构变革和动力转换的困难就更多一些,受经济下行压力的影响就更大一些,最终表现为经济增速的下滑。而结构变革起步较早的地方、开放程度高的地方、高新技术产业和战略性新兴产业基础较好的地方、市场化程度和配套能力较强的地方,就可以比较从容地应对结构变革的挑战,赢得先机,保持经济的平稳较快发展。

由此我们可以得出结论,区域经济的分化,实质上是在结构变革和动能转换的特定背景下,不同地区创新能力、适应能力、应对能力和迥然不同的客观反映。其中,周期性因素是外因,结构性、体制性因素是内因。重庆、四川、贵州也是靠产业梯度转移,重塑了竞争优势。对此,需进一步加强西部地区内部各省区市的协同开放,加强与东中部地区的互动合作,将西部开发开放与支持东北地区全面振兴、推动中部地区崛起和东部地区率先发展等联系起来,与推动京津冀协同发展、长江经济带发展、粤港澳大湾区建设、长三角一体化发展等联系起来,协同推进。支持青海、甘肃等加强黄河生态环境保护和加快高质量发展、建设长江上游生态屏障,加快建设三江源国家公园和加强祁连山生态保护,探索协同推进生态优先、绿色发展新路径。西部大开发不仅仅是为了发展西部,更是为了在东西部地区协调发展基础上促进我国国民经济的平稳健康发展。西部要将对内开放与对外开放相结合,通过东西协力联动推进西部大开发,依托新亚欧大陆桥综合运输通道,加强西北省区与江苏、山东、河南等东中部省份的互惠合作。加快珠江-西江经济带和北部湾经济区建设,鼓励广西积极参与粤港澳大湾区建设和海南全面深化改革开放。推动东西部自贸试验区交流合作,加强协同开放。支持跨区域共建产业园区,鼓励探索"飞地经济"等模式。加强西北地区与西南地区合作互动,促进成渝、关中平原城市群协同发展，打造引领西部地区开放开发的核心引擎。推动北部湾、兰州-西宁、呼包鄂榆、宁夏沿黄、黔中、滇中、天山北坡等城市群的互动发展。支持南疆地区开放发展。支持陕甘宁、川陕、左右江等革命老区和川渝、川滇黔、渝黔等跨省(区、市)毗邻地区建立健全协同开放发展机制。加快推进西安-咸阳、酒泉-嘉峪关、贵阳-安顺、北钦防等重点区域的一体化进程。继续坚持并完善东西部协作机制，坚持定点帮扶机制，适当予以调整优化，巩固提升帮扶成效。注重发挥市场作用，强化以企业合作为载体的帮扶协作。抓紧推进东西部协作结对关系调整，加强东部地区对西部地区的人才支援。

四、做好大变革文章

改革开放 40 多年来的经验表明，解放思想始终是冲破阻碍、引领前进的动力源。没有观念的更新，就不会有发展的突破；没有思想的解放，就不会有发展的跨越。思想观念落后是西部地区经济落后的一个重要原因，解放思想、转变观念是西部大开发强大的内在动力。要以思想大解放推动高质量发展为根本目的，努力在谋划改革发展思路、解决突出矛盾问题、激发改革创新活力方面下功夫，真正以思想大解放、观念大提升、作风大改进，奋力谱写新时代西部大开发新篇章，形成新格局。

第一，深化要素市场化配置改革。西部地区市场发育明显滞后，要素流动存在体制机制障碍，要素价格形成机制不健全。要深化要素市场化配置改革，推进要素市场制度建设，清除要素自由流动的体制机制障碍，实现要素价格市场决定、流动自主有序、配置高效公平。探索集体荒漠土地市场化路径，设定土地用途，鼓励个人申领使用权。在用地政策上，继续实施差别化用地政策，新增建设用地指标进一步向西部地区倾斜，合理增加荒山、沙地、戈壁等未利用土地的开发建设指标。加强对基础设施领域补短板项目的用地保障。支持西部地区开放平台建设，对国家级新区、开发区利用外资项目以及重点开发开放试验区、边境经济合作区、跨境经济合作区产业发展所需建设用地，在计划指标安排上予以倾斜支持。推进耕地指标和城乡建设用地指标在国家统筹管理下实现跨省域调剂。深入推进主业为充分竞争行业的商业类地方国有企业混合所有制改革。深化资源性产品等要素价格形成机制改革，进一步理顺价格关系,疏导价格矛盾,建立健全定价成本信息公开制度。有序放开竞争性环节电价,深化输配电价改革。推进增量配电业务改革试点,开展电力现货交易试点。实施丰水期居民生活电能替代等电价政策,促进西部地区清洁能源消纳。建立健全天然气弹性价格机制和上下游价格传导机制。构建统一的自然资源资产交易平台,健全自然资源资产收益分配制度。提高西部地区的直接融资比例,支持符合条件的企业在境内外发行上市融资、再融资,通过发行公司信用类债券、资产证券化产品融资。西部贫困地区企业首次公开发行上市、新三板挂牌、发行债券、并购重组等适用绿色通道政策。

第二,建立健全市场化、多元化生态保护补偿机制,进一步完善生态保护补偿市场体系。建立生态补偿机制工作的难度很大,十分复杂,国际上也没有比较成熟的经验可供借鉴,但又非常重要。我们已经在森林、草原、流域、矿产等方面开展了一些研究工作,包括与国际机构合作。中央财政加大了对重点生态功能县的均衡性转移支付力度。由于生态补偿是一项全新的事业,一些工作要从试点做起,研究制定生态补偿示范区的建设实施方案,做好不同类型的生态补偿试点工作。要完善纵向生态补偿机制,调整增加西部地区的国家重点生态功能区,加大纵向转移支付力度,扩大公益林补偿范围,提高补偿标准。完善草原奖补机制,重点在青藏高原生态屏障区、北方防沙带加大草原奖补力度。要加快推进九洲江、赤水河、漓江、雅鲁藏布江、湟水河等河流流域上下游横向生态补偿,建立长效机制;建立长江、黄河和西江等流域的生态补偿基金,探索建立大江大河省际全流域横向生态补偿机制。探索建立大型跨流域引水调水工程对口协作机制和水能资源开发生态保护补偿机制。探索建立用水权、排污权交易机制。

第三,积极推进科技体制改革。西部地区面临着科技人员数量不足、高水平创新人才少,科研能力弱、科技创新能力不强、科研人员回报低等诸多问题。要积极推进科技体制改革,增强科技创新活力,集中力量推进科技创新。开展探索赋予科研人员职务科技成果所有权或长期使用权试点工作。明确科技成果完成人自主实施科技成果转化相关权利,构建有利于科技创新和科技成果转化的长效机制。支持扩大科研经费使用自主权,允许试点单位从基本科研业务费、专项经费等稳定支持科研经费中提取不超过 20% 的费用作为奖励经费,由单位探索完善科研项目资金的激励引导机制。提高智力密集型项目间接经费比例并向创新绩效突出的团队和个人倾斜,调动研究团队积极性,加快科研成果产出。加快科技人员薪酬制度改革,建立健全科技创新人才薪酬制度和符合科研事业单位特点的薪酬制度,提高科技人员创新能力。扩大高校和科研院所工资分配自主权,核定绩效工资水平和总量,自主确定绩效工资结构和分配方式,健全绩效工资分配机制。

第四,持续推进信用体系建设。要持续推进信用体系建设,引导全民参与,营造诚实自律、守信互信的社会信用环境,建立健全地方信用法规体系。加快研究制定各地信用体系建设条例以及与之相配套的规章制度,明确信用信息记录主体的责任,保证信用信息的客观、真实、准确和更新及时。加强政务诚信建设,使依法行政贯穿于政府决策、执行、监督和服务的全过程,加快政府守信践诺机制建设,逐步建立健全政务和行政承诺考核制度以及政府失信责任追究制度。完善省市县信用信息共享平台。加快征信市场建设,积极发展专业化的征信机构,培育有良好信誉的信用服务机构。有序推进信用服务产品创新,研发适合西部地区的征信产品。

第五,努力营造良好营商环境。营商环境是区域核心竞争力,也是区域加速分化的重要因素。西部地区要在打造良好的营商环境上下功夫,破除体制机制的障碍,深化"放管服"改革,加快建设服务型政府。要持续推进简政放权,坚决破除各种超出市场规则的不合理的门槛和关卡,进一步减少社会资本市场准入限制,落实全国统一的市场准入负面清单制度,推动"非禁即入"普遍落实。实施"双随机、一公开"监管,放宽市场准入,着力加强事中事后监管,形成高效规范的监管环境。落实减税降费各项政策措施,加快清理废除妨碍统一市场和公平竞争的各种规定和做法,持续深入开展不正当竞争行为治理,形成优化营商环境长效机制。推行政务服务"最多跑一次"和企业投资项目承诺改革,大幅压缩工程建设项目审批时间。要围绕打造一流营商环境为目标,坚持问题导向、目标导向,聚焦市场主体的关切,加快打造市场化、法制化、国际化的营商环境。

五、做好大安全文章

西部地区是维护国家安全稳定的重点地区,有着独特的地域特征、地缘政治、经济价值和军事作用,在国家安全中具有重要的战略地位,是我国国家安全的战备后方,是我国经济的重要保障,也是我国政治安全的重要地带,承担着维护民族团结、社会稳定、国家安全的重任。

第一,坚持统筹发展与安全。西部地区是贫困人口集聚区、少数民族聚居的地区,有 30 多个跨境民族,与周边国家在文化上具有一定的同质性,历史渊源深厚,民族信仰和风俗相近。这些区域长期存在的复杂矛盾,受国内外各种因素影响较大。同时,西部地区位于亚欧大陆腹地中心,是中国进入中亚、西亚和印度洋的前沿地区,是西方敌对势力西化、分化、遏制中国发展图谋的前沿地带,也是"三股势力"勾连聚合、活动频繁的敏感地域和反分裂、反恐怖斗争的热点地区。加快边疆地区经济社会发展,是加强民族团结、稳边固边强边的必然要求,关系到国家稳定的大局。新时代形成西部大开发新格局,必须统筹发展与安全两件大事,更好地发挥西部地区的国家安全屏障作用。既要推进西部地区的经济社会发展,也要在促进民族团结、铸牢中华民族共同体意识上形成新格局。通过西部地区高质量发展破解西部发展不平衡不充分问题,要以人民为中心,巩固脱贫成果,大力改善民生,让老百姓的日子红火起来,巩固和发展平等团结互助和谐的社会主义民族关系,促进各民族共同团结奋斗和共同繁荣发展,才能为民族团结、边疆稳定打下坚实的物质基础,打造沿边战略稳定带,共同抵御敌对势力的西化分化企图,确保边疆稳定、长治久安。要进一步加快沿边地区开发开放,主动加强与周边国家全方位的经济技术交流与合作,共同塑造这一地区的安全与发展环境,实现和带动周边国家共同发展,增进沿线国家相互间的尊重理解和政治互信,让各方共享巨大的安全红利,这将有利于中国的长远利益和塑造负责任大国的形象,有利于统筹发展和安全。

第二,坚持以人民为中心。要围绕群众普遍关心的民生诉求,加快补齐社会民生领域短板,促进区域协调发展,率先实现各地区基本公共服务均等化。对西部地区来说,实现跨越发展必然要注重效率,但是如果忽略了保障和改善民生,不能让当地老百姓分享改革发展的成果,这种发展就是有缺陷的,也是不可持续的。实施西部大开发战略以来,西部地区的民生事业取得了明显进步,基本公共服务能力和水平显著提升,但与西部群众的需求和期望相比,与全国平均水平相比,无论在数量上还是在质量上,都还存在差距,还需要我们做更多的工作。

第三,着力强化公共就业创业服务。就业是民生之本。西部大开发形成新格局,必须加大市场化社会化就业创业服务,构建新的就业创业格局。"民惟邦本,本固邦宁。"民生是人民幸福之基、社会和谐之本。西部大开发让人民满意的根本之策是始终坚持以人民为中心,扎实办好民生实事,其首要任务是着力强化公共就业创业服务。完善城乡劳动者终身职业技能培训政策和组织实施体系。要坚持中央指导、省级统筹、地市协调、县域实施,围绕就业技能培训、岗位技能提升培训和创业能力培训,构建新时代劳动者职业培训体系,以推动就业优先战略、实施积极就业政策、落实创业带动就业各项工作。强化就业和国家通用语言培训,鼓励大学生到西部地区建功立业,加大对高校毕业生在西部地区就业的扶持力度。实行吸引人才优惠政策,使高校大学毕业生进得来、留下来、扎得下、不再走。积极引导农村劳动力转移就业和农民工返乡创业就业。妥善做好化解过剩产能中的职工分流安置工作。加大力度支持灵活就业和新就业形态。加强东西部对口支援和劳务协作,以政府引导、市场运作,保障省际转移就业有序进行;适应新时代劳动力市场变化,使农村劳动力在家门口就可以就业,确保就近就业转移;通过给予优惠政策,引导本区域内在外务工经商人员返乡创业就业,实现就业创业战略性转移。

第四,支持教育高质量发展。促进教育公平,提高教育质量,打造现代教育服务体系。大力发展教育等社会事业。社会事业涵盖教育、医疗、卫生、文化、就业、社会保障等诸多方面,是现阶段提供基本公共服务的主要渠道,也是保障和改善民生的重点领域。其中最紧要的是要大力发展教育。实践经验表明,人是经济社会发展最宝贵、最具开发潜力的资源。"百年大计,教育为本",要想实现后发赶超,当务之急是通过教育切实提高人口素质。西部地区一定要把教育摆在社会事业发展的优先位置,要下大力气抓紧、抓好。其一,要进一步提高西部地区学前教育和义务教育的经费保障水平,加强普惠性幼儿园建设,大力培养培训贫困地区幼儿园教师;促进义务教育均衡发展,努力使全体公民都能接受良好的基本教育。加快改善贫困地区义务教育薄弱学校的基本办学条件,全面加强乡村小规模学校、乡镇寄宿制学校的建设。要巩固"普九"率,做好控辍保学工作。其二,要继续做好教育扶贫工作。开展教育扶贫试点工作已取得较好成效,要通过教育提高年轻一代的人口素质和参与市场竞争的能力，能使他们愿意也有能力走出去，进入城镇，改善生活。如果年轻一代在城里有了稳定的工作，就有能力把他们的父母子女接出来。这样，就可以将扶贫移民搬迁与工业化、城镇化有机结合起来。今后，这项工作将在总结试点经验的基础上逐步推开。其三，要大力发展现代职业教育，推进职业教育东西协作，促进产教融合、校企合作，完善职业教育家庭经济困难学生的资助政策。其四，要逐步普及高中阶段教育。支持探索利用人工智能、互联网开展远程教育，促进优质教学资源共享。加强学校语言文字工作，确保国家通用语言文字作为教育教学的基本用语用字。其五，优化提升高等教育，支持民族地区教育发展。支持西部地区高校"双一流"建设，着力加强适应西部地区发展需求的学科建设。其六，持续推动东西部地区的教育对口支援，继续实施东部地区高校对口支援西部地区高校计划、国家支援中西部地区招生协作计划，实施东部地区职业院校对口西部职业院校计划。促进西部高校国际人才交流，相关人才引进平台建设向西部地区倾斜。

第五，提升医疗服务能力和水平。西部地区虽然医疗卫生服务能力得到了快速发展，但与人民群众对更高要求的医疗服务需求相比仍有差距，尤其是新冠疫情暴发体现出来的短板弱项，如疾病预防控制机构专业能力不足、实验室研究能力不足、综合检测能力不足，这些方面都急需提升。西部地区紧密结合"健康中国"战略，在公共卫生体系建设、疾病预防、医疗卫生资源配置等方面，加大国家财政投入，加快西部地区基层卫生技术队伍建设。重点加强西部地区县级（含兵团团场）医院综合能力建设，持续改善农村医疗卫生条件，加快乡镇卫生院、村卫生室等基层医疗卫生机构的标准化建设。改善县、乡镇、村医疗基础设施和装备条件，提高医护人员专业技术水平。支持在西部地区建立若干区域医疗中心，加强农村公共卫生防疫体系建设。探索利用人工智能、互联网等开展远程医疗，支持宁夏建设"互联网＋医疗健康"示范区。充分发挥中医药在医疗卫生服务中的作用。支持西部地区医疗机构与东中部地区医疗机构开展双向交流，继续扎实做好全国三级医院与西部贫困地区县级医院一对一的帮扶工作。

第六，完善多层次广覆盖的社会保障体系。加快推进养老保险省级统筹，推进落实城乡居民基本养老保险待遇确定和基础养老金正常调整机制。合理确定基本医疗保险保障标准，完善医疗保险关系转移接续措施。完善失业保险制度,逐步提高失业保障水平。科学制定低保标准,逐步拓展低保覆盖范围。建设统一的社会保险公共服务平台,推广以社会保障卡为载体的"一卡通"服务管理模式。

第七,健全养老服务体系。面对严峻的老龄化形势,要采取各项有利举措,积极应对人口老龄化,让所有老年人都能老有所养、老有所依、老有所乐、老有所安。其一,要创造和优化养老、孝老、敬老的社会环境,深入开展人口老龄化国情教育,牢固树立和培育积极的老龄观,将养老、孝老、敬老纳入社会主义核心价值体系,使之成为每一个社会成员的价值准则和行为规范。其二,要建立健全多层次养老服务体系,着力补齐居家、社区和农村养老服务短板,切实破解制约民间资本投资养老服务领域的瓶颈,加快公办养老机构改革。其三,要加快构建以居家为基础、社区为依托、机构为补充、医养相结合的养老服务体系。稳步推进公办养老机构改革和建设,全面放开养老服务市场,积极引导社会资本进入养老服务业,扩大西部地区养老服务有效供给,探索建立长期照护保障体系。其四,要拓展和深化医养结合,着重建立养老服务和医疗卫生服务资源的有效衔接机制,积极推动医疗服务向社区、家庭延伸,为老年人提供全方位、全生命周期的健康养老服务保障。其五,要加大对养老服务设施建设的支持力度,加强农村特困人员供养服务机构建设管理,加快探索建立长期照护保障制度,稳步提高托底保障能力和服务质量,实施养老服务专业人才培养等工程。

第八,强化公共文化体育服务。近年来,西部地区公共文化体育事业不断发展,公共文化、体育设施不断完善,文化体育公共服务水平不断提升,老百姓日益增长的公共文化体育需求日渐得到满足。要推进城乡公共文化服务体系一体化建设,强化规划统筹,将文化体育设施建设纳入城乡建设整体规划,特别是城镇新建小区和新农村建设中必须规划和配套建设相应的文化体育设施。完善公共文化服务设施网络,强化数字技术运用,推动文化惠民工程整合创新、提档升级。加强公共体育场馆建设,推进相关场馆免费或低收费开放。拓宽学校、企事业单位体育设施向社会开放的途径和办法,充分利用现有的文化体育资源,实现资源共享。推进县级融媒体中心建设,推动广播电视户户通,建立健全应急广播平台及传输覆盖网络。西部各地要充分利用文化体育设施,精心策划、组织开展各类文化体育活动,巩固和发展民间艺术节、文化节、文艺大赛等文化品牌。鼓励发展含少数民族传统体育在内的群众体育。办好环青海湖超级马拉松、阿拉善汽车拉力赛、中国-东盟山地户外体育旅游大会、公路自行车巡回赛等活动。

第九,改善住房保障条件。民以居为安,安居方能乐业。实施西部大开发战略以来,西部地区住房条件不断改善。加快推进保障性住房建设,建立健全保障性住房体系。优化土地供应结构,按照加大增量、激活存量、集约节约的要求,科学确定土地供应年度计划和出让规模,在新增建设用地年度计划中,首先确保保障性住房用地。完善分类分级补助标准,加大对农村危房改造补助资金倾斜支持力度,尤其是提高深度贫困地区建档立卡贫困户等重点对象危房改造的中央户均补助标准。多渠道筹集房源,逐步形成以廉租住房、公共租赁住房、棚户区改造、农村危旧房改造并举的多层次、宽领域住房保障体系。鼓励通过闲置农房置换或长期租赁等方式,解决农村特困群体基本住房安全问题。落实易地扶贫搬迁政策,做好和解决搬迁群众全面转型问题,完善安置区配套基础设施和公共服务设施。要关注搬迁群众的需求,使搬迁群众搬得出、留得下、能致富。做好城市棚户区改造,积极改善城镇中等偏下及低收入住房困难家庭、新就业无房职工和城镇稳定就业的无房外来务工人员的居住条件。

第十,增强防灾减灾与应急管理能力。要把人民群众的生命财产安全放在首位,提高西部地区城乡灾害防治能力,增强应急管理能力,构筑生命安全防线。加强灾害监测预警和风险防范能力建设,提高城市建筑和基础设施抗灾能力,完善事故灾害综合风险评估技术标准体系,推进事故灾害综合风险评估和隐患排查治理。结合西部地区实际,推进实施灾害风险防控、监测预警、应急抢险救援、信息服务保障、救灾物资储备以及防灾减灾救灾科技支撑、宣传教育等能力建设工程,增强灾前预防能力和综合减灾能力,构建高效科学的自然灾害防治体系,增强及时到位的应急管理能力,确保灾情能够快速处置,提高全社会自然灾害防治能力。实施地震易发区房屋设施加固工程。推进西部地区灾害应急救援联动指挥平台建设,建立应急救援资源共享及联合处置机制。打造符合西部地区需求的防灾减灾救灾科技创新团队、实验基地和实验平台。加快提高骨干救援队伍专业化技术装备水平。

"雄关漫道真如铁,而今迈步从头越。"西部大开发是一项长期艰巨的历史任务。前20年奋斗取得的初步成绩,不过是万里长征刚刚迈出了第一步,今后的路还很长,需要我们进行持续不懈的努力。站在新的起点上,我们要在以习近平同志为核心的党中央领导下,深入学习领会习近平总书记重要讲话精神,认真贯彻落实党中央关于推进西部大开发的重要决策部署,坚持用新发展理念统领西部大开发全局,充分调动各地方、各部门的积极性和创造性,励精图治,同心同德,求真务实,奋发进取,推动西部大开发形成新格局,为实现第二个百年奋斗目标、实现中华民族伟大复兴做出新的更大贡献。

主要参考资料

白永秀,何昊. 西部大开发 20 年:历史回顾、实施成效与发展对策. 人文杂志,
　　2019(11):52-62.

陈晋. 三线建设战略与西部梦想. 党的文献,2015(4):96-102.

《党的十九大报告辅导读本》编写组. 党的二十大报告辅导读本. 北京:人民出
　　版社,2022.

《党的二十大报告辅导读本》编写组. 党的十九大报告辅导读本. 北京:人民出
　　版社,2017.

高云虹,张彦淑,杨明婕. 西部大开发 20 年:西部地区与西南地区的对比. 人
　　文杂志,2019(11):36-51.

国家发展改革委. 党领导西部大开发的历史经验与启示. (2021-07-20)[2021-
　　07-28]. http://neweconomy. chinadevelopment. com. cn/fgw/gcy/2021/
　　0720/1735657. shtml.

国家发展改革委,外交部,商务部. 推动共建丝绸之路经济带和 21 世纪海上
　　丝绸之路的愿景与行动. 北京:人民出版社,2015.

国家发展和改革委员会国际合作中心对外开放课题组. 中国对外开放 40 年.
　　北京:人民出版社,2018.

国务院西部地区开发领导小组办公室. 实施西部大开发总体规划和政策措
　　施. 北京:中国计划出版社,2002.

贾若祥. 如何在新时代推进西部大开发加快形成新格局. 中国发展观察,2019
　　(8):5-8.

李乾元. 西进战略. 北京:人民出版社,2010.

李晓龙. 西部大开发 20 年:西南地区内部比较. 经济研究导刊,2022(18):
　　35-37.

刘涛. 西部大开发二十年经济发展概览. 重庆经济,2019(6):47-51.

刘卫东,等. "一带一路"建设进展第三方评估报告:2013—2018. 北京:商务印书馆,2019.

马国芳. 推进西部大开发形成新格局. 人民日报,2020-06-29(5).

任保平. 西部大开发新格局"新"在何处. 中国发展观察,2020(11):27-30.

任保平,岳利萍,郭晗. 西部大开发20年:中国西部地区繁荣发展道路. 北京:社会科学文献出版社,2019.

十八大报告文件起草组. 十八大报告辅导读本. 北京:人民出版社,2012.

王庭科. 三线建设与西部大开发. 党的文献,2000(6):63-67.

我国西部大开发二十年取得的历史性成就分析. (2021-07-29)[2021-09-23]. http://www.china-cer.com.cn/zhiku/2021072913841.html.

习近平. 习近平谈治国理政(第二卷). 北京:外文出版社,2017.

习近平. 习近平谈治国理政(第一卷). 2版. 北京:外文出版社,2018.

习近平. 习近平谈治国理政(第三卷). 北京:外文出版社,2020.

习近平总书记系列重要讲话读本. 北京:学习出版社,2016.

肖金成,张燕,马燕坤. 西部大开发战略实施效应评估与未来走向. 改革,2018(6):49-59.

姚慧琴,徐璋勇. 中国西部大开发20年(1999—2019)回顾研究. 北京:中国经济出版社,2022.

曾培炎. 西部大开发决策回顾. 北京:中共党史出版社,2010.

张波,王双怀. 西部交通的历史考察. 中国历史地理论丛,2003,18(1):45-56,122.

中共中央关于党的百年奋斗重大成就和历史经验的决议. 北京:人民出版社,2021.

中共中央　国务院关于新时代推进西部大开发形成新格局的指导意见. (2020-05-18)[2021-06-01]. https://www.ccps.gov.cn/xtt/202005/t20200518_140344.shtml.

中华人民共和国国家统计局. 中国统计年鉴2016. 北京:中国统计出版社,2016.

中华人民共和国国家统计局. 中国统计年鉴2020. 北京:中国统计出版社,2020.